소녀들의 감정 수업

소녀들의 감정 수업

21세기
젊은 여성을 위한
생존 심리학

타라 포터 지음
백지선 옮김

애착	attachment
신체 이미지	body image
자존감	self-respect
과잉양육	overparenting
외로움	loneliness
가족	family
우정	friendship
사회불안	social anxious
교육	education
가치	values
섭식장애	eating disorder
자해	self-harm
비교	comparison
성과 사랑	sex and love
매력	attraction

또다른우주

서문

심리학은 인간의 마음과 기능,
특히 주어진 맥락에서 행동에 영향을 미치는 것들에
관한 과학적 연구다.

심리학자, 치료사로서 경력을 쌓는 동안, 나는 수백 명의 소녀와 이야기를 나눴다. 이 책은 그들과의 대화에 바탕을 두었다. 소녀들의 이야기, 희망, 두려움, 생각, 감정, 행동, 실패와 승리. 그들의 말을 들으며 배우고 그들을 돕기 위해 익힌 내용이, 소녀들의 투쟁과 성공 속에서 무르익은 이야기가 이 책에 담겨 있다.

이 책은 여성이 어른으로 성숙해지는 길을 안내하며, 정서적으로 유능하고 자신감 있게 성장할 수 있는 도구를 제공한다. 여성들에게 이 세상은 불과 한 세대 만에 알아차리기 어려울 정도로 크게 변화했다. 25년간 임상 경험을 통해, 나는 10대 소녀들의 기회와 힘이 기하급수적으로 증가하는 것을 관찰할 수 있었다. 이제 소녀들은 학업 면에서 소년들을 능가하고 있다. 의학과 법률 분야에 입문할 때 성별은 더 이상 문제가 되지 않는다. 우리는 성폭력을 고발하는 미투 운동, 기후 위기에 대한 정부의 대책 마련을 촉구하는 학교 파업에서 10대 소녀들과 젊은 여성들이 강력한 힘을 발휘하는 것을 목격하고 있다. 기술 혁명은 오늘날의 소녀들이 스크린 네이티브 1세대 여성이라는 것을 뜻한다. 과거에 인터넷은 삶의 일부가 아니었고 스크린을 작동하는 것은 본능적인 행위가 아니었다. 이제 10대 소녀들은 한 세대 전에는 여성들이 상상할 수 없었던 자유와 플랫폼을 쥐고 청소년기를 보낸다.

몇몇 변화는 확실히 소녀들과 젊은 여성들에게 바람직하지만, 어떤 것들은 그렇지 않다. 더 큰 자유, 선택권, 권한을 갖게 되었지만, 엄청난 도전 역시 뒤따른다는 것이 분명하다. 우리 모두 정신 건강 문제가 젊은이들 사이에서 증가하고 있다는 것을 알고 있지만, 그 통계는 오해의 여지가 있다. 사실, 소년들과 어린 소녀들의 정신 질환 비율은 상대적으로 안정적이다. 하지만, 10~20대 여성의 정신 건강 문제가 급증하고 있다. 16~24세 소녀들 사이에서 자해는 2000년 약 6%에서 현재 약 20%로 급증했다.[1]

나는 치료실에서 고통받는 소녀들을 만났다. 그곳에서 임상 지식과 그들 또래, 그들 이전 세대의 이야기에서 얻은 집단적 지혜라는 두 개의 렌즈를 통해 그들의 경험에 귀를 기울이려고 노력해왔다. 나는 젊은 여성 개개인이 자신의 내면세계를 탐색하고 이해하도록 돕는다.

그리고 치료실에서 놀라운 일이 일어난다. 이 소녀들이 마음 속의 혼란에서 질서를 만들어내도록 도와주면서, 그들이 다르게 생각하는 힘을 키우고 그에 따라 다르게 행동하고 다른 선택을 하고 결과적으로 상태가 좋아지는 경험을 함께한다.

이 책에서, 나는 그들과 함께했던 경험에서 공통점을 모으고 재구성해서 여러분과 나누고자 한다. 그들의 집단적 지혜, 그리고 그들에게 귀 기울였던 나의 관찰과 사색의 합이다. 나는 소녀들에게 자신을 이해하고 연민으로 자신을 대할 수 있는 도구, 정신 건강을 희생하지 않고 현재 누리는 자유를 현명하게 사용할 수 있는 도구를 쥐여주고 싶다. 나는 다시는 어떤 소녀도 겁먹거나 굶거나 공황 상태에서 마비되거나 그들이 이 세상에 없는 편이 더 낫다고 생각하지 않기를 바란다. 나는 여러분이 단지 생존하기 위해서만이 아니라 충만한 삶을 누리기 위해 스스로에 대한 지식으로 무장하기를 바란다. 자신감에 넘쳐 맑은 정신으로 솟아오르고 날아오르길. 나는 소녀들의 마음이 튼튼해져서 내 일자리가 사라지는 세상을 꿈꾼다.

내가 치료했던 모든 내담자에게 전한다. 먼저 감사를 표한다. 내게 자신의 이야기를 공유해 주어 정말 고맙다. 둘째, 이 책의 사례 중 어떤 것도 특정 개인에 대한 것이 아니다. 나는 내담자 개개인의 사생활을 보호하기 위해 각 사례를 변형했다. 그렇게 하면 책이 덜 진실하거나 정직해 보이지 않을까 걱정스러워 어떻게 하면 좋을지 결정하는 데 오랜 시간이 걸렸다. 나는 이렇게 해결했다. 한 명이 아니라 여러 명이 겪은 문제만 사례로 활용했고, 같은 문제를 겪은 사람들의 이야기를 결합했다. 그러고 나서 모든 불필요한 세부 사항을 제거하고 몇 가지 새로운 세부 사항을 추가했다. 나를 신뢰하는 내담자들을 보호하기 위한 것이었다. 한편으로는 특정 사례를 통해 더 광범위한 논점을 다루기 위한 것이기도 했다. 중요한 것은 각 사례자가 몇 살인지, 어떻게 생겼는지가 아니다. 더 많은 이들에게 해당하는 내용으로 만들기 위해, 나는 특정 사례를 허구의 인물에 적용했다.

이 책은 내가 10대 소녀들 및 젊은 여성들과 일하면서 관찰한 공통점에 관해 쓴 책이다. 물론 그 집단은 워낙 다양하므로 그들 모두에 대해 이야기한다고 할 수는 없다. 한편, 이 책의 많은 내용이 소년들 및 젊은 남성들과도 관련이 있을 것이다. 나는 생물학적 성과 사회적 성을 다르게 인식하는 젊은이들이나 성전환 중인 젊은이들에 대한 임상 경험이 충분치 않아, 그들의 심리에 대해 전문가로서 발언하기는 어렵다. 나는 그들이 책을 읽어가며 스스로 자신의 정체성을 포착하기를 바란다. 나는 성을 사회적으로 구성되고 스스로 결정하는 것으로 보는데, 그런 점에서 소녀들과 젊은 여성들만을 대상으로 한 이 책은 모순적이다. 하지만 현재 우리가 가진 자료는 젊은 여성들이 정신 건강 문제로 더 많이 고통받고 있음을 보여주므로 정당화할 수 있다고 본다. 또한 젊은 여성들은 심리학에 관심이 많다. 이런 측면도 독자의 성을 구분해서 접근하는 근거가 된다.

나는 내가 아는 젊은이들의 언어를 사용하는데, 그것은 일반적으로 꽤 성 중립적이다. 한편, 나는 이 책에서 엄마, 아빠, 부모라는 말을 융통성 있게 사용하며, 그런 역할을 하는 새엄마, 새아빠, 보호자, 양부모, 조부모 등을 모두 포괄하는 표현이다.

이 책의 내용은 학문 연구보다는 임상 경험을 통해 숙성되었는데, 몇몇 주제는 임상 경험이나 개인적인 경험이 별로 없었다. 이 책을 쓰면서 내가 거의 경험하지도 못했고 지식도 거의 없는 영역이 많음을 고통스럽게 인식하게 되었다.

예를 들어, 나는 거식증, 다이어트, 배가 고플 때 먹는 '직관적인 식사'에 대해서는 많이 알고 있지만, 내 몸을 사랑하자는 '자기 몸 긍정주의(body positivity)'에 대해서는 거의 모른다는 것을 알게 되었다.

내가 이런 말을 하는 이유는 독자 여러분이 책을 읽으면서 자기 얘기로 받아들이기를 바라기 때문이다. 물론 나는 독자 개개인을 모른다. 나는 특정 독자의 생각을 어떤 영역에서는 멋지게 포착할 수도 있고 다른 영역에서는 전혀 그렇지 않을 수도 있다. 내가 가장 좋아하는 심리학 문헌 중 하나는 「당신이 모르는 것을 아는 것 On Knowing What You Don't Know」[2]이다. 나는 모르는 게 많다. 나는 내가 간과한 것들에 대해 사과하며 계속해서 공부해 나갈 것이다. 책 뒷부분의 참고문헌에서 참고 자료와 아이디어를 제공한다. 특히 내가 잘 알지 못하는 몇몇 부분에 대해 참고할 자료를 수록했다.

이 책은 정신 질환보다는 소녀들과 젊은 여성들의 일상적인 심리, 정신 건강에 관한 책이다. 나는 정신적인 문제로 고통받는 사람들뿐만 아니라 모든 사람이 여기서 뭔가 찾아낼 수 있기를 바란다. 여러분이 표현하고자 애쓰는 그 무엇, 마음의 그늘에 있는 뭔가를 말로 표현하는 데 이 책이 도움이 되기를 바란다. 무엇보다도, 여러분이 이해받는다고 느끼길 바란다.

차례

제1장

애착과 소속감

비록 우리가 아이들을 진심으로 사랑할지라도,

모든 아이가 우리의 사랑을 느끼지는 못할 것이다. (…)

생의 처음 2~3년은 뇌가 관계를 맺기 위해 조직되는 시기다.

리처드 볼비, 영국심리학협회에서

엄마와 아빠가 당신을 망친다.

의도하지 않았을 수도 있지만, 그들은 그렇게 한다.

필립 라킨(영국 시인)

왜 이 책을 집어 들었는지 궁금하다. 여러분을 사랑하는 누군가가 선물했는가? 그냥 흥미로워 보였는가? 어쩌면 심리학 A 레벨(A level, 영국 대학 입시에서 요구하는 심화 과정)을 공부해 볼까 생각하면서 사전에 어떤 내용인지 살펴보려는 것인지도 모른다. 아니면 길을 좀 잃었다고 느껴 자신을 더 잘 이해하고 싶어서였는가? 어쩌면 자신이나 친구가 걱정스러워 도움이 필요했는지도 모른다. 혹시 자해하거나 타인에게 상처를 주고 있는가?

글을 쓰면서 독자들을 상상한다. 마치 내 치료실로 걸어오는 내담자인 것처럼. 그들은 대개 치료에 호기심이 많지만, 내가 자신을 이해할 수 있을지 회의적일 때도 있다. 슬프거나 불안하거나 길을 잃거나 외롭고, 뭔가에 가로막혀 옴짝달싹 못 하는 상태다. 때때로 눈을 아래로 내리깔고 잘못된 방향으로 향하기도 한다. 그리고 언제나 특별한 존재다. 스스로 생각하는 것보다 더 멋지고 똑똑하고 재미있는 사람이라는 것은 확실하다. 틀렸다고? 그렇지 않다. 정직하게 토로하건대 여러분은 정말 그런 사람이다.

내가 만나는 모든 젊은 여성은 특별하다. 그렇다. 하지만 공통점이 있다. 내담자들의 이야기를 들으면서 내가 배우고 또 배우는 공통된 주제들이 있다. 나는 1장에서 사람들이 자신에게 무슨 일이 일어나고 있는지 생각하는 데 도움이 되는 몇 가지 심리학 개념을 설명하려고 한다. 이 책의 모든 내용이 특정 독자와 관련 있는 것은 아니므로, 순서대로 읽지 않고 자신과 가장 많이 관련된 내용으로 보이는 장들로 건너뛰고 싶을 수도 있다.

음식과 몸무게를 다루는 7장이나 불안 증세를 집중적으로 다루는 5장처럼 현재의 문제와 직접 관련된 장으로 바로 넘어가고 싶을 수도 있다. 선택은 자유지만, 그건 오히려 시간 낭비라고 생각한다. 모든 장의 내용이 깊이 연관되어 있다, 우리 삶이 그런 것처럼.

한 사람의 심리학은 아기였을 때 일어난 일에서 시작한다. 기억나지 않겠지만, 여러분이 태어난 직후와 몇 달의 시간은 여러분을 관통하며 흔적을 남겼다. 그때 일어난 일들과 최초의 인간관계가 뇌에 각인되었고, 성장 과정을 거쳐 여러분의 내면을 근본적으로 형성했다. 그것은 강력하고 이해할 가치가 있다. 심리학에서 이것을 애착이라고 한다.

애착

동물의 부모와 자손, 특히 포유류는 출생 후 서로 붙어 있으려고 한다. 20세기 초중반 활동하던 비교행동학(ethology, 동물행동학이라고도 함) 심리학자들이 이 이론을 처음 정립했다. 아마 이런 실험에 대해 들어봤을 것이다. 새끼 거위는 태어난 다음 날 자신을 자극하는 움직이는 대상을 찾아, 그것이 장난감 기차든 장화든 따라다닌다.[3]

어미와 떨어진 새끼 원숭이들이 우유병이 달린 철사 어미 모형과 먹이가 없는 천 뭉치 어미 모형 중 어느 쪽을 선호하는가에 대한 실험[4]에서, 원숭이들은 먹이가 없더라도 부드럽고 편안한 천 뭉치 어미 모형에 훨씬 더 오래 머물렀다. 병원이나 보육원에 있는 동안 부모와 떨어져 있고 다른 적절한 인간관계도 경험하지 못한 아이들은 다양한 심리적, 사회적, 정서적 어려움을 보여준다.[5] 1989년 독재정권의 붕괴 후 비로소 드러난 루마니아 보육원의 모습을 본 적이 있는가?[6] 수많은 아이가 충격적인 환경에 갇혀 살고 있었다. 부모의 부재, 정서적 박탈감은 광범위하고 심각한 심리적, 지적 장애를 일으킨다.

부모와 영유아 사이의 애착에 관한 연구가 진전되었고, 존 볼비에 의해 애착 이론이 대중화되었다. 부모와 영유아 모두 종의 생존을 위한 진화적 목적에서 나온, 서로 밀착하려는 강한 본능적인 욕구를 느낀다. 아기는 자연스럽게 부모를 응시하고, 대부분의 부모는 아기에게 끌린다. 상호 교감에서 얻는 즐거움은 긍정적인 순환구조를 이룬다. 어떤 부모는 이렇게 할 수 없는데, 그 이유는 대개 그들이 아기였을 때 애착을 경험하지 못했기 때문이다. 그들은 애착을 뇌에 각인하지 못했다. 좋은 애착은 음식, 안전한 공간, 일관성과 편안함 같은 아기의 기본적인 욕구가 충족되도록 보장한다.

아이에게 애착이란 누군가가 자신을 돌봐주고 관심을 기울이고 자기 편이 되어줄 거라고 느끼는 것이다. 성장하면서 부모의 양육 방식이 마음에 들지 않을 수도 있고, 부모가 만든 규칙이 어리석다고 생각할 수도 있다. '피아노를 왜 배워야 하지?' '왜 항상 똑바로 앉아야 해?' '스마트폰을 치우라고?' 하지만 대개는 부모가 자신을 위해 최선이라고 생각해서 그렇게 하고 있음을 안다. 부모의 마음은 올바른 방향을 향하고 있다. 아이는 부모를 사랑할 수도 있고 싫어할 수도 있고 둘 사이를 오락가락할 수도 있지만, 부모가 자신을 위해 거기에 있음을 안다.

일부는 그렇지 못하다. 부모와 아기의 애착이 손상되거나 망가지는 경우가 있다. 그럴 때 사람들은 닻을 내릴 곳을 찾지 못해 정처 없이 표류하는 것처럼 어디로 향해야 할지 모르고 길을 잃었다고 느낀다.

매디의 상담을 맡게 되었을 때, 그녀는 열일곱 살이었다. 그녀는 우울한 기분으로 고통받고 있었고 학교 선생님은 자해의 흔적을 알아차렸다. 겉으로는 정상적으로 생활하고 있었다. 그녀는 학교에 다니고 친구들과 어울리고 해야 할 일들을 하고 있었다. 하지만 내면을 들여다보면 그녀는 아무것도 잘하는 게 없다고, 자신이 대단치 않은 사람이라고 생각했고, 미래가 없다고 느꼈다.

매디는 세 자녀 중 막내였다. 매우 가까웠던 엄마는 그녀가 초등학생이었을 때 세상을 떠났다. 그녀는 엄마가 아팠다는 것만 기억했고, 엄마가 죽었을 때 끔찍했지만, 생활은 예전과 별다르지 않게 이어졌다. 가장으로 늘 오랜 시간 일하는 아빠와는 별로 가깝지 않았지만, 그녀와 다른 아이들에게는 엄마가 사망하기 훨씬 전부터 그들과 함께 지낸 보모가 있었다. 매디는 그녀와 아주 가까웠다.

보모는 그들을 위해 요리했고, 매디가 학교에서 귀가할 때 집에 있었고, 그녀를 차에 태워 데리고 다녔고, 평소에도 늘 그녀에게 관심을 기울였다. 그들은 가까웠고 매디는 사랑받는다고 느꼈다.

그녀가 열다섯 살이 되어 혼자 돌아다니고 스스로 요리하게 되자, 아빠는 이제 보모가 필요 없다고 판단했다. 매디는 보모를 몹시 그리워했고, 그녀가 새로 맡게 된 아이들을 돌보고 있는 집에 자주 찾아가곤 했다. 1년 후, 바로 위의 형제가 대학에 진학하자 막내인 그녀만 집에 남게 되었다.

매디는 예전에 수영 경기에 참여하려고 한동안 연습한 적이 있었는데, 부상을 입은 뒤 포기했다. 다른 학생들의 실력이 향상되는 동안 그녀는 더 이상 향상되지 않았고 훈련이 너무 번거롭게 느껴졌기 때문이었다.

첫 번째 애착 관계는 일반적으로 아기와 부모 사이에 형성된다. 아기와 엄마의 유대는 아마도 임신, 출산, 모유 수유 같은 명백한 신체적 결합 때문에 가장 깊이 연구되어왔다. 아기가 남성보다 여성에게 더 쉽게 애착을 느낀다는 증거는 없지만, 기회나 기대치 같은 사회 정치적 요인들 때문에 전통적으로 여성들이 주 양육자 역할을 맡아왔다.

대부분의 젊은이는 부모와 충분히 좋은 애착을 형성한다. 심지어 영국의 아동·청소년 정신 건강 서비스(CAMHS, Child Adolescent Mental Health Service)에서 내가 만난 내담자 중 가장 상태가 심각한 젊은이들도 대개는 부모와 충분히 좋은 애착 관계를 형성한 사람들이었다. '충분히 좋다(good enough)'는 심리학 개념으로, 도널드 위니콧이라는 정신분석가에 의해 대중화되었다.[7] 초기 정신분석가들은 정신적 고통의 이유를 찾을 때 엄마와의 관계를 많이 살펴보았다.

위니콧의 메시지는 희망적이었다. 그는 완벽한 부모라는 개념을 믿지 않았고, 심리적 건강은 어수선하고 혼란스럽지만, 사랑이 넘치는 가정생활에서 비롯된다고 생각했다. 그는 나중에 연구로 증명되는 양육 이론의 기초를 닦았다. 양육이 완벽할 필요는 없다. 그리고 사실 심리적 과업을 달성하도록 이끄는 것은 불완전함이다. 우리는 불화하고 타협하면서 서로의 별난 면들을 관용하는 법을 배운다. 이것이 어른이 되기 위한 최고의 준비다. 그는 애착 형성이 때로는 심각하게 경로를 이탈한다는 것을 알고 있었지만, 그렇더라도 회복 가능하다고 생각했다. 장기적으로 우리를 보살펴 줄 단 한 사람만 있으면 된다.

애착이라는 복잡한 춤을 보여주는, 엄마와 아기를 대상으로 한 유명한 실험이 있다. 참고문헌에 추가 정보를 알려주는 출처가 있다. '무표정(Still Face) 실험'이라 불리는 실험이다.[8] 이 실험은 아기와 엄마가 서로에게 미소를 지으며 상호작용하는 것으로 시작한다. 아기가 뭔가 가리키면 엄마가 반응한다. 아기가 손을 뻗으면 엄마가 잡아준다. 엄마와 아기는 서로 마음이 통하고 감정이 일치한다. 실험이 무표정 단계로 넘어가면 엄마는 2분간 무표정한 얼굴로 아기에게 무반응으로 일관한다. 아기는 뭔가를 가리키는 등 엄마의 주의를 끌기 위해 애쓰지만, 엄마는 이전에 했던 반응을 전혀 보여주지 않는다. 아기는 점점 더 괴로워한다.

나는 수업할 때 이 실험 영상을 보여주며 사람들의 반응을 관찰한다. 일반적으로 관객들은 아기가 엄마와 재결합하기 위해 얼마나 열심히 애쓰는지에 놀라고 아기가 좌절할 때 아기의 고통에 슬퍼한다. 그들의 얼굴은 아기의 반응을 반영한다. 아기가 괴로워할 때 사람들은 '우우~'라고 탄식하며 눈썹을 찡그리고 입꼬리를 아래로 내린다. 그들은 아기의 고통과 혼란에 공감한다.

엄마와 아기의 일시적인 관계 단절은 장기적인 해를 끼치지 않으므로 안심해도 된다. 부모는 식사하거나 자거나 다른 아이들을 돌보느라 종종 아기에게 관심을 기울이지 못한다. 이 실험 영상이 보여주지 못하는 것은 애착[9] 관계가 순간이 아니라 몇 년에 걸쳐 형성된다는 것이다.

아기가 뭔가를 배우고 있고 뇌에서 어떤 연결을 만들고 있음을 고려한다면, 우리는 엄마가 아기와 상호작용하며 어르는 동안 '엄마는 때때로 내게 관심이 있다'는 연결을 강화하고 있음을 추측할 수 있다. 엄마가 관심을 기울이지 않을 때는 아기가 '엄마는 때때로 내게 관심이 없다'는 연결을 만들고 있을 수도 있다. 양쪽 다 괜찮다. 양쪽 다 실제 삶을 반영한다. 영유아가 자신을 위해 함께 있어 주는 누군가와 연결된 상태라면, 그렇지 않을 때가 종종 있어도 참을 수 있다. '엄마는 가끔 재미없고 친절하지도 않고 잘해주지도 않는다'는 인식은 엄마가 가끔 재미있고 친절하고 잘해준다는 인식과 모순되지 않는다. 두 가지 인식 다 별개로 존재한다. 너무 자주, 장기간, 또는 아주 심하게 손상되지 않는다면, 애착 관계는 회복할 수 있다.

사람의 애착 유형은 부모나 부모 역할을 하는 양육자에게 어떻게 이해받았는지, 어떻게 의사소통하고 반응했는지에 기반한다. 그 과정은 일시적이지 않고 어린 시절 전반, 심지어 한 사람의 일생 전체에 걸쳐 이루어질 수도 있다. 어떤 부모는 판에 박힌 일과를 고수한다. 어떤 부모는 아이와 함께 침대에서 잔다. 어떤 부모는 일하러 나가고, 어떤 부모는 집에 머문다. 어떤 부모는 침착하고, 어떤 부모는 화를 낸다. 아이들은 성질을 내고 말다툼한다. 그들은 비명을 지르고 소리치며 말을 안 듣고 버릇없이 군다. 그러나 시간이 흐르는 동안 어느 정도의 결속과 보살핌, 일관성이 있는 한, 애착은 살아남는다. 가정생활은, 아주 행복한 가정생활도, 항상 보기 좋은 모습은 아니다.

우리가 그녀의 슬픔에 관해 이야기할 때, 매디는 그것이 일반적이라고 생각하는 것 같았다. 그녀는 공허함을 느꼈다. 그녀는 다른 사람들도 자신처럼 느낀다고 생각했다. 그녀는 수영 경기를 위해 훈련하는 데 너무 바빠 내면의 슬픔과 공허를 돌아볼 틈이 없었음을 깨달았다. 내게 치료받으며 초등학생 시절을 떠올리자 눈물이 뺨을 타고 흘러내렸다. 엄마는 자주 그녀를 학교에 데려다줬었다.

매디는 엄마의 손을 잡고 흔들었던 때를, 그 따뜻함, 행복, 즐거움을 떠올렸다. 그때는 세상이 좋은 곳이라고 생각했었다. 그녀는 안전하고 편안하며 보호받는 그런 느낌을 그리워했다.

보모 역시 전통적인 의미에서 모성에 가까웠다. 보모는 집안을 잘 관리했다. 매디는 현재 보모가 일하는 집의 부엌에서 그때의 느낌을 다시 떠올렸다. 그녀는 따뜻하고 분주하며 어수선한 가정적인 분위기 속에서 생활하는 그 집 아이들에게 질투심을 느꼈다. 자신의 집은 그에 비해 공허하고 쓸쓸하고 차갑게 느껴졌다.

애착은 아기에서 성숙한 어른으로 발달하는 동안 흔들리며 누워 있는 요람과 같다. 애착이란 무엇인지, 내 애착 유형이 어땠는지는 나라는 사람을 이해하는 열쇠가 될 것이다. 애착이 내 모든 것을 결정하는 것은 아니지만, 내 성격과 애착 관계의 상호작용은 오늘날의 내 모습을 만들어내는 데 관여했을 것이다. 아마도 본성과 양육에 대해 들어보았을 것이다. 본성은 타고난 것이고 양육은 성장한 환경이다. 타고난 본성과 애착 관계를 통한 양육은 상호작용한다. 원래 독립적인 성격을 타고난 사람들은 성장하면서 부모가 그들에게 주의를 덜 기울이게 되면 신이 나고 자유롭다고 느낀다. 그러나 쉽게 불안을 느끼는 성향을 타고난 아이는 부모의 관심을 받지 못하면 초조해한다. 개인의 타고난 성격은 부모의 양육 방식과 상호작용하며 완전히 독특한 창조물을 만들어낸다. 바로 이 책을 읽고 있는 여러분 말이다.

개인의 애착 유형은 현재는 물론 일생에 걸쳐 어떻게 친구를 사귀고 가까운 관계를 맺을지 안내한다. 심리학은 명쾌한 과학이 아니다. 화학이나 의학에서처럼 변수를 분리할 수 없고, X, Y, Z의 수가 무한하므로 Y 양육을 받는 X 아이가 Z 애착을 형성할 것이라고 단정적으로 예측할 수 없다. 지문처럼 여러분의 타고난 성격은 독특하다. 그리고 독특한 성격과 첫 번째 애착 관계 사이의 상호작용이 여러분을 만들었다. 한 가족처럼 대충 비슷한 양육 환경에서도 아이에게 영향을 미칠 수 있는 무한한 수의 환경적 요인이 있다. 일란성 쌍둥이라 하더라도 정확히 같은 시간에 일어나거나, 같은 정도로 울거나, 음식과 편의를 동시에 제공받지는 않는다. 그러면 각 개인에게 각인되어 개성을 창조하고 다른 사람과 어떻게 관계를 맺을지 좌우하는 무한한 변수들에 대해 살펴보자.

가족 관계에 대해 어떻게 느꼈는가? 여기저기서 들은 정보와 함께 찍은 사진들은 애착에 관해 어떤 이야기를 들려주는가? 10대나 20대 젊은이라면 지금은 부모를 떠올릴 때 진저리칠 수도 있겠지만, 다시 생각해 보자. 고립감과 외로움을 느껴본 적이 있는가? 숨 막힌다고 느끼거나 스스로 만든 껍질 속에 숨어버린 적은 없었나? 아니면 외롭거나 스스로 숨어버리는 그 중간 어딘가에서 헤맨 적은 없는가? 부모님의 방식이 마음에 들었는가? 부모님과 더 가까워지길 바랐는가, 아니면 반대로 멀리 떨어지길 원했는가?

부모님을 즐겁게 해주려고 안달하고, 어떤 대가를 치르더라도 갈등을 피했는가? 부모님에게 자주 도전하고 많은 언쟁을 할 만큼 충분히 안정감을 느꼈는가? 부모님이 어느 선까지 개입할지 몰라 자신의 영역을 침범당할까 봐 두려웠는가? 수용되었는가, 거절당했는가? 부모님에게 속았다고 느끼는가? '다루기 어려운 애, 가장 예뻐하는 애, 영리한 애, 예쁜 애'라는 식으로 딱지를 붙였는가? '너는 나랑 비슷해' 또는 '우리 가족은 그런 행동은 하지 않아'라고 말했는가?

이것들은 여러분이 경험했을 수도 있는 무한한 조합 중 일부에 불과하다. 이것이 지금 우정과 인간관계에 어떤 영향을 끼칠까? 이것이 핵심이다. 과거 애착 관계는 현재와 미래의 인간관계에 쭉 그림자를 드리운다.

내가 만난 모든 환자는 양육과 관련된 드라마가 있다. 엄마의 매력에 패배감을 느끼고 가능한 한 칙칙하게 하고 다니는 것으로만 반항을 표현하는 수줍은 고스족(goth는 고딕 문화에 뿌리를 두고 죽음, 공포, 어둠을 지향하는 경향으로 문화예술과 패션 등의 분야에서 지속해서 영향력을 발휘하고 있다) 소녀. 소중한 딸과 자신의 삶을 분리하지 못하고 오래오래 품 안에 끼고 있는 엄마에게 어린애 취급받는 외동아이. 부모가 자신을 이해하지 못한다고 느껴 친구들과 어울려 다니느라 부모를 뒷전에 두는 파티걸.

매디의 아빠는 심술궂거나 불친절하지 않았다. 그들은 충분히 잘 헤쳐왔다. 그는 매디를 위해 실질적인 일들을 했다. 다만 감정적으로 부재했을 뿐이다. 매디가 그에게 감정에 관해 얘기하려고 하면, 그는 그냥 "글쎄, 나는 네가 해낼 거라고 확신해" 또는 "인생은 공평하지 않아"라고 말한 다음 화제를 바꾸거나 다른 일로 바빴다. 나는 상담 과정에서 몇 번 그를 만났는데, 그는 감정적으로 비어 있는 것처럼 보였지만, 한편으로는 항상 내 조언에 따랐다. 예를 들어, 나는 매디의 외로움을 느낄 수 있었고, 그래서 그들이 더 많은 시간을 함께 보내라고 조언했다. 그리고 그는 그렇게 했다. 그러나 그것은 마치 해야 할 일 목록에서 하나를 해치우고 체크하는 것처럼 형식적으로 느껴졌다. 나는 왜 그런지 궁금했다. 그는 언제나 그랬을까, 아니면 아내의 죽음이 그를 무너뜨렸을까? 그는 마치 양육을 이제 다 마무리했다고 느끼는 것 같았다. 그는 매디가 성숙하기를 원했고, 앞으로 나아가기를 원했고, 물론 그럴 때가 되었다.

치료는 매디에게 중요했다. 치료 행위는 그녀를 감정적으로 '안아 주었다'. 그녀는 비로소 제대로 슬퍼할 수 있었다. 엄마를 잃은 것뿐만 아니라, 아빠의 사랑을 충분히 느낄 수 없었던 것에 대해서도 슬퍼할 수 있었다. 치료는 또한 그녀가 앞으로 나아가 인생에서 원하는 것들을 해내도록 해주었다. 과거에 누렸던 삶이 어땠는지, 미래에 원하는 삶은 무엇인지 떠올리게 되었다. 그녀는 누구와 친구가 되고 누구와 연애할지 현명하게 선택했다. 마지막 상담 시간에 매디는 시계를 곁눈질했다. 그녀는 근처에서 자신을 기다리고 있는 친구들을 빨리 만나고 싶어 조바심이 났다. 그녀는 치료를 마쳤다. 당연하게도 그녀는 나와의 일시적인 애착에서 벗어났고, 내 일은 종결되었다.

종종 10대 시절 오해로 인해, 또는 계속 관계를 유지해야 한다는 것을 잊어버리고 밤바다를 지나는 배처럼 서로를 지나쳐 버려, 애착이 깨지는 것을 본다. 그리고 물론 이 책의 원제(you don't understand me)처럼 10대에 부모가 자신을 이해하지 못한다고 느끼는 일은 아주 흔하다. 부모와 아이 모두 사랑스럽지만 너무나 달라서 서로를 이해하기 어려울 때도 있다. 때때로 10대 청소년은 자신의 모습 중 그 어떤 것도 타인에게, 심지어 부모에게도 보여주지 못한다. 나는 수줍음이 많고 사회적으로 불안하거나 서투른 젊은이들이 부모를 자신의 삶에 들이지 못하는 것을 보아왔다. 그들은 부모가 자신을 사랑한다는 것을 알지만 받아들이지 못한다.

애착은 쌍방향이라는 점을 기억할 필요가 있다. 애착을 제대로 형성하는 것은, 그동안 어떻게 살아왔든 어른인 부모의 책임이다. 그러나 아이의 타고난 성격이 애착 형성 과정에 작용한다. 아이는 최고로 자상한 부모가 있어도 불안해할 수 있다. 하지만, 치료를 받는 청소년 중에는 사실상 돌봄을 못 받았거나 잘못된 양육으로 해를 입은 아이들이 있다.

해로운 양육

스테파니는 처음에는 거식증이 의심되는 증상으로 치료받았으나 상담이 몇 번 진행되는 동안 증상이 바뀌어 폭식하기 시작했다. 그러고 나서 식사는 정상으로 돌아온 것 같았지만 담배를 피우고 술을 많이 마셨다. 치료 과정은 회오리바람이 몰아치듯 종잡을 수 없었다. 상담할 때마다 새로운 문제가 나타났고, 그때마다 치료를 새로 시작하는 느낌이었다. 몇 주 동안은 그녀가 행복했고 별 얘기를 하지 않았다. 그다음 몇 주 동안은 자살에 대해 생각했다. 내가 한 말은 아무것도 먹히지 않는 것 같았고, 우리 관계가 진전되고 있다는 느낌을 받지 못했다. 하지만 그녀는 계속 나를 찾아왔다.

그녀는 부모와의 관계가 '괜찮다'고 내게 말했지만, 나는 그녀의 부모가 딸을 치료하러 데려오는 것이 컴퓨터를 수리하러 오는 것과 좀 비슷한 것 같다는 느낌이었다. 그들은 애초에 고장 났다는 것에 실망한 것 같았고, 내가 고치는 데 너무 오래 걸린다는 것이 짜증스러운 것 같았다. 그들은 딸이 겪는 어려움이 전적으로 딸의 문제로 자신들과는 상관없다고 가정하는 것처럼 보였다. 내가 뭘 하고 있었는지 나는 알았던가? 사실, 나는 그 단계에서 내가 하는 치료에 대해 확신하지 못했다. 나는 그녀를 전혀 파악하지 못했다.

젊은이들과 함께하는 치료 과정은 조각의 절반이 빠진 채로 끊임없이 변화하고 성장하는 조각 그림 맞추기(직소 퍼즐)를 완성하려는 것과 같다. 학대받거나 방치된 경험이 있는 젊은이들이 모두 그 경험을 있는 그대로 인식하거나 그런 경험에 따르는 전형적인 행동을 하지는 않는다. 때때로 그들은 우울하고 내면이 무너지고 자신감이 부족하다. 자신을 비난하거나 학교에서 버릇없이 굴기도 한다. 때로는 자극을 추구하며 위험하거나 불법적인 일에 관여한다.

학대받은 젊은이들은 치료 과정에서 크게 변화하기도 하고, 점점 더 나아진다는 느낌에 힘입어 계속 노력하기도 한다. 치료 과정에서 때때로 선 넘는 행동을 하기도 한다. 정해진 일정대로 방문하지 않거나 지각하거나 한밤중에 이메일을 보내기도 한다. 하지만 이런 행동은 모두 전체 그림을 이해하는 데 도움이 되는 그 내담자의 직소 퍼즐 조각들이다.

학대를 당한 젊은이들은 왜 이런 행동을 할까? 그들은 인간관계에서 배운 대로 행동하는 것이다. 아기는 첫 번째 애착을 형성하는 데 성공하든 그렇지 않든 책임이 없다. 아기는 생물학적으로 주변에 있는 누구와도 애착을 형성할 준비가 되어 있고, 만약 그 사람이 반응하지 않거나 차갑거나 일관성이 없거나 해를 끼치면, 그와 맺는 관계의 방식이 아기의 뇌에 입력된다. 만약 아기가 방치되고 거부당한다면, 아기의 뇌에는 '세상은 안전한 곳이 아니야' '내가 슬프거나 근심스러워도 아무도 나를 보살펴 주지 않을 거야' '정신 바짝 차리고 한발 앞서서 나 자신을 지켜야 해. 나는 아무도 신경 쓰지 않을 거야'라는 정보가 입력된다.

스테파니는 어렸을 때 찬장 문을 망가뜨린 이야기를 내게 들려주었다. 엄마는 벌을 주려고 그녀를 집 밖에 쫓아내고 문을 잠갔다. 그녀는 울면서 문을 쾅쾅 두드렸고 엄마는 그녀에게 얌전히 굴어야 들어올 수 있다고 소리쳤다고 했다. 나는 치료사로서 일반적으로 누가 어떤 얘기를 하든 중립적인 표정을 지으려고 노력한다. 하지만 스테파니는 이 얘기를 하면서 내가 충격을 받은 모습을 보았고, 나는 내 반응에 놀란 그녀를 보았다. 그녀는 이것이 정상이 아니라는 것을 깨달았다. 그리고 다시 그녀는 부모가 자신을 때리거나 무시하거나 벌을 주었던, 수많은 비슷한 일들도 털어놓았다.

스테파니는 부모가 자신을 위해 최선을 기대했다고, 부모가 체벌을 통해 그녀를 훈육하고 있다고 생각했다. 그러나 체벌을 통한 훈육은 때때로 부모의 분노와 좌절감의 표출이었음이 분명했고, 그들의 관계에는 온기가 부족했다. 사회복지기관이 개입하게 되었고, 그 결과, 부모의 행동에 변화가 생겼다. 신체적 학대가 중단되었다. 그러나 신체적 학대가 아무리 충격적이고 해로웠더라도 부모와의 관계에서 따뜻함이 부족해서 생긴 정신적, 정서적 피해에 비하면 부차적이었다. 그것은 자신감과 안정감 부족이라는 상흔을 남겼고, 그녀는 모든 사적인 관계에서 사랑받지 못하고, 외롭고, 불확실하다는 느낌을 받았다. 그녀는 술, 약물, 무분별한 관계 등 다양한 방식으로 비뚤어졌다.

아이들이 일관성이 없고 가혹한 인간관계만 알고 있다면, 자라면서 다른 사람들에게도 그렇게 행동하게 될 것이다. 애착 관계는 앞으로 어떻게 행동할지에 대한 청사진이다. 사랑과 애정에 대한 갈구가 그들을 강렬한 우정으로 이끌지만, 극단적이고 이랬다저랬다 하고 비열하게 행동하므로, 캐치-22(catch-22는 소설과 그 소설을 원작으로 한 미국 드라마의 제목으로, 답이 없는 진퇴양난 상황을 뜻함)가 되어버린다. 그들은 친구가 거절하기 전에 친구를 거절하고, 다른 사람과의 관계가 안전하다고 믿지 않으므로 자신을 보호하려고 방어막을 친다. 또는 자신의 허튼소리에 당연히 진저리가 나서 거절하게끔 상대방을 도발하고, 그러면서 자신이 사랑과 호의를 받을 가치가 없다는 믿음을 강화한다.

동물 실험은 다시 우리에게 이 주제에 대한 몇 가지 단서를 제공한다. 우유병이 달린 철사 어미 모형과 부드러운 천 뭉치 어미 모형 중에서 철사 어미 모형에 매달려 우유를 먹고 자란 불쌍한 새끼 원숭이들은 성장한 후에도 사회적 기술이 형편없었고, 다른 원숭이들과 관계를 맺지 못했으며, 결국 새끼를 잘 키우지 못하는 서투른 어미가 되었다.

마찬가지로, 아기가 아무리 울어도 주변에서 전혀 반응이 없거나 일관성 없고 가혹한 반응만 경험하게 되면, 아기는 무력감을 배우게 되고 아기의 뇌에 미래가 없다는 절망이 입력된다. 그들은 스스로가 쓸모없고 중요하지 않은 존재라는 믿음을 갖게 될 수 있다.

학대당한 경험이 있는 청소년은 흔히 사회적 관계에서 토네이도처럼 자신을 방해하는 모든 사람을 땅에 쓰러뜨린다. 정신건강 기관에서는 이러한 극단적인 오락가락하는 위험한 행동을 '경계선'이라고 하는데, 이는 '경계선 성격 장애' 진단을 축약한 표현이다.

나는 이 진단명이 은연중에 단정적이고 '성격'이라는 단어가 이러한 증상이 영구적임을 암시하기 때문에 싫어한다. 이 증상은 영구적이지 않다. 어린 시절 애착이 부족해 입은 피해는 나중에 다른 애착 관계로 치유될 수 있다. 경계선 성격 장애 진단을 받은 사람도 회복될 수 있다.

그간의 경험으로 보면, 사회복지를 담당하는 정부 당국은 일반적으로 정서적 학대를 신체적 학대 또는 성적 학대만큼 심각하게 받아들이지는 않는다. 나는 왜 그런지 이해한다. 신체적 학대와 성적 학대는 명백한 행동이다. 그런 학대가 일어났는지 일어나지 않았는지 확실히 구분할 수 있다. 또한 그런 종류의 학대는 정서적 학대도 포함한다.

정서적 학대란 말은 그 자체로 '지속적인 행동'을 의미한다. 고함을 지르고, 비열하게 굴고, 차갑게 대하고, 거리를 두는 것은 누구나 때때로 하는 행동이다. 그래서 정서적 학대는 이러한 행동을 했는가가 아니라 그 행동의 문맥, 빈도 및 심각성에 의해 정의된다. 그런 행동이 많거나, 평소 따뜻하고 호의적인 관계를 형성하지 않은 상태에서 그런 행동만 했을 때 정서적 학대가 된다. 정서적 학대 여부는 복잡한 문제라 확인하기 어렵고 증명하기는 더욱 어렵다.

그런데 아이들의 정신 건강에 가장 큰 해를 끼치는 것은 정서적 학대이므로, 이러한 학대를 알아차리기도 힘들다는 것은 재난과도 같다. 신체적 학대의 멍과 상처는 치유되지만, 맞은 경험 때문에 생긴 정서적 상처는 아이가 사랑받고 보살핌을 받고 미래에 사람들과 어떻게 관계를 맺어야 할지에 대한 감각에 매우 심각한 손상을 초래한다.[10] 애착 실험에서 새끼 원숭이들은 얻어맞지 않았다. 그들은 음식이나 물이 부족하지 않았다. 그들은 기본적인 위안을 '단순히' 거부당했고, 그것은 향후 그들의 삶에 심대한 영향을 끼쳤다.

단 하나의 좋은 애착 관계가 핵심이다

양쪽 부모 둘 다 아이를 학대하는 경우는 거의 없으며, 단 하나의 좋은 관계만으로도 애착의 혜택과 보호를 제공하기에 충분해 보인다. 그러므로 부모 중 한 명이 부재한지, 세상을 떠났는지도 애착과 관련해 중요하다.

한쪽 부모에게 낙담하거나 상실한 경험이 있는 젊은이들은 종종 남아 있는 부모에게 함부로 굴면서 고통을 표출한다. 마치 자신의 최악의 면을 보여줌으로써 애착 관계를 시험하는 것 같다. 자신을 낙담하게 한 사람에게 직접 분노와 절망을 보여줄 방법은 없는 경우가 많다. 대신, 그 감정을 자신이 신뢰하는 다른 사람들에게 투영할 수 있다. 본능적으로 그들의 애착의 한계를 시험해 보는 것이다.

한편, 애착을 형성하는 최적의 시기가 있는 것으로 알려져 있는데, 생후 첫 2년간 그런 기회를 얻는 것이 결정적으로 중요하다. 예를 들어, 루마니아 보육원에서 끔찍하게 방임된 후 사랑이 넘치는 가정으로 입양된 아이 중 아주 어려서 입양된 경우는 장기적으로 더 나은 삶을 살게 되었다.

그러나 젊은이 대부분은 감사하게도 루마니아 보육원 사례 같은 끔찍한 경험은 하지 않았고, 일반적으로 손상된 애착으로 인한 피해는 돌이킬 수 없는 것이 아니다. 나중에 다른 관계에서 애착을 형성할 수 있다. 누군가 자신을 걱정해 주고 보살펴 준 경험은 뇌에 새겨지고, 미래의 인간관계를 위한 더 나은 지도가 만들어진다.

치료 과정에서 청소년들이 뭔가 다른 것을 경험하면, 관계 맺기 방식을 고칠 수 있다. 그들을 돌봐주고 자신을 중요한 사람이라고 느끼게 해주는 좋은 어른과의 관계는 그들이 이런 처지에서 회복되도록 차이를 만들어 낼 수 있다. 치료사들은 이것을 '마음으로 안아 주기'라고 부른다. 그 일을 선생님이나 사회복지사, 청년 봉사자와 함께 할 수도 있다.

사실, 스테파니와 함께한 치료에서 나는 거의 아무것도 하지 않았다. 나는 그녀를 믿었고, 그녀의 고통을 목격했다. 그녀의 기분을 이해하려고 노력했다. 나는 학대당한 경험이 그녀에게 어떤 영향을 끼쳤는지 이해하도록 도와주려 애썼다. 나는 침착하게 그 일을 계속해 나갔다. 과잉 반응이나 과소 반응을 하지 않았다. 단지 듣고, 믿고, 이해했을 뿐이다. 오랫동안 그녀는 좋아졌다 나빠지기를 반복했다. 때때로 그녀는 오지 않았다. 그러다가 다시 정기적으로 방문해서 내게 좋은 소식과 나쁜 소식을 공유했다. 그녀는 자신이 뭘 하고 지냈는지 사진을 공유해 주었고 내게 보여주려고 친구를 데려오기도 했다. 나는 내가 그녀의 애착 대상임을 깨달았다. '충분히 좋은 양육'이 없는 상황에서 그녀는 나를 그 자리에 앉혀 놓았다.

간단히 말해, 내가 치료 과정에서 한 일은 그녀에게 안전한 애착 관계를 제공한 것이다. 나는 침착한 태도를 유지하며 그녀에게 관심을 기울였다. 그녀는 나에게 관심을 허락했다. 그녀는 자기 얘기를 들려주었고 내가 그녀를 알 수 있도록 들여보내 주었다. 그러고 나서 나와의 관계를 시험했고, 그 관계가 안전하고 도움이 된다는 것을 알게 되었다. 그러한 경험은 인간관계가 늘 좌절로 끝나는 것은 아니라는 새로운 뇌 경로를 만들었다. 그런 다음 스테파니는 자신의 삶을 살기 위해 앞으로 나아갔다.

스테파니 같은 젊은이들은 치료를 시작할 때 내게 "선생님은 나를 보살피는 대가로 돈을 받죠"라고 말하지만, 그것은 사실이 아니다. 우리는 사람들을 상담하고 치료비를 받지만, 진정한 관심은 돈 주고 살 수 없는 것이다. 물론, 돈을 받고 관심 있는 척할 수는 있지만, 10대 청소년 대부분은 그 관심이 가짜라는 냄새를 1마일 밖에서도 맡을 수 있을 것이다. 누군가를 염려하는 것은 거짓으로 꾸며서 되는 일이 아니다. 누군가를 알아가고 이해하다 보면 그 부작용으로 그 사람을 염려하게 된다. 그것은 진짜일 수밖에 없다. 나는 내담자들의 사연을 내 가슴속에 간직하고 있다.

뇌에 각인되고 일상에서 살아있는 양질의 건강한 애착 관계는 삶의 뼈대를 제공한다. 우리에게 나쁜 일이 일어날 수도 있지만, 우리는 거기서 벗어나 앞으로 나아갈 수 있다.

10대의 애착

심리학자들에 따르면 청소년기의 발달 과제는 자신을 부모와 분리하고 개별화(Individuation)하는 것이다. 사춘기 즈음에는 어른이 되기 위해 부모와의 애착이 느슨해지고 또래 친구들에게 더 애착을 느끼기 시작하는 것이 정상이다. 더 넓은 사회적 관계에 참여할 때, 청소년은 자신의 부모를 다른 사람들과 비교하고 그들이 일을 처리하는 방식에 의문을 제기하기 시작한다. 그러면서 자신의 부모도 부족한 존재임을 알게 된다. 부모도 인간이고 완벽하지 않다. 완벽은 인간에게 도움이 되지 않는 개념이다. 뒷부분에서 이 문제에 대해 더 상세히 다룰 예정이다.

청소년기에 부모와 자녀의 애착 관계는 전형적으로 불화, 그 다음의 회복과 관련이 깊다. 만약 애착이 강하고 좋다면, 논쟁하고 반대하고 고함치고 문을 쾅 닫는 것도 괜찮다. 청소년은 어른이 되기 위한 길에서 때때로 비틀거리고 실패하게 마련이다. 애착 관계를 형성한 부모, 또는 다른 성인과 서로 갈등을 빚더라도 다시 그들에게 돌아오곤 한다. 청소년기의 불화와 회복이라는 것은, 부모님에게 극도로 비판적이고 짜증이 난 상태에서 발을 동동 구르다가, 다음 순간 걱정스럽고 외로워서 부모님에게 안기려고 아래층으로 뛰어 내려가는 것 같은 상황을 의미한다. 이러한 행동 방식은 영유아 시기 부모와의 초기 관계로 돌아가는 것이다. 유아들은 장난감을 찾으려고 가다가 넘어지면, 위로를 얻으려고 뒤돌아서 부모에게 뛰어간다.

성인기가 다가오면서 미래에 대한 걱정이 수면 위로 떠오를 수 있다. '앞으로 뭘 하지? 왜 아직도 모르지? 다른 사람들은 다 아는 것 같은데. 내가 잘해나갈 수 있을까?' 성인이 되는 길로 비틀거리며 첫걸음을 뗄 때, 정서적, 실질적, 경제적 도움이 필요할 때는 안정적 기반이 되어줄 부모와 가정이 중요하다.

애착 관계를 제대로 형성하지 못했어도 힘들지만, 애착이 너무 강하거나 숨 막히게 할 때도 문제를 일으킬 수 있다. 어떤 가족이 절대 다투지 않는다거나 서로에게 최고의 친구라고 말하는 것은 경고 신호다. 부모와의 분리라는 발달 과제를 성취하는 것은 흔히 의견 차이로 인한 대립을 통해서이기 때문이다. 부모와 자녀 사이에 어느 정도의 의견 차이가 없다면, 자녀가 성인이 되어 앞으로 나아가기 위한 적절한 거리를 설정하는 것은 어렵다. 이것이 잘 안 될 때, 자녀가 지나치게 부모의 도움을 기대하거나 부모가 자녀의 삶에 너무 많이 개입하게 된다. 어떤 젊은이들은 실패가 두려워서 부모와 분리되는 것을 힘들어한다. 나는 수많은 똑똑한 내담자들이 시험이나 인간관계, 인생에서 실패하는 것뿐만이 아니라 은행 계좌를 만들거나 쇼핑을 하는 것 같은 일상적인 과제를 해내는 것도 두려워하는 것을 보았다.

자신의 인생을 향해 출발하는 10대 후반과 20대 초중반, 어려움을 겪을 때 도움을 받기 위해 부모 곁으로 후퇴하는 것은 물론 괜찮지만, 주의할 것이 있다. 나는 많은 젊은이가 20대를 순조롭게 보내기 위해 부모에게 경제적 지원과 각종 도움을 청하며 지나치게 의존하는 것을 보아왔다. 그러면서 부모가 꼬치꼬치 캐

묻고 간섭하고 통제한다고 투덜거린다. 나는 "글쎄요, 그렇네요"라고 말할 수밖에 없었다. 만약 부모가 방바닥에 떨어진 옷들을 주워 빨래해주거나 식사를 챙겨주길 기대한다면, 여전히 어린아이로 취급받을 수밖에 없다. 어떤 경우에는 친절을 베풀기 위해 잔인하게 굴라고, 자녀가 둥지를 떠나 자신을 책임지도록 어느 정도 압박을 가하라고 부모님들을 격려해야 했다.

성인기로 접어드는 시기에 부모가 지나치게 자신의 삶에 개입한다고 느낀다면, '혹시 나 때문이 아닐까?'라고 자문할 필요가 있다고 생각한다. '부모님께 지나치게 의존하고, 그들이 나를 위해 많은 것들을 해주길 기대하고 있는 건 아닐까?' 때때로, 양육에서 손을 뗄 준비가 되어 있지 않은 부모가 자녀와의 분리를 어려워한다. 부모가 자녀의 모든 문제를 해결하기 위해 달려드는 '헬리콥터 부모'라면, 자녀는 단기적으로는 감사할지도 모르지만, 장기적으로는 어린애 상태에서 벗어나기 힘들 것이다. 나는 다음 장에서 과잉 양육(overparenting)과 그것이 어떻게 가족 내에서 고착되는지에 대해 다룬다.

10대 자녀를 둔 부모를 위한 자녀교육 도서에는 이런 내용이 나온다. '우리는 10대 자녀에게 여유 공간을 주는 동시에 그들을 꽉 붙잡고 있어야 한다.[11] 이것은 누구에게나 어려운 과제다.' 이 말을 반대로 젊은이들을 위한 조언으로 바꾸면, '여러분은 육체적으로나 감정적으로 부모님으로부터 멀어져야 하지만, 너무 멀리 떨어져서는 안 됩니다. 부모님이 기본적으로 괜찮은 분들이라면, 그들을 친절하게 대하고 여러분이 넘어졌을 때 곁에 있도록 해주세요. 여러분은 넘어질 것입니다. 너무 심하게 넘어지거나, 후유증이 너무 오래 지속되지는 않아야겠지만. 어쨌든 아무도 실패를 겪지 않고 인생을 헤쳐나갈 수는 없습니다'라는 것이다.

해로운 부모가 있거나 부모가 아예 없는 젊은이들에게는 이렇게 말하고 싶다. "유감입니다. 성인이 되어가는 과정이 여러분에게는 정말 힘들 것입니다. 친척, 심리치료사, 사회복지사, 선생님, 친구의 부모님, 몇몇 좋은 또래 친구 중 여러분을 지원해줄 애착 관계가 될 만한 사람들을 열심히 찾아보세요. 그리고 자신이 겪고 있는 상황에 대해, 무엇이 필요한지에 대해 솔직하게 얘기해 보세요. 여러분은 살아남아야 합니다. 부모와의 애착 관계 없이 살아가는 것은 처음부터 안 좋은 패를 쥐고 인생이라는 게임에 참여하는 것과 같습니다. 그런 상태가 자신에게 어떤 영향을 끼치는지 이해하고, 단지 살아남는 데서 그치지 말고 활짝 꽃을 피우도록 자기 자신을 도와주세요."

애착이란 부모(양육자), 자녀가 함께 추는 복잡한 춤으로, 평생 갈 수도 있지만, 완전히 새로운 스텝이나 새로운 춤을 배울 수도 있고, 어릴 때 배우면 좋지만, 그렇지 못하더라도 끝이 아니다. 애착이라는 춤은 나이에 상관없이 언제든 배울 수 있다.

제2장

가족

진정한 삶을 위해 부모의 기대에서 벗어나는 사람은
얼마나 적은가? 죄책감과 두려움은 많은 이들을 함정에 빠뜨린다.
다른 길을 선택한 데서 오는 감정적 타격을 누가 견딜 수 있을까?

레베카 워커 『베이비 러브』

하지만 언젠가는 자신이 어디에 있든 무엇을 마주치든
가족이야말로 이 세상에서 자신이 안전하다고
느끼게 해주는 사람들임을 알게 될 것이다.

팀 민친 '햇볕 아래 화이트 와인(White Wine in the Sun)'

애착이 부모와 자식 사이의 복잡한 춤이라면 가족 안에 있다는 것은 클럽에서 춤을 추는 것이다. 부모님이 클럽을 운영하고 음악, 음료, 대상 고객, 인테리어를 선택한다. 우리가 아기일 때 부모님은 춤을 추면서 아기를 팔로 안고 앞뒤로 움직인다. 그리고 성장함에 따라 우리는 아장아장 몇 걸음을 떼며 몸을 이리저리 흔들 때 그들의 손을 잡는다. 또는 그들이 부드럽게 움직일 때 그들의 손을 잡고 서서 따라 한다. 그런 다음 형제자매의 손을 잡고 춤을 추며 너무 몸을 내밀어 부딪히거나 발을 밟지 않도록 그들의 스타일에 적응한다. 때로는 일부러 그들을 휘감기도 한다. 가족으로서 때로는 모두 함께 춤추고 때로는 각자 다른 곡에 맞춰 춤추기도 한다.

때때로 다른 사람들이 우리와 함께 춤춘다. 그들은 머물기도 하고 가버리기도 한다. 그리고 가족 중 누군가는 피곤하거나 다치기도 하고, 어렸을 때처럼 부모의 목에 팔을 감고 다시 기대야 할 수도 있다.

10대가 되면 갑자기 부모님이 운영하는 클럽의 인테리어가 구닥다리로 보이고 부모님이 춤추는 방식과 클럽의 음악이 좀 촌스럽게 느껴진다. 그렇다. 그들의 방식은 20년 전에 고정되어 있게 마련이다. 이제 우리는 그곳에서 춤추고 싶지 않다. 이건 좀 한심하지 않나 의문이 들기 시작한다. 그리고 친구들이 볼까 봐 걱정하고, 어느 시점이 되면 이 모든 것이 얼마나 끔찍한가 토로하며 싫어하게 된다. 친구들은 정말 멋진 음악과 훌륭한 칵테일이 있는 새로운 클럽으로 갈 것이다. 우리도 그런 곳에 가고 싶다.

우리가 안정적인 애착을 형성했다면, 부모님은 아마도 우리가 떠나는 것을 보고 약간 슬플 것이고 우리도 그들을 떠나는 것이 약간 슬플 것이다. 그리고 그들이 쿨하다고 느낀다. 어쩌면 기분이 나아지려고 싸움을 선택할 수도 있다. 그러면 자신이 떠나는 것에 대해 그들을 비난하면서 박차고 나갈 수 있을 테니. 부모님은 처음에는 우리를 그리워하지만, 시간이 흐르면 자식 없이 새로운 춤을 추게 된다. 나중에 그들은 우리가 만든 클럽에 와서 함께 춤추고 우리는 자신이 그곳에서 부모님의 오래된 음악 몇 곡을 틀어놓고 있음을 깨닫는다. 한편, 부모님의 클럽으로 돌아가면 그들이 자식의 클럽과 다소 비슷하게 인테리어를 업데이트하고 새로운 칵테일 메뉴를 추가했음을 알게 된다.

운이 좋으면 그렇게 된다. 그러나 잘못되는 경우도 많다. 부모님은 우리가 아기였을 때 품에 안고 춤을 추지 않았을 수도 있다. 그들은 아기를 떨어뜨리거나 다친 아기를 클럽 바닥에 혼자 내버려 두었을 수도 있다. 그리고 10대가 되었을 때, 그들은 우리가 있든 없든 그다지 신경 쓰지 않고, 우리가 떠날 때 어디로 가는지 확인하지 않았을 수도 있다.

아니면 정반대의 의미로 운이 좋지 않을 수도 있다. 그들이 너무 많이 염려한 나머지, 우리를 절대로 품에서 내려놓지 않고 우리가 스스로 첫발을 떼도록 격려하지 않을 수도 있다. 그들은 바닥에 유리 조각이 있을지도 모른다고, 다른 아이들이 거칠게 굴지도 모른다고 걱정해서, 그들이 상상한 갖가지 위험을 피하고자, 우리가 스스로 춤추거나 자신의 리듬과 스타일을 찾도록 허용하지 않을 수도 있다. 우리가 다른 사람과 춤추기 시작할 때 그들은 우리를 끌어당기며 안전하지 않다고 말할 수도 있다. 그리고 마침내 우리가 자신의 클럽을 갖게 될 때, 부모님은 그것이 그들의 클럽과 정확히 같기를 원하고 그렇지 않다는 데 대해 속상해하거나 비난할 수도 있다.

이디는 부모님이 늦은 나이에 시험관 아기 시술로 얻어 큰 사랑을 쏟는 외동딸이었다. 그녀는 섭식 장애 치료를 위해 나에게 찾아왔다. 그녀는 열여섯이었지만 훨씬 성숙해 보여서 나이를 가늠하기 어려웠다. 그녀는 항상 분별 있는 아이였고, 가족은 서로 평등한 관계였으며, 세 식구는 한 팀 같다고 했다. 그녀는 어렸을 때 많은 활동을 했는데, 부모님은 그녀와 같은 활동을 하는 아이들의 부모님들과 친구였다. 그녀의 방과 후 활동 일정으로 온 가족이 바쁜 주말을 보내는 일이 흔했다.

초등학생 시절 아빠는 학교 운영위원이었고 엄마는 주로 학부모 자원봉사자로 체험 학습에 함께 다녔다. 단어 시험이나 스포츠 게임처럼 이디의 삶에서 일어나는 모든 자잘한 일들은 가족 차원에서 계획했다. 의견이 일치하지 않으면 서로 존중하면서 충분히 논의했다.

이디가 몇 년 전 동물 복지에 관심이 생겼을 때는 그들 모두 동물 복지에 관심을 기울이게 되었다. 그녀는 윤리적인 식습관에 대해 알아가면서 채식 식단으로 바꿨고, 그 후 부모님도 채식을 하게 되었다. 그런 다음 그녀는 식재료가 어디에서 왔는지 따지기 시작했고 천천히 완전 채식으로 바꿨다. 내게 찾아왔을 때 그녀는 과일과 채소, 약간의 곡류를 섭취할 뿐 지방과 탄수화물은 먹지 않았다. 그녀는 위험할 정도로 저체중이었다.

사춘기의 진자

앞서 언급했듯 청소년기의 심리적 과제는 개별화와 분리다. 성장해서 가족을 떠나는 것. 물리적으로뿐만 아니라 비유적으로도 그렇다. 청소년기의 끝에 이르러 성인이 되면 자기 자신이 되어 스스로 선택하게 된다. 이런 선택 중 일부는 가족이 내리는 선택과 매우 다를 것이다. 일부는 같을 것이다.

고정된 축에서 멀어지는 진자처럼 청소년기에는 가족과의 차이를 부각하려는 듯 가족의 방식에서 멀어지려고 하지만, 성인이 되면 다시 부모가 살았던 방식에 더 가까운 지점까지 되돌아오는 경향이 있다.

우리 자신뿐만 아니라 사회를 위해서도 가족과 멀어지는 데 중요한 변화가 일어나고 있다. 각 세대의 청소년들은 경계를 허물고 있다. 나는 기후 위기에 대응하는 환경운동과 '흑인의 생명도 소중하다(Black Lives Matter)'로 대표되는 유색인종 인권운동에 대한 청소년들의 헌신을 감탄하며 지켜보았다. 내가 속한 세대는 개인을 결혼 여부로 정의할 수 없다고 주장했다. 우리 세대 여성은 기혼 여성을 뜻하는 'Mrs'가 아니라 기혼, 미혼의 구별이 없는 'Ms'를 사용하거나, 배우자의 성을 따르지 않고 원래 성을 유지하고자 했다. 젊은 세대는 성 중립적 대명사를 쓰거나, 아니면 개인이 자유롭게 대명사를 선택함으로써 더 멀리 앞으로 치고 나갔다.

그러나 때때로 청소년기에는 흔들리는 진자가 여러분을 부모님으로부터 너무 멀리 떼어 놓은 나머지, 부모님이 세상사를 잘 알고 있고, 갖가지 일에 돈을 지불하고, 그들이 유지하고 있는 평형 상태가 존중받아야 한다는 사실을 잊어버리기 쉽다. 그로 인해 폭풍우 치는 나날이 시작될 수 있다.

가족이라는 복잡한 시스템[12]

나는 이 책에서 그동안 젊은이들의 심리에서 보았던 공통점, 유사점, 자주 일어나는 패턴을 끌어내고자 한다. 명백하게도 모든 사람은 독특하므로 그렇게 하기란 어렵다. 여기에 가족을 추가하면 사람이 많을수록 가능한 패턴이 더 많아지므로 공통점을 찾기가 훨씬 더 어려워진다. 가족 구성원이 많을수록 더 많은 관계가 형성되고 기하급수적으로 복잡해진다. 복잡한 관계망이 형성되는 것이다.

심리학에서 우리는 종종 가족을 비행기 엔진 같은 시스템에 비유한다. 서로 연결된 움직이는 부품이 너무나 많다. 그것을 어떻게 이해할까? 그 본질을 어떻게 포착할까?

부모님에게 배우자가 있을 수도 있고 없을 수도 있다. 이혼했거나 재혼했을 수 있다. 동성애자거나 이성애자거나, 사망했거나, 아프거나 건강에 집착하는 사람일 수 있다. 그들은 아이에게 너그럽거나 소홀할 수 있다. 지나치게 안달복달하거나 무심할 수 있다. 엄격하거나 관대할 수도 있고, 친절하거나 비열할 수도 있다. 아량이 있거나 이기적일 수 있다. 또는 다정하거나 차갑다.

형제자매가 없거나 반대로 많을 수도 있다. 이복 형제자매, 의붓 형제자매로 이루어진 가족에 속해 있을 수도 있다. 맏이일 수도, 막내일 수도, 중간일 수도 있다. 성별이 같거나 다른 형제자매는 여러분과 공통점이 많거나 별로 없을 수 있으며, 서로 잘 지내거나 미워하거나 두 가지 상태를 오갈 수 있다. 나이 차가

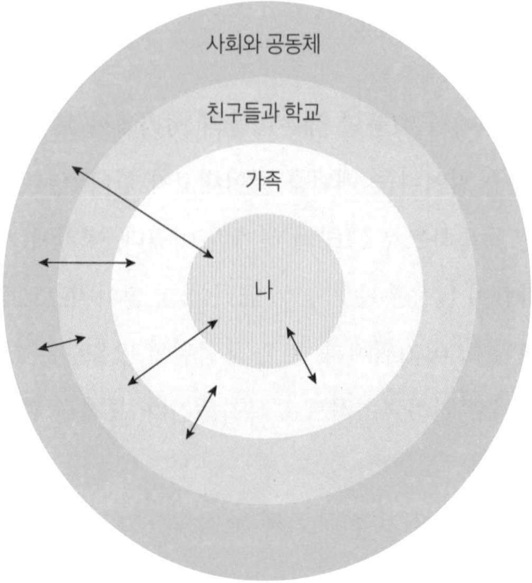

크거나 작거나 없을 수도 있다. 이러한 각각의 요소, 그리고 수많은 다른 요인이 무수히 많은 상호작용을 통해 우리의 심리에 영향을 미쳐 독특하고 지속해서 변화하는 가족 시스템을 만든다.

게다가 가족은 진공 상태에 존재하지 않는다. 자신과 가족 사이, 가족 구성원 사이뿐만 아니라 우리가 살고 일하고 놀이를 하는 나머지 사회와 가족 사이에도 무수히 많은 상호작용이 있다. 우리는 어떤 결정을 할 때 우리가 거주하는 사회의 문화의 영향을 받는다. 이민자라면, 전에 살던 국가의 문화의 영향도 받을 것이다. 종교적 또는 전통적 기대와 관련이 있을 수도 있다. 가까운 집단의 영향을 받을 수도 있다. 이 결정은 안전한가? 친숙한가? 편파적인 결정인가? 환영받을 것인가?

마찬가지로 학교에는 또래 집단이나 자신이 속한 친구 무리의 행동 방식 같은 특정한 스타일과 기대치가 있다. 각 세대가 진화함에 따라 청소년과 부모 사이에는 때때로 문화적 충돌이 있었다. 지금 시점에서 큰 충돌은 휴대전화 화면과 인터넷에서 일어나고 있다. 부모 세대는 틱톡이나 인스타그램 같은 온라인 커뮤니티를 이해하지 못하는 경우가 많다.

나 역시 이민가정의 세대 차이, 그들이 현재 사는 사회의 문화와 그들의 부모님이 태어난 문화, 종교, 사회적 규범 사이의 차이로 어려움을 겪는 소녀들을 많이 만났다.

이런 식으로 가족이란 더 크고 훨씬 더 복잡한 시스템으로 연결되는 복잡한 기계장치와 같다. 그것이 우리들의 경험의 공통점을 찾기 어렵게 만든다. 우리는 각자 완전히 독특한 시스템 안에 있다.

명사에서 동사로 바뀐 양육

내가 이 책에 대해 출판사 관계자들과 이야기하기 시작했을 때, 그들은 거의 모두 이렇게 말했다. "정말 좋은데 청소년 대신 부모를 위한 책을 쓰면 어떨까요?"

청소년 양육에 관한 책이 몇 권인지 아는가? 아마존에 '10대 양육'을 검색하면 2만 개가 넘는 결과가 나온다. 이미 2만 종이 넘는 책이 있는데 왜 출판사들은 모두 10대 양육에 관한 또 다른 책이 필요하다고 했을까? 부모들이란 부모가 되는 방법에 관한 책을 끝없이 갈구하는 존재일까?

나는 이것이 20세기 말 양육이 '존재'를 나타내는 명사가 아니라 '행위'를 나타내는 동사로 바뀌었기 때문이라고 생각한다. 오늘날 10대의 상당수는 '부모가 있는' 세대가 아니라 '적극적으로 양육되는' 첫 세대라고 할 수 있다. 과거 대부분의 부모는 자녀를 주변에서 다정하게 지켜볼 뿐 자녀의 삶에 깊이 관여할 필요는 느끼지 않고 자신의 삶을 영위하는 일종의 '온건한 방치' 방식으로 키웠다. '본성과 양육' 논쟁에서 '본성'에 크게 의존하는 방식이라고 할 수 있다.

그런데 2000년 이전 어느 시점부터 '양육' 관점이 훨씬 더 주목받기 시작했다. 부모는 자녀 발달에 적극적인 역할을 하도록 장려되었다. '모차르트 효과'나 교육용 흑백 장난감이 등장하기 시작해 뇌파를 자극하고 강화하는 이점을 홍보했다. 자녀 양육은 부모가 완수해야 할 프로젝트가 되었고 부모는 자녀가 모든 잠재력을 발휘하도록 최대한의 기회를 제공해야 했다.

적극적으로 관심을 기울이며 양육에 최선을 다하는 부모가 있는 것은 확실히 '좋은 것'일까? 아이들은 부모가 자신에게 막대한 시간, 돈, 에너지를 투자하는 것을 어떻게 느낄까? 사려 깊고 친절한 부모가 없는 사람들에게는 꿈 같은 일일 것이다. 하지만 당연하게도, 이런 양육에도 단점이 있다.

치료실에서 내가 보는 것은 부모가 그들과 관계를 맺는 사람이 아니라 양육을 수행하는 사람이 되었을 때 고통을 겪는 아이들이다. 이들은 구몬 수학과 바이올린 레슨, 스포츠 클럽과 대학 입시, 시험 결과와 과외 교습 등 부모님이 쏟는 모든 노고의 대상이 되는 데 압박감을 느낀다. 이들과 그 부모님들의 얘기를 들을 때 내 머릿속에는 종종 아기라는 원재료에 성적, 성취, 최고의 대학 학위 등 여러 요소를 추가해 결국 좋은 제품, 즉 '성공한' 젊은 여성으로 만들어내는 조립 라인이 되어버린 어린 시절의 이미지가 떠오른다. 나는 누군가의 어린 시절이 그렇게 되어서는 안 된다고 생각한다. 어린 시절이란, 해야 할 일들과 지켜야 할 규칙, 구조가 있더라도 자유와 모험을 즐기며 경탄하고 헤맬 수 있는, 다소 느슨한 시간이 되어야 한다고 생각한다.

다시 클럽 비유로 설명하자면, 이런 유형의 양육에서 부모님은 자녀와 함께 춤추고 즐기고 웃지 않는다. 대신 그들은 트립어드바이저(TripAdvisor)에서 상위 리뷰 순위에 오르는 최고의 클럽을 만드는 데 집착한다. 나는 이것을 결과 중심 양육 방식이라고 부른다. 이 방식은 전적으로 자녀의 미래 성취에 집중한다.

부모님이 이런 유형이라 해도 스스로 그것을 의식하지는 못할 것이다. 그들은 결국 그들이 사는 시대의 산물이다. 이러한 양육 방식은 현재 시대정신의 일부라고 할 수 있다. 상점의 장난감들, 학교의 공지 글, 신문 기사, TV 프로그램에도 이러한 시대정신이 반영된다. 자녀의 잠재력을 최대한 계발하는 적극적 양육은, 문화적으로 좋은 부모가 되는 것과 동의어가 되어버려 대부분의 부모는 그렇게 하고 싶어 한다.

그러나 아이들이 스스로를 작업하고 개선해야 할 제조품처럼 느끼게 하는 것이 이 세대 전체의 정신 건강에 좋은지 의문이다. 이들 중 일부는 자신이 그 자체로 가치 있는 존재가 아닌, 뭔가를 증명해야 하는 존재라는 마음가짐을 내면화한 것 같다. 자신의 가치가 그동안 성취한 것들의 총합이라고 생각하면 자신을 별 볼 일 없는 존재로 느끼기 쉽다. 책 뒷부분에서 이 주제에 대해 더 상세하게 다룬다.

과잉 양육

일반적으로 어릴수록 주변에 애착 대상이 있는 것을 더 좋아한다. 그들이 안전하다고 느끼게 해주므로 좋은 일이다. 10대가 되어도 특히 아이가 외동이거나 막내라면 누군가가 항상 옆에 있어야 한다는 데 집착할 수 있다. 부모가 계속해서 10대 자녀 양육에 종일 전념한다면 더욱 그럴 것이다. 일부 부모는 자신의 삶에 충분히 만족하지 못하기도 하고, 일부는 자녀의 성공이 자신이 좋은 엄마인지(아빠인지)를 증명한다고 여겨 내내 자녀 곁에 머물기도 한다. 그들은 자녀에게 너무나 많이 투자한 나머지, 자녀가 개별화되고 분리되는 것을 받아들이기가 어렵다.

때때로 이것은 부모 자신의 불안 때문이다. 앞으로 살펴보겠지만, 불안한 사람들은 자신이 더 안전하다고 느끼도록 환경을 통제하려고 한다. 불안한 부모는 위험을 제거하고 통제력을 느끼기 위해 자녀의 생활의 모든 측면을 세세하게 관리하려고 할 수 있다. 그들의 불안은 사랑의 망토를 두르고 나타난다. "이건 널 염려해서야." 그들은 투자 대비 효과를 계산해서 세운 학습 계획과 방과 후 활동 계획, 엄격한 루틴으로 생활을 관리할 것이다. 물론 이런 유형의 양육에는 이점이 있다. 자녀가 집에 가려고 차편을 기다릴 일은 없을 테니까. 하지만 청소년기에 접어들면서 자유의 부족으로 질식할 것 같거나 부모의 불안이 전염될 수 있다.

부유한 부모는 집안일을 외주화하고 자녀의 일정을 세밀하게 관리하는 데 더 많은 시간을 낼 수 있으므로, 부는 이런 종류의 극단적인 양육을 악화시키는 요인이 될 수 있다. 부유한 부모는 원하는 것을 얻는 데 익숙하고, 부유함에서 비롯한 일정한 기대 수준이 있다.

이런 상황은 자녀가 부모가 투자한 시간과 돈, 노력의 산물이라는 생각을 강화할 수 있다. 부모는 무의식적으로 투자에 상응하는 성공적인 자녀를 기대할 수 있다. 때로는 자녀의 성취가 기준에 미달할 때 부모는 수긍할 만한 설명을 듣기 위해 의학적 진단을 받으려고 한다. 일부는 난독증이나 ADHD 진단을 받은 것에 안도하고 마침내 필요한 도움을 얻는다. 적시에 올바른 진단이 내려지면 효과적일 수 있다. 그러나 부모와 함께 다양한 전문가들을 찾아다니는 동안[13] 어떤 아이들은 자신을 문제아로 여길 수 있다. 자신이 부족하거나 가족의 기준에 맞지 않는다고 느낄 수 있다.

일부 부모는 성인이 된 자녀가 집을 떠날 때 자기도 모르게 자신이 절망적이며 자녀 없이는 살 수 없다고 그들을 설득하기도 한다. 이러한 부모들에게 자녀의 성장은 그들이 부모에게서 멀어지고 있으며 예전만큼 부모를 필요로 하지 않는다는 것을 절감하게 한다. 그들이 자녀를 (크고 나쁜) 세상으로 밀어내지 않는다면, 자녀는 자신이 세상에 대처할 수 없다는 메시지를 내면화하고 스스로 두 발로 서는 법을 배우지 못한다.

이런 설명을 통해 자신의 부모에 대한 단서를 얻을 수 있다. 물론 이렇게 생각할 수도 있다. '그래서 어쨌다고? 부모님이 나를 과잉보호하고 모든 비용을 지불하고 늘 차로 데려다주는 게 뭐 어때서?' 하지만 10대 후반이 되면 어느 정도 자유가 필요하고 몇몇 문제에 대해서는 스스로 결정할 수 있어야 한다. 부모님이 나타나 모든 문제를 해결하게 하는 것은 좋지 않다. 그런 방식은 자신을 아이로 취급하며, 책임질 걱정 없이 자기 맘대로 하는 데 익숙한 일종의 독재자가 되는 길이다. 또는 이런 부모님과 장단이 잘 맞는 '예쁘고 소중한 존재'가 되면, 평범한 성인의 고된 일상이 집에서 받는 특별대우에 비해 불공평하거나 힘들게 느껴질 수 있다. 부모님의 집은 자신이 맞닥뜨린 바깥의 현실 세계보다 훨씬 더 편안한 공간이므로, 맹목적인 사랑을 받던 상태로 퇴행하기 쉽다.

궁극적으로 자신을 부모와 분리하기 어렵게 되는데, 부모님처럼 살고 싶다면 좋을 수도 있다. 하지만 우리가 다른 삶을 원하면서 부모님이 불안, 사랑, 시간, 투자를 의식한다면, 끔찍한 죄책감을 느끼게 될 수도 있다. 우리는 부모님이 정말 좋은 분들이고 우리의 선택 때문에 그분들이 은연중에 비난받는다고 느끼거나 속상해할 수 있음을 알고 있으므로, 스스로가 나쁘게 느껴진다. 내가 만난 어떤 젊은이들은 부모님의 기대, 부모님이 살지 못했던 삶, 부모님이 자식의 미래로 상상했던 삶 때문에 제약을 받는다고 느꼈다. 그들은 결과가 두려워 부모님으로부터 아예 분리되지 못하거나, 반대로 자신을 이해하려고 부모님이 설정한 경계에 맞서 지나치게 반항하다가 부모님이나 자신에게 상처를 입히기도 했다.

나는 여러분에게 양도할 수 없는 권리를 돌려주고 싶고, 이것이 이 책의 핵심 메시지 중 하나다. 성인이 되면 누구나 자기 자신이 될 권리가 있다. 그것이 부모님이 바라는 모습과 충돌한다고 해서 죄책감을 느낄 필요는 없다. 어렸을 때 부모님을 아무리 사랑했다 해도, 10대 후반은 어린 시절의 자신과 아직 어른이 되지 못한 자신 사이의 과도기다. 어른이 되려면 부모님과의 관계가 성장하고 변화해야 한다.

나는 이디의 가족을 함께 만났고, 치료가 진행되면서 부모님에게 음식 섭취에 대해 확고한 태도를 보이도록 독려했다. 먹어야 한다는 규칙을 이디가 지키도록 하는 과정에서 그 누구도 본 적 없는 그녀의 면모가 드러났다. 비명을 지르고 울고 문을 쾅 닫곤 했는데, 그런 행동은 오로지 음식과 먹는 것에 대해서만 나타났다. 그러고 나면 그녀는 자신을 그토록 사랑해준 자애로운 부모님에게 못되게 굴었다는 사실에 끔찍한 죄책감을 느꼈다.

이디의 모든 분리와 개별화 욕구가 섭식 장애를 통해 표출되는 것 같았다. 음식을 거부하는 것은 그녀가 부모님과 분리되어 그들과 달라질 수 있는 유일한 방법이었다.

나는 분리와 개별화의 필요성을 이야기하며 부모님이 부부관계와 자식과의 관계를 구분하고 이디와 거리를 두어 그녀가 자신의 공간을 확보할 방법을 생각해 보도록 권유했다. 이디가 살이 찌고 회복하기 시작하면서 나는 부모님의 지나친 개입이 이디의 독립을 방해하고 다른 사람과의 관계에 대해 비현실적인 기대를 갖게 했음을 부모님이 깨닫도록 도왔다. 부모님이 해결하지 않고 놔두는 법이 없었으므로, 이디는 실수를 저지를 여지가 없었다. 부모님이 이디의 관심사에 시간과 관심을 쏟아부었으므로, 이디는 새로운 관심사를 찾고 다시 그 관심사를 버릴 수 있는 여유가 없었다. 나는 이디에게 먹지 않는 것 외에 부모의 간섭에서 벗어날 수 있는 다른 자기표현 방법을 사용하도록 독려했다. 부모님은 뒤로 물러서서 아이가 혼자 날아오를 수 있는 공간을 만들어주어야 했고, 이디는 독립성을 표현할 더 건강한 방법을 찾아야 했다.

성인으로서 원하는 사람이 되고 싶은 자유는 과도기에 보호자의 의견을 존중해야 하는 책임과 균형을 이루어야 한다. 특히 보호자의 집에 살면서 부양을 받는다면 더욱 그러할 것이다. 주말이나 저녁에 아르바이트를 해서 돈을 버는 것은 더 많은 자율성을 얻는 방법 중 하나다. 부모님에게도 그들의 권리가 있다. 자녀에게는 부모님의 수면을 방해하거나 술에 취해 카펫에 토할 권리가 없다. 자기 옷은 스스로 빨고 생활을 잘 조직하고 주변을 깔끔하게 관리하는 등 더 많은 책임을 질수록 더 많은 자유를 얻을 수 있다. 어쨌든 결국 이것은 내 삶이며, 성인이 되면 부모님이 싫어하더라도 누구나 자신의 방식대로 살아갈, 양도할 수 없는 권리가 있다. 이에 대해 죄책감을 느껴서는 안 된다. 부모님은 우리를 놓아주어야 한다. 대부분의 부모는 그렇게 할 수 있지만, 일부는 어려워하고 일부는 전혀 그렇게 하지 못한다.

훈육, 경계, 규칙[14]

10대 양육에 관한 2만 종의 책 중 절반은 부모가 원하는 것을 자녀가 하도록 하는 방법에 관한 것으로 추측된다. 부모는 자녀의 삶이 더 수월해지기를, 그들이 더 빨리 적응해 더 순탄하게 살기를 바란다. 그런데 왜 훈육 방법에 관한 욕구가 충족되지 않는 것일까?

이와 관련해 몇 가지 살펴볼 것들이 있다. 동사로서의 양육은 많은 것들을 하도록 요구한다. 오늘날의 사회는 급변하고 있다. 그래서 사회의 요구에 잘 맞추도록 어른의 요구에 아이들이 더 잘 따라야 한다고 생각한다. 아이가 말을 듣지 않으면 시간의 압박이 가중되어 부모는 한층 더 짜증 난다. 육아에 너무나 많은 정성과 시간을 쏟으므로, 그들은 모차르트 수업이나 발레 수업에 데려갈 때 아이가 마땅히 따라야 한다고 생각한다. 그들은 자신의 부모가 그랬던 것처럼 자식을 방치하지 않는다. 아이는 마땅히 이에 고마워해야 하지 않는가?!

한편, 수직적이던 사회구조가 수평적으로 바뀌었다. 한 세대 전에 나는 부모님의 친구를 Mr X 또는 Mrs X라는 존칭으로 불렀다. 학교 선생님들은 학생을 회초리로 때릴 수 있었고 아동의 권리에 대해서는 들어본 적이 없었다. 어른들의 권위는 의심의 여지가 없었고 우리는 어른들의 직접적인 지시에 순응하며 살았다. 우리 때도 반항을 하긴 했지만, 얻어맞지 않으려고 눈에 안 띄게 반항했다.

오늘날의 젊은 세대는 더 큰 목소리, 더 많은 발언권, 더 많은 힘을 지녔다. 그들이 서로서로, 세상과 더 쉽게 소통할 수 있다는 것은, 예전에 그랬던 것처럼 젊은 세대가 부모님의 작은 세계에 갇혀 있지 않고 다양한 방식을 안다는 것을 의미한다. 이것은 자녀가 부모의 방식에 도전하게 하거나, 더 심하게는 부모에게, 또는 부모가 원하는 자녀상에 도전하게 할 수 있다.

따라서 부모가 자녀교육서를 읽는 이유는 퍼펙트 스톰(Perfect storm, 두 가지 이상의 악재가 동시에 발생해 영향력이 커지는 현상)이 계속되고 있기 때문인 것 같다. 전반적으로 부모는 자녀에게 더 많이 주고 더 많은 것을 기대하지만, 오늘날의 사회에서는 아이들이 고분고분하지 않아 부모는 더 많은 지식과 힘이 필요하다. 10대는 정체성을 실험하고 재량권의 경계를 밖으로 밀어붙이며 넓히는 시기다. 지금까지 살펴보았듯, 이것은 사회가 발전하는 전

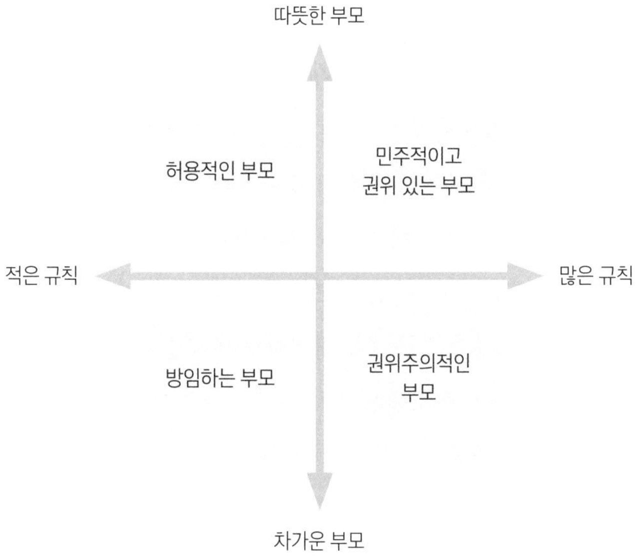

형적인 방식이기에 일반적으로는 좋은 일이다.

부모가 설정한 경계를 넘거나 경계가 아예 없을 때 아이들은 실수를 할 수 있다. 부모가 합리적인 경계를 설정했을 때, 경계가 확실하지만 숨 쉴 공간이 다소 있을 때, 자녀의 실수는 대체로 안전한 한계 내에서 일어날 것이다. 자녀교육서 대부분은 양육의 두 가지 차원, 얼마나 엄격해야 하는지와 얼마나 따뜻해야 하는지에 대해 조언한다. 이런 매개 변수에 따라 네 가지 차원의 양육법이 성립한다.

한 가지 척도는 부모가 얼마나 엄격한가이다. 양쪽 극단에는 규칙이 많은 엄격하고 완고한 부모와 아주 느슨하고 세상의 흐름에 맡기는 부모가 있다. 또 다른 척도는 그들이 얼마나 따뜻한

가이다. 양쪽 극단에는 사랑이 넘치는 다정한 부모와 자녀와 거리를 둔 채 흠잡기 일쑤인 부모가 있다.

이것은 지나친 단순화다. 현실의 부모는 '따뜻하다, 차갑다, 엄격하다, 느슨하다' 등으로 분명하게 나뉘지 않는다. 양육 방식은 유형이라기보다는 경향에 가깝고 사안에 따라 시기에 따라 달라질 수 있다. 예를 들어, 어떤 부모는 10대 후반의 자녀가 술을 마시는 것에는 관대하고 학업에 대해서는 엄격할 수 있다. 아니면, 반대일 수도 있다. 평소에는 따뜻하고 다정하지만, 일을 마치고 귀가할 때는 심술궂고 퉁명스러울 수도 있다. 그렇지만, 이러한 단순화는 양육 방식의 네 가지 다른 경향에 대해 살펴보는 데 도움이 된다.

1. 많은 규칙과 경계를 정했지만, 이에 대해 자녀에게 얘기해 주고 충분한 시간과 관심, 사랑을 기울이는 권위 있고 민주적인 부모. 이런 부모는 꽤 엄격한 편이지만, 자녀는 일반적으로 그렇게 불합리하지 않다고 느낀다. 이런 부모가 있다면 복권에 당첨된 것과 같다. 이 경우 자녀는 부모의 규칙을 지키고 그들에게 거짓말을 하지 않을 가능성이 크다. 자녀는 부모의 권위를 인정한다.
2. 허용적인 부모 역시 자녀에게 자신의 모든 시간과 관심, 사랑을 기울이지만, 아이의 버릇을 바로잡으려고 하지는 않는다. 부모가 아이에게 굴복하는 경향이 있으므로 아이는 자기 방식대로 하게 된다. "우리는 친구보다 더 친구 같은 사이야" "우리, 함께 해볼까?"라고 말하는 부모도 이런 유형에 속한다. 부모가 이런 유형이라면 아이는 스스로

의욕이 생기지 않는 이상 학교생활을 잘하기 어렵다. 규칙이 없으므로 반항할 일이 없어서 부모와의 분리가 더 어려울 수도 있다. 원래 별로 제한이 없는 부모가 어디까지 받아줄 것인지 한계를 시험하는 것은 위험할 수 있다. 그런 부모의 경계를 넘어선다는 것은 이미 안전지대에서 벗어났음을 의미할 수 있다.

3. 권위주의적인 부모는 단호하고 엄격하다. 재미는 물론 따뜻함, 애정이 거의 없다. 그들은 규칙, 학업, 악기 연습에 관심이 많다. 아이들이란 부모가 시키는 대로 하는 존재라고 믿는다. 그들은 확실히 자녀를 사랑하지만, 그 사랑은 순종을 요구하는 것으로 표현된다.
4. 방임하는 부모는 자녀를 돌보는 데 소홀해서 그들을 보호하기 위한 규칙을 제대로 정하지 않는다. 차갑고 무관심하다. 그들은 처벌할 때를 제외하고는 아이를 거의 무시한다. 사실 처벌도 제때 하지 않는다. 규칙이 명확하지 않거나 규칙을 지키라고 요구하지 않으므로 규칙을 어길 때가 아니라 아이가 그들을 짜증 나게 할 때 처벌한다. 아이들은 종종 관심을 끌려고 장난을 친다. 일반적으로 방임은 가장 빈곤한 유형의 양육이고 심할 때는 학대가 된다. 부모가 이런 유형이라면, 제발 가족 밖의 성인과 대화를 시도하기를 권한다.

위의 설명에서 부모님이 연상되는 것이 있는가? 부모님의 양육 방식은 나의 개성, 나의 사회적 관계망과 어떻게 상호작용하는가?

부모님의 양육 방식에 대해 단서를 얻었다 해도 주의할 점이 있다. 부모님과 언쟁 중에 얼굴을 맞대고 양육 방식을 운운하는 것은 별 도움이 되지 않을 것이다. 그들이 너무 엄격하거나 충분히 안아 주지 않는다고 생각하면 먼저 대화를 시도하기를 권한다. 이런 내용을 읽었다고 솔직하게 말하고 필요하면 보여드려도 좋다. 부모님은 이 문제에 대해 어떻게 생각하는지 여쭤보자. 저녁 외출에 대해 부모님이 너무 엄격한 것 같다고 의견을 제시하거나, 더 애정이 넘치는 관계가 되고 싶다는 소망을 피력하고 부모님이 어떻게 반응하는지 보자. 부모님이 받아들일지는 알 수 없으나 자기 생각을 표현하는 것 자체는 옳은 일이다.

시몬은 세 자매 중 둘째였다. 그녀는 고통을 겪고 있었고 가족도 마찬가지였다. 부모님은 그녀를 어떻게 대해야 할지 골머리를 앓았다. 그녀는 집에서 끊임없이 언쟁하고 경계를 허물었다.

그녀는 종종 술에 취해 집에 돌아왔다. 가끔은 대마초에 취한 상태였다. 부모님은 그녀가 자매들에게 항상 문제를 일으킨다고 생각했다. 언니의 물건을 훔쳐 괴롭히거나 자신은 지키지 않는 규칙으로 동생을 몰아세웠다. 그러나 부모님이 그녀를 야단치거나 그녀를 훈계하려고 하면 문제가 더 커졌다. 시몬은 매우 속상해하고 죄책감을 느끼며 한편으론 자신이 사랑받지 못한다고 여겼다. 때때로 그녀는 자해했고 그것은 부모님을 겁에 질리게 했다.

부모님은 시몬이 나머지 가족과 성격이 다르다는 것을 인정했다. 자녀에 대한 그들의 기대는 명확했고, 그중 많은 부분이 종교적 신념 및 그들이 속한 커뮤니티와 관련되어 있었다. 그들은 순응적이고 온순했다. 그들은 커뮤니티의 다른 사람들에 비해 상당히 열려 있다고 스스로 생각했지만, 시몬에게 뭔가를 허용할 때마다 그녀가 훨씬 더 선을 넘는다고 느꼈다. 예를 들어, 시몬은 파티에 갈 때 밤 열한 시까지 집에 돌아오겠다고 약속했지만 실제로 들어온 시간은 새벽 한 시였고 술에 취해 있었다. 물론 부모님은 시몬을 사랑했지만, 그녀가 밖에 있을 때 집안이 더 평온하다는 것을 인정하지 않을 수 없었다. 나머지 가족은 모두 차분했다. 그녀가 없을 때는 소동이나 드라마가 없었다. 시몬은 항상 '왜?'라고 묻고 '아니오'라고 대답하는 아이였으며 고집이 아주 셌다.

부모님의 양육 방식에 대한 수용 여부

모든 아이는 나이가 들어감에 따라 점차 독립하게 되지만, 각자 독립하는 속도는 상당히 다르다. 이것은 부모와 자녀의 성격, 관계에 달려 있을 뿐만 아니라, 친구들, 학교, 지역 사회, 종교, 그리고 사회 전체 등 가족이 속한 여러 층위의 집단이 지닌 기준의 영향을 받는다. 이와 관련된 연구는 부모의 훈육에 대한 아이들의 반응이 국가에 따라 다르고, 한 국가 내에서도 문화 집단별로 크게 다름을 보여준다. 어떤 문화는 사생활을 더 존중하므로 부모가 세세한 규칙을 정할 거라고 기대하지 않는다. 어떤 문화는 집단생활을 더 중시하므로 부모가 그렇게 하리라 예상한다.

하지만 그 안에서, 우리는 독립을 향해 돌진하거나 반대로 회피하기도 하고, 어떤 면에서는 매우 독립적이고 다른 면에서는 매우 의존적인 방식으로 성장 과정에 각자의 독특한 성격과 기대를 반영한다. 그리고 독립과 의존 사이에는 넓은 회색지대가 펼쳐져 있다. 우리 중 일부는 매우 개인주의적이고 독립적이며, 일부는 좀 더 불안하고 의존적이다. 일부 여성들은 성인이 된 후에도 어머니의 사소한 말이나 표정만으로도 크게 비난받는다고 느끼며 매사에 어머니의 승인을 구하는 삶에서 절대로 벗어나려고 하지 않는다.

부모의 권위는 정당한가[15]

누구나 어릴 때는 부모님이 생활 전반의 규칙을 정하는 것을 받아들였을 것이다. 규칙을 항상 준수하지는 않더라도, 규칙을 만드는 부모님의 권위에 의문을 품지는 않을 것이다. 그러다가 만 11세쯤 되면, 아이들은 더 큰 상급학교에 입학해 부모님과 선생님의 지속적이고 직접적인 감독을 받는 아동기에서 벗어나기 시작한다. 집이 멀어서 부모님이 늘 태워다주던 아이도 혼자서 통학하게 된다. 이제는 부모님이 학교 친구들의 부모님과 모르는 사이일 것이다. 전에는 부모님이 아이를 감독하는 선생님들 및 다른 학부모들과 직접 소통하며 자녀를 훈육했지만, 이제는 아이가 의식적으로 이런 상황을 이용하지 않더라도, 아이 스스로 부모님에게 얘기하는 내용에 근거해 훈육하게 된다. 10대 초반의 아이들은 스스로 친구를 사귀고 관심사를 발견하며 음악과 패션에 대한 취향을 발달시킨다. 모든 문화권에서 그렇지는 않고, 몇몇 공동체들은 10대 초반 아이들을 밀착해서 감독하지만, 서구 사회에서는 더 많은 자유를 허락하는 편이다.

그때부터 자녀가 성장해 집을 떠날 때까지, 아이의 삶에 드리워진 부모의 권위가 서서히 걷히기 시작한다. '부모의 권위의 정당성'이라는 개념은 부모가 자녀를 위해 결정권을 갖는 데 서로 동의하는가에 관한 것이다. 자녀와 부모의 논쟁은 때로는 단순히 원하는 것이 무엇인가에 관한 것이지만, 때로는 부모가 자녀에 관한 일을 결정할 권리가 있는가에 관한 것이기도 하다.

흔히, 그것이 자녀가 부모와 싸우는 이유다. 예를 들어, 다음 사항들을 스스로 알아서 하는가, 아니면 부모의 말에 따르는가?

- 안전 문제 : 예를 들어 자전거를 탈 때 헬멧을 쓰는 것. 늦은 밤 혼자 걸어서 귀가하는 것.
- 도덕적, 종교적, 문화적 문제들과 사회적 관습 : 욕을 하는 것. 신에 대해 불경한 표현을 쓰는 것. 친구 집에서 자고 오는 것.
- 가족의 습관과 집안일 : 저녁식사를 가족과 함께 하는 것. 일요일에 할머니 댁을 방문하는 것.
- 학업, 직업 및 진로 문제
- 돈 : 부모님이 용돈을 주는가, 휴대전화 요금을 내주는가, 아니면 자녀가 아르바이트를 해서 스스로 용돈을 벌기를 기대하는가?

성인이 될 때쯤에는 자녀가 이 모든 것을 결정하게 된다. 이

권리를 언제 부모로부터 물려받는 게 좋을지 확실한 답은 없다. 그 과정을 더 신속하게 해주는 방법도 딱히 없다. 이 사항들을 스스로 결정하는가? 아니면 모두 부모님이 선택하는가? 스스로 선택하는 영역과 부모님이 선택하는 영역은 무엇이며 그런 구분에 대한 의견은 일치하는가? 일반적으로 개인적인 문제(복장, 친구, 선호)는 자녀 스스로 결정하고 가족 내 규칙과 안전 문제는 부모가 결정한다는 데는 대부분 동의한다. 학업에 대한 선택은 자녀의 결정에 따르는 편이지만, 나는 부모의 꿈을 이루기 위해 진로를 선택하거나 특정 분야를 공부해야 한다는 압박을 크게 받는 10대를 많이 보았다.

선명한 문제가 아닌 경우 복잡해질 수 있다. 어떤 친구를 사귀는가를 순전히 개인적인 일로 여겨 자녀는 부모의 간섭에 반발하는데, 부모는 친구를 잘못 사귀면 아이가 말썽을 부리거나 공부를 소홀히 할까 봐 친구 문제를 부모가 관여해야 할 안전이나 학업의 문제로 여기는 경우를 예로 들 수 있다. 논쟁의 초점은 친구 집에 몇 시까지 머물 것인지 정하는 구체적인 문제에서 그것을 아이가 결정할지, 아니면 부모가 결정할지에 대한 일반적인 문제로 즉시 바뀔 수 있다.

10대가 자신과 관련된 어떤 영역은 부모가 결정할 문제라는 데 동의하는 것이 바로 부모의 권위에 정당성을 부여하는 일이다. 성인이 청소년에게 행사하는 권위의 핵심에는 흔히 무언의 역설이 있다. 즉, 부모의 권위는 자녀의 동의에 의존한다는 것이다. 권위는 암묵적이거나 선의에 기반하는 경우가 많다. 어떤 청소년은 부모에게 "나를 부모님이 원하는 대로 만들어내려고 하지 마세요"라고 말하거나 부모가 만든 규칙을 그냥 무시해버릴 수 있다.

너무 일찍 독립하도록 떠밀리거나 반대로 부모를 속상하게 할까 봐 독립을 전혀 꿈꾸지 못하는 청소년들이 곤란한 상황에 빠지는 것을 목격하곤 했다. 나는 부모의 통제를 완전히 벗어난 13세 아이도 보았고, 부모의 권위에 전적으로 순응하는 19세 청소년도 보았다. 허용적인 부모는 너무 어린 나이에 너무 많은 자유를 허용하는 경향이 있고 아이는 재미있을 수 있지만 위험하기도 하다. 오랫동안 성인이 되기를 기다렸다면 서둘러 시작하고 싶겠지만 세상에는 아직 이해하기 어려운 일들이 많고, 막 어른이 되려는 청소년을 착취하려는 사람들도 많다.

복종하는 경향과 거짓말

규칙을 정하는 부모님의 권위를 받아들이고 부모가 그렇게 할 권리가 있는지 공개적으로 논쟁하지 않더라도, 자녀가 성장함에 따라 규칙을 지킬 필요가 없다고 느낄 수도 있다. 예를 들어, 많은 젊은이는 부모가 음주나 정시에 귀가하는 문제에 대해 규칙을 정해도 좋다고 인정하지만, 부모의 염려를 이해할 만큼 충분히 성숙했고 스스로 상황을 판단할 수 있다고 생각하므로 부모님이 만든 규칙을 반드시 지키지는 않는다.

이런 경우 자녀는 거짓말을 하게 될 가능성이 매우 크다. 여러 나라에서 반복되어 수행된 연구 결과는 일관되게 청소년의 95퍼센트가 부모에게 거짓말한다는 것을 보여준다.[16] 누구나 저지르면서도 이렇게 보편적으로 비난받는 잘못이 또 있을까? 청소년은 부분적인 진실만 얘기하며 부모가 알고 싶어 하는 핵심 정보를 생략하거나, 화제를 바꿔서 피하는 방식으로 거짓말한다. 만만한 주제를 골라 관심을 돌리는 것이 흔한 전술이다. 그리고 가끔 임시방편으로 노골적인 거짓말을 한다. 거짓말의 단골 주제는? 술과 공부에 대한 거짓말이 가장 흔하다.

거짓말을 들켰을 때 그에 대한 변명으로 통계를 인용하지 말기 바란다. "다른 애들도 다 엄마, 아빠한테 거짓말한대." 이런 말은 부모님을 더 화나게 할 것 같다. 그들은 자녀가 거짓말을 하지 않는 5퍼센트가 되기를 바란다. 어쩌면 그들은 자녀가 거짓말하지 않는다고 거짓말하기를 바라는 걸까? 연구에 따르면 규칙이 많을수록 거짓말을 적게 하고 규칙이 적으면 거짓말을 많이 하는 경향이 있다. 좀 이상하지 않은가? 규칙이 별로 없는데 왜 거짓말을 할까?

규칙이 많아도 따뜻하고 친절하게 대화를 나눌 수 있고, 필요하다면 규칙에 대해 협상할 수 있는 민주적이고 권위 있는 부모에게 거짓말을 덜 하는 경향이 있는 것으로 보인다. 한편, 규칙이 불명확한데 부모님이 반대할 것 같을 때, 절반의 거짓말을 섞는 것으로 보인다. 해당 주제를 피하거나, 부분적인 정보만 얘기하거나, 하나의 문제로 부모님을 산만하게 만들어 다른 문제를 건드리지 못하게 한다. "소피의 부모님은 거기 가는 걸 허락했어요." 베티의 부모님, 모야의 부모님, 칼리의 부모님 모두 반대했다는 것은 언급하지 않는다.

왜 거짓말을 할까? 연구 결과는 그들이 부모님을 속상하게 하거나 말싸움하고 싶지 않아 거짓말을 한다는 것을 보여준다. 아이들은 거짓말을 하지만, 의도는 선하다. 부모님을 속상하게 하고 싶지 않은 것이다. 청춘은 주어진 자유의 한계를 허물고 나아가도록 프로그램되어 있으므로, 그들의 거짓말은 부모님으로부터 떨어져나와 독립하고자 하는 욕구에서 파생된 것으로 보인다. 이것은 젊은이의 머릿속에서 구체적으로는 이런 얘기가 될 것이다. '나는 레이브 파티에 가고 싶어. 엄마, 아빠는 내가 약을 할까 봐 레이브 파티에 가는 걸 싫어하지. 난 엄마, 아빠에게 거짓말하고 싶지 않아.' 이러한 욕구들은 모순적이라 그것을 모두 할 수는 없다. 심리적으로 불편한 상태다. 이를 '인지 부조화'라 하는데, 모순된 것들 각자가 모두 사실일 때 느끼는 불편함이다. 이럴 때는 부조화를 해소하려고 과도한 노력을 기울이게 된다. 부모님에게 거짓말하는 자신을 정당화하려고 그들을 비난하거나 무시하는 것은 흔한 일이다. '친구네 집에 갈 거라고 해야지. 실은 레이브 파티에 갔다가 그 집에 갈 거지만.' '이건 우리 부모님이 너무 나를 과잉보호하기 때문이야. 다른 부모라면 가게 할 텐데.'

나는 도덕 선생님이 아니라 심리치료를 하는 사람이다. 그래서 거짓말이 나쁘다고 강의할 생각은 없다. 전부가 아닌 일부만 얘기하거나, 부모가 반대할 것 같은 일은 말하지 않는 것은 거의 청소년기의 본질적인 측면인 것 같다. 한편 부모가 바라는 것은 자녀가 나쁜 사람이 아니라 그냥 평범한 아이가 되는 것이다. 내가 그동안 관찰한 바에 따르면, 부모가 자녀의 거짓말을 알아채는 일이 흔하고, 그러면서 서로의 관계가 손상되므로 거짓말을 하는 것은 실용적인 차원에서 일반적으로 좋은 전략이 아니다. 또한 자녀가 진실을 말해도 대개 부모는 자녀가 예상했던 것만큼 놀라지 않는다. 부모는 안전 다음으로는 자녀가 부모를 대하는 태도를 가장 중요하게 생각한다. 부모는 자녀가 크게 우려하는 문제보다도 자녀가 부모의 말을 귀담아듣는지 부모를 성의 있게 대하는지 같은 자녀가 보기에는 사소한 일에 더 신경 쓰는 경향이 있다. 요약하자면 이것은 신뢰의 문제다. 부모가 자신을 신뢰하기를 원한다면, 거짓말을 하지 않고 자신이 처한 상황에 대처할 수 있을 만큼 충분히 성장했음을 보여주는 것이 가장 좋은 방법이다.

그러므로 가능하면 협상하는 것이 가장 좋다. 예를 들어, "레이브 파티에 갔다가 친구네 집에 있을 거예요." 그러면서 어느 정도 타협이 필요하다는 걸 알게 될 것이다. "그래, 레이브 파티에 가도 좋아. 하지만 술에 취하거나 약을 먹었는지 확인해야 하니까, 바로 집에 와야 해. 파티장으로 택시 불러줄게. 택시 타고 집에 오면 친구 집에 데려다줄게." 레이브 파티에서 아이는 "엄마는 너무해"라고 말하며 눈살을 찌푸릴지도 모른다. 대부분의 부모는 자녀를 더 믿을 수 있도록, 그들이 원하는 독립과 자유를 줄 수 있도록, 자녀가 진실을 말해주기를 바란다. 대부분의 부모는 아이가 원하는 만큼 독립하기를 바란다.

이 조언은 일부 부모에게는 통하지 않을 것이다. 부모가 극도로 불안을 느끼거나 과잉보호하는 성향이 있어서 그럴 수도 있고, 종교적 신념이나 보수적인 문화적 기준 때문일 수도 있다.

시몬은 집에 있는 것을 싫어했다. 그녀는 가족이 속한 문화적 집단(종교, 이민자 사회)의 소녀들과 별로 어울리지 않았고, 학교 친구들과 함께 있는 것을 좋아했다. 학교 친구들은 그녀보다 훨씬 더 많은 자유를 누렸다. 그녀는 밤 10시까지 귀가해야 했다. 귀가가 늦어질 때마다 부모님은 친구들의 부모님들에게 전화를 돌렸다. 어머니는 그때마다 창피했다. 치료를 받는 동안 어머니는 시몬에게 그런 일들을 얘기하려고 할 때 울음을 터뜨리곤 했다. 어머니는 자신이 무척 고통스러웠음을 깨달았다. 그토록 힘들었으면서 어머니는 왜 물러서지 않았을까? 시몬의 관점에서 어머니는 괜히 혼자 안달복달했다. 그녀는 어머니를 사랑했지만, 어머니가 자신을 그냥 내버려 두길 바랐다. '부모님을 사랑하지만, 왜 그분들은 그렇게 소란을 피우는 걸까?'

"시몬이 생각나는 가족이 있나요?" 내가 물었다. 긴장된 웃음이 양쪽 부모님의 얼굴을 스친 뒤 두 분은 서로 눈빛을 교환했다. 시몬은 아빠의 누나와 비슷했다. 고모는 10대 시절 부모님과 사이가 틀어져 지금은 거의 만나지 않는다. 부모님은 그렇게 시몬을 잃고 싶지 않았다.

시몬은 처음 듣는 얘기였다. 그녀는 자신이 고모와 비슷하다고 생각하지 않았다. 부모님이 걱정했던 게 고모처럼 사는 것이

었나? '나는 그렇게 살지 않을 텐데.'

10대가 성인보다 더 많은 위험을 감수한다는 증거는 많다. 그리고 이것은 주로 친구와 어울리고 싶어 하는 성향과 관련 있는 것으로 보인다. 즉, 친구를 사귈 때 잠재적인 위험을 경시한다는 뜻이다. 부모도 위험해질 뻔한 경험이 있을 것이다. 자녀로서는 믿기 어렵겠지만 부모도 한때 10대였고 당시에는 생각하지 못했던 위험을 나중에 깨닫고 가슴을 쓸어내린 적이 있을 것이다. 그래서 자녀 주변의 위험을 당사자보다 더 잘 감지한다. 자신이 처한 상황에 대한 부모의 판단에 귀 기울일 가치는 충분하다. 위험을 무릅쓰는 것 자체가 청소년기의 특성이므로 겁주고 싶지는 않지만, 나는 함정에 빠진 아이들을 목격하곤 했다. 마약을 소지해서 체포된 아이들, 약물 부작용으로 고통받는 아이들, 강간당하거나 임신한 아이들. 이것은 도시 괴담이 아니다. 이런 일들이 흔치는 않지만, 청소년에게 매일 어디선가 일어나는 일이다.

형제자매

사랑에 빠질 때를 제외하면 형제자매와의 관계만큼 강한 감정을 불러일으키는 것은 떠올리기 어렵다. 친형제, 의붓형제, 이복형제 모두 똑같이 강한 감정을 불러일으킬 수 있다. 이런 감정은 부정적인 경우도 많다. 형제자매 간의 증오와 폭력은 아주 흔하다. 확실히 그들에게 문제가 있을 것이다. 그들은 성가시고, 지저분하고, 시끄럽다. 그들이 먼저 말썽을 부리기 시작했을 것이다. 내 방에 들어가거나 내 물건을 멋대로 빌리거나 엄마에게 거짓말하고 자기는 쏙 빠져나간다.

하지만 모두 그들 탓은 아니다. 그중 일부는 내 탓이기도 하다. 비밀을 알려주자면, 누구나 다른 사람을 짜증 나게 하는 면이 있다. 모든 사람은 각자 나쁜 습관이 있다. 물론 친구들은 형제자매만큼 성가시지는 않은 것처럼 보이고, 같은 나이에 같은 관심사를 공유하므로 나와 더 비슷해 보인다. 문자 그대로 습관은 반복적인 행동이며 바뀌는 데 시간이 많이 든다. 만약 태어나면서부터 친구들과 한집에서 살았다면 그들의 사소한 버릇이 종일 게임을 하는 남동생이나 항상 자기가 옳다고 우기는 언니만큼이나 짜증 날 것이다. 우리를 지치게 하는 것은 가까이서 오랫동안 식구들의 습관에 갇혀서 벗어나지 못하는 것이다. 또한 가족과 함께 있을 때 드러나는 최악의 모습을 친구에게는 보여주지 않는 사회적 제약 때문에 형제자매가 친구들보다 더 형편없다고 생각할 수도 있다. 가족끼리는 남을 대할 때처럼 예의를 지키고 상대의 호감을 얻으려 애쓰지 않으므로 사소한 갈등도 급속하게 커질 수 있다.

10대는 항상 변화하고 있다. 미래가 어떻게 될지, 자신이 원하는 것이 무엇인지, 그것을 알고 있더라도 이룰 수 있을지 확신할 수 없다. 외모, 거주지, 친구들이 바뀌기도 하고, 시간이 흐를수록 자신의 삶에 대한 결정권을 더 많이 행사하게 된다. 급격한 변화는 언제나 당황스럽지만, 특히 청소년기에는 자의식이 강해지고 자신에 대해 비판적이므로 더욱 힘들다. 자신이 급속하게 변화하고 있는데 자의식은 과잉이므로 퍼펙트 스톰으로 악화하기 쉽다. 변화의 시기에 자신을 알아가려고 노력하다 보면 당연히 실수도 하고, 후회할 일을 하고, 친구들과 잘못된 일에 휘말리고, 거짓말도 한다.

그런데 이런 변화의 와중에 형제자매는 늘 서로 관찰하며 영향을 주고받는다. 새로운 머리 모양을 시도해 보았는데 잘 어울리지 않는다면, 바로 형제자매의 지적이 시작된다. 늦게 귀가해 혼날 때 그들은 비교 대상이 되는 모범생이다. 처음 이성을 사귀면 형제자매는 둘 사이를 훔쳐보며 놀린다.

이 모든 것은 자신을 스스로 의심하게 하고 자의식 과잉을 심화시킨다. 게다가, 여기에는 투사(投射, projection)라는 심리적 과정도 관여한다. 무의식적으로 자신의 문제를 부정하고 그것을 다른 사람의 문제로 돌리는 현상이다. 예를 들어, 마음에 들지 않는 외모, 부모님 말을 잘 듣지 않는 고집스런 태도, 샤워 후 욕실에 옷을 그대로 내버려 두는 습관 등에 대해 다른 사람 탓을 하면 불편한 생각과 감정으로부터 보호받을 수 있다. 바로 주변 사람들에게서 그러한 면을 보았을 때 그들이 얼마나 끔찍한지 비난하는 것이다. 자기 안에 있는, 마음에 들지 않는 부분을 주변 사람에게서 발견했을 때 그 사람을 악마화한다. 그리고 그 대상은 흔히 형제자매가 된다.

시몬은 언니를 미워했다. 언니는 정말 완벽했다. 시몬은 내게 언니가 부모님과 다툰 적이 없고 공부도 잘하고 이웃의 칭찬을 받는다고 말했다. 언니는 시몬을 휘두르려 하고 자신이 우월한 것처럼 굴고 동생이 자신을 존중하지 않는다고 불평한다고 했다. 시몬은 언니가 끔찍하게 짜증 난다고 느꼈다. 또한 언니가 착한 척한다고 생각했다. "사람들은 왜 그걸 모르죠?" 시몬은 언니와 한방에 있는 걸 견딜 수 없을 정도였다.

한편, 시몬은 여러 면에서 동생을 사랑했고 함께 즐거운 시간을 보내곤 했다. 그러나 언니로서 동생을 쥐고 흔들 수는 없었다. 그러려고 하면, 엄마가 즉시 강력하게 막아서곤 했기 때문이다. 그건 불공평했다. 시몬은 모두가 동생을 아기처럼 소중하게 대하는 게 싫었다. 그것도 정말 불공평했다. 시몬은 둘째인 자신은 맏이나 막내가 누리는 이점이 전혀 없어, 자신이 손해 보고 있다고 느꼈다.

심리학은 우리 내면의 '자아'라는 개념을 가정한다. 스스로를 지각하고 평가하는 체계를 뜻한다. 형제자매가 자신과 똑같은 실수를 저지르는 것을 보면 자아는 잠시 도덕적으로 우월하다고 느낄 기회를 얻는다. 같은 잘못을 저질렀다는 사실을 부정하고, 잘못을 저지른 그들보다 내가 더 낫다고 자신을 추켜세운다.[17] 심리적으로 자신의 결점을 직시하는 것은 고통스러우므로 거기서 눈을 돌리도록 자신을 보호하는 것이다. 나도 형제자매도 모두 결점이 있고 완벽하지 않다. 사실 어떤 것에 대해서도 보편적으로 합의된 표준이 없으므로 '완벽'이란 존재하지 않는다. 외모, 성취도, 성격, 그 어떤 것에도 '완벽'이란 있을 수 없다. 우리 모두 인간이며 뭔가 잘못될 운명에 처해 있다. 완벽은 정신 건강 관점에서 매우 위험한 개념이므로 불안을 다룬 5장과 인터넷을 다룬 8장에서 자세히 다룬다.

이런 현상의 본질은 비교다. 형제자매를 비교하지 않기란 매우 어렵다. 사람들은 한눈에 한 아이가 다른 아이보다 더 운동을 잘하거나 더 심술궂거나 더 게으르거나 더 똑똑하다고 판단한다. 인간으로서 우리는 본능적으로 서로 비교한다. 이런 본능은 가족 내에서 벗어나기 어려운 캐리커처를 만들어낼 수 있다. 특징을 과장한 캐리커처 같은 모습으로 가족 내에 자리 잡게 되는 것이다. 실제로 많은 성인도 따로 살다가 본가를 방문하면 갑자기 10대 시절의 캐리커처로 되돌아간다는 것을 깨닫게 된다.

결정적으로 우리는 형제자매와 거의 항상 경쟁하고 있다. 부모님의 관심이나 좋은 평가, 부모님이 제공하는 금전적, 실질적 도움이라는 자원을 두고 경쟁한다. 형제자매를 깎아내리면 그만큼 자신의 위치가 올라간다.

나는 수키라는 개 한 마리를 키운다. 정말 사랑스럽다. 우리 가족은 모두 수키를 가족으로 여기지만, 수키는 본능적으로 나를 가족의 우두머리로 인식하고 반응한다. 내가 없으면 수키는 가족 중 나 다음으로 나이가 많은 사람을 가장 의식하고 행동할 것이다. 인간도 무리를 짓는 동물이며, 우리의 뇌는 무의식적으로 집단의 구성원과 경쟁하게 만든다.

부모님의 권위에 도전하고 그들의 말에 따르지 않을 때조차, 우리는 무리에서 자신의 위치를 확고히 하기 위해 힘겨루기를 하고 있다. 당장 집을 떠나 독립하고 싶을 때도 우리는 가족이 자신을 좋게 평가해주길 바란다. 형제자매가 받는 것을 원하지 않을 때도 여전히 그들을 질투하기도 한다. 엄마나 아빠가 형제자매를 안아 주거나 아기처럼 일일이 챙겨줄 때, 자신에게 그렇게 해주길 원하지 않아도 질투할 수 있다. 나는 여러분이 실제로는 별로 신경 쓰지 않는 일 때문에 싸우고 나중에 가족이 너무 짜증 나게 해서 그랬다고 합리화하는 자신을 발견하길 바란다. 그것은 우리가 무리를 짓는 동물이라서 발생하는, 지위를 둘러싼 본능적인 힘겨루기다.

나이가 많은 형제자매에 대해서는 그들처럼 성공하기 위해 경쟁하면서 동시에 그들이 누리는 자유에 질투를 느끼기도 한다. 어린 형제자매에 대해서는 그들이 부모님과 더 가까워서 질투할 수 있다. 부모님과 그렇게 가까워지고 싶지도 않고 떨어져 있고 싶지만, 어느 쪽이든 아직 불편한 느낌이다. 동생은 어린 시절의 나를 떠올리게 하는 존재라서 때때로 보기 괴롭고 짜증 나기도 한다. 그동안 나를 찾아온 수많은 내담자들에 따르면, 열세 살 남자 형제가 가장 짜증 나는 존재다. 열세 살 남자아이의 허세와 오만이 누나와 여동생을 못 견디게 하는 것으로 보인다. 물론 그런 습성은 그 또래 남자애들의 깊은 불안에서 비롯된 것이다. 이런 얘기를 하면 그들이 좋아할 리 없겠지만.

이 모든 비교와 경쟁 속에서 어떻게 자존감과 자아를 보호할 수 있을까? 언니는 우월감을 유지하기 위해 동생들에게 군림하려고 하기도 한다. 여동생은 언니, 오빠가 잘못할 때마다 울먹이며 부모님에게 달려가기도 한다. 마음이 기억을 필터링해 자신이 잘한 모든 일과 형제자매가 잘못한 모든 일을 기억하게 한다. 자신이 집안일을 했던 기억은 아무리 사소해도 전부 기억난다. 형제자매가 집안일을 했던 기억보다는 그들이 하지 않았던 때의 기억이 상세하게 전부 기억난다. 부모님이 형제자매의 응석을 받아주며 자신을 무시했던 경험도 모두 생생하게 떠오른다.

이런 전략들이 도움이 될까? '도움'의 의미가 무엇이냐에 따라 달라질 것이다. 심리적으로는 단기간 도움이 될 수 있지만, 나이가 들어감에 따라 형제자매와 티격태격하는 일에서 벗어나려면 그들의 관점에서는 어떻게 달라지는지, 통찰과 이해가 필요하다. 형제자매 관계에는 하나의 진실만 있는 것이 아니다.

시몬은 때때로 자신이 슬퍼지면 그 분노를 내면으로 돌린다는 것을 알게 되었다. 그녀는 모든 사람을 화나게 한 자신에게 화가 났다. 그녀는 옴짝달싹 못 하게 갇힌 느낌이었고, 자기 자신이 끔찍했다. 그럴 때 시몬은 자해했다. 그녀는 다른 자매들과 왜 그렇게 달랐을까? 자신이 그냥 사라졌으면 좋겠다고 생각했다. 그녀는 부모님이 문제를 일으키지 않는 다른 자매들을 자신보다 더 사랑한다고 여겼다. 그녀는 부모님이 너무 착해서 짜증이 났고, 부모님에게 못되게 구는 자신이 역겨웠다. 그녀는 자신을 탓하는 것과 부모님을 탓하는 것 사이에서 갈팡질팡했다.

가족의 최고의 시절과 최악의 시절

가족의 본질은 눈에 보이지 않는 유대에 있다. 이상적인 유대는 상황에 따라 아주 느슨해지기도 하고 아주 강력해지기도 한다. 10대에는 은유적으로나 육체적으로 멀리 돌아다니고 탐색하며 진정한 자신이 될 수 있도록 가족의 유대가 적당히 느슨하고 유연하길 바란다. 그러나 동시에 자신이 아무리 멀리 방황하고 아무리 다른 가족과 다르다 해도 절대로 깨지지 않는 아주 강력한 유대를 원한다. 이처럼 유연하면서도 강력한 유대가 있는 가족이 좋은 가족이다.

유대의 핵심은 우리 모두 한데 묶여 있다는 것이다. 복잡하게 서로 얽힌 다방향 관계다. 가족 중 누군가 넘어지면 연결된 우리도 함께 넘어지기 쉽다. 어렸을 때는 가족 간의 유대가 즉각적인 이익이 되므로 자연스럽게 받아들인다. 성장하면 가족과 늘 연결되어 있다는 것이 성가실 때도 있지만, 더 성숙한 관계를 위해 자신도 넘어지지 않고 다른 가족도 넘어지지 않도록 서로를 지탱할 책임이 있음을 받아들여야 한다.

치료 과정에서 나는 여러 딜레마에 대해 생각해야 했다. 더 많은 자유를 누리고 싶은 시몬의 욕구를 가족들과 충돌하지 않고 자신을 끔찍하게 느끼지 않으면서 실현할 방법은 무엇일까? 시몬의 가족이 10대의 반항을 유달리 심각하게 받아들이는 것일까? 어떻게 하면 시몬이 부모님의 관점을 이해할 수 있을까? 어떻게 해야 그녀가 자유롭다고 느낄 수 있을까? 이 문제에서 협상할 수 없는 부분은 무엇일까? 명쾌한 해결책은 없다. 시몬과 부모님 사이에는 서로 밀고 당기는 협상이 계속해서 이어졌지만, 심리치료를 통해 그들이 서로를 존중하며 문제를 해결하기 위해 함께 노력할 계기를 마련할 수 있었다.

결론은 어떤 가족도 완벽하지 않다는 것이다. 부모님은 실수를 저지르고 형제자매는 우리를 산만하게 한다. 아마도 우리는 이 세상에 완벽한 것은 없음을 가족을 통해 처음 알게 될 것이다. 그렇더라도 가족은 사랑, 수용, 경쟁, 다툼, 짜증 나는 습관 등이 뒤섞인 안전한 공간으로, 일이 잘못되었을 때 본능적으로 상처를 치유하기 위해 우리가 돌아올 수 있는 곳이기를 바란다. 한 10대 소녀가 내게 "동생에게 신장이 필요하다면 당연히 주겠지만, 내 스마트폰 충전기를 빌려주지는 않을 거예요"라고 말했듯.

가족이 아무리 엉망진창이더라도, 이번에는 다를 거라는 기대와 함께 무의식적으로 가족에게 다시 이끌려 이전에 안타깝게 놓쳤던 가족의 따뜻함을 느낄 수 있을지도 모른다. 그리고 자신이나 다른 가족 구성원이 실수를 저질렀더라도 대개의 가족은 서로를 다시 받아들이고 상황을 바로 잡고 싶어 한다. 가족의 유대는 깊다.

제3장

친구

호메로스 시대부터 남성의 우정은 영광과 갈채의 대상이었지만
여성의 우정은… 일반적으로 찬사를 받지 못했을 뿐만 아니라
조롱받고, 경시되고, 잘못 해석되었다.

베라 브리튼 『우정의 증거』

그리고 책을 읽으면서 두 여성이
친구로 등장하는 사례를 기억하려고 노력했다.

버지니아 울프 『혼자만의 방』

그동안 심리치료 과정에서 소녀들 또는 젊은 여성들의 우정만큼 많이 얘기한 주제는 없었다. 그러나 여성의 우정을 표현하기 위해 머리를 쥐어짤 때 내 머릿속에는 영화 〈퀸카로 살아남는 법 Mean Girls〉이 떠올랐다. 이 영화는 중상모략, 잔인함을 묵인하는 경향 등 소녀들이 학교에서 맺는 관계에 대해 상당히 중요한 요소들을 포착하지만, 여성의 우정은 이것보다는 훨씬 더 좋을 수 있다.

어린 시절에서 10대를 지나는 동안 여성들의 우정은 시련과 고난을 겪으면서 뭔가 해결에 이르는 것 같다. 내가 아는 대부분의 성인 여성들은 기꺼이 신장을 기증하고 물론 스마트폰 충전기도 빌려줄 만한 가까운 친구들이 많다. 여성의 우정은 깊고 복잡하고 강렬하다. 어린 시절에는 종종 고통스럽고 가슴 아프지만, 청소년기를 거치면서 인생에서 가장 중요하고 아름다운 부분 중 하나가 되는 경우가 많다.

우정은 여성의 삶에서 중대하고 즐거운 부분이지만 책, 음악, 연극, 영화 등 대중 담론과 문화생활에서는 그만큼 비중 있게 다루지 않는 것 같다. 그에 비해 여성들이 한 남자를 차지하려고 서로 경쟁하는 모습이 종종 비열하고 악의적으로 표현되곤 한다. 한편, 우정에 관한 명언을 검색하면 대부분 남성 작가들의 명언이 나온다. 제인 오스틴이 우정에 대해 할 말이 있었을 것으로 생각했지만, 별로 찾을 수 없었다. 일반적으로 영화, 책, TV에서 여성 캐릭터의 주된 관심사는 로맨틱한 것이거나 가족이다.

미국의 유명 만화가 앨리슨 벡델의 이름을 딴 '벡델 테스트'는 영화, 책, TV 프로그램이 성차별적인지 아닌지 구분하기 위한 것이다. 이 테스트를 통과하려면 두 여성이 남성이 아닌 다른 존재에 대해 함께 대화하는 모습이 나와야 한다. 여성의 우정이 중심이 되는 〈내 여자친구의 결혼식 Bridesmaids〉이나 〈북스마트 Booksmart〉와 같은 영화가 등장하면서 세상이 서서히 바뀌고 있다는 조짐이 보이지만, 안타깝게도 이 테스트가 처음 개발된 지 35년이 지난 지금도 많은 영화가 여전히 이 테스트에서 탈락한다. 이 장의 서두에서 인용한 베라 브리튼과 버지니아 울프의 말은 한 세기가 넘은 것으로, 여성의 우정을 경시하는 문화가 오래 지속되었음을 보여준다. 여러분이 차세대 작가, 예술가, 스토리텔러가 되어 인류를 위해 이 문제를 해결하면 좋을 것 같다.

여성의 우정이 인생의 숨겨진 보물 중 하나라는 말에 동의하지 않을 수도 있다. 지금 여러분의 우정은 고통스럽게 휘몰아치는 폭풍우 속에 있을지도 모른다. 아무도 나를 좋아하지 않고 완전히 혼자라고 느낄 수도 있다. 친구들은 있지만, 그들과 함께 있을 때 불안정하거나 외로움, 피해의식을 느낄 수도 있다. 그동안 임상과 생활에서 관찰한 바에 따르면, 어린 소녀와 여성 청소년의 우정은 성인 여성의 우정이라는 아름답고 잔잔한 만(灣, bay)에 도달하기 위해 건너야 하는 거센 풍랑이 이는 바다와 같다. 물론, 우정의 만에도 때때로 우리를 놀라게 하는 파도가 밀려오지만, 여성 간의 우정은 일반적으로 따뜻하고 고요한 물속에서 헤엄치는 것과 같다. 길고 험난한 여정을 마친 뒤 맞이하는 우정은 대체로 안전하고 믿을 수 있다.

소녀들의 우정은 때때로 잔인하고 영혼을 파괴할 수도 있지만, 대개는 친구들과 우정을 키워가는 과정에서 깊고 근본적인 삶의 정수를 터득하면서 여성들은 친구들과 깊은 유대와 온기를 주고받게 된다. 여러분의 엄마와 엄마의 친구들에게서 이런 모습을 관찰할 수 있을 것이다.

우정의 패턴

여성의 우정에 대해 우리는 무엇을 알고 있는가? 우리는 어릴 때부터 여자아이 쪽이 남자아이보다 우정에 더 가까워 보인다는 것을 알고 있다. 일반적으로 소녀들의 우정은 소년들과 비교했을 때, 관심사를 공유하기보다는 정신적 공간을 공유하는 것에 더 가깝다. 소녀들이 함께 놀고 대화할 때 그들이 같은 것을 생각한다는 뜻이다. 나는 때때로 소녀들이 둘 사이에 가상의 공유된 생각의 거품을 만든다고 상상한다.

초등학교에서 그것은 공동으로 만든 상상의 놀이일 때가 많지만, 소녀들이 나이가 들면서 그것은 뉴스, 가십, 또는 서로 얘기를 나눌 때의 감정 같은 것들이 된다. 공유된 생각의 거품은 상대방의 관점에서 사물을 생각하는 것을 포함한다. 이것을 소녀들은 "그 애는 정말로 내 곁에 있어 줬어"라는 식으로 표현한다. 몸만 함께 있는 것이 아니라 감정적 경험을 함께한다는 의미이며 우리는 이것을 공감이라고 부른다. 공감은 누군가가 내 경험을 듣고 이해하고 함께 느끼기 위해 시간을 들이는 것이고, 이 책의 핵심 주제 중 하나다.

캐시는 중등학교 마지막 학년에 불안감 때문에 치료를 받으러 온 인기 있는 여학생이었다. 그녀는 겉으로는 모든 것을 가진 것처럼 보였지만, 항상 자신을 '매우 예민한' 사람으로 생각해 왔다. 약 6개월 전 캐시가 술에 취했을 때 다른 사람의 남자친구와 어울렸다는 이유로 온라인에서 조리돌림을 당하고 그 일을 노골적으로 보여주는 사진들이 주변에 공유되었던 경험에서부터 실마리가 풀리기 시작했다. 이 사건은 캐시가 속한 친구 무리를 분열시켰고, 사람들은 두 편으로 나뉘었다. 캐시는 태어나서 처음으로 인기가 없었다. 그것은 캐시를 휘청거리게 했고 불안이 시작되었다.

우리는 그녀의 친구 관계에 대해 어린 시절부터 파고들었다. 초등학교 시절, 그녀는 항상 친구들이 있었고, 다른 여자애들은 그녀의 관심을 끌기 위해 경쟁했다. 그녀는 항상 중심에 있었고, 항상 여기저기 초대받았다. 왜 그랬을까? 그때 그녀는 어땠을까? 그녀는 확실히 말하지 못했다. 자신이 반에서 가장 친구들을 즐겁게 하거나 가장 재미있는 아이였다고 생각하지 않았다. 어떤 면에서, 그녀는 자신이 친구들과의 활동에 적극적으로 참여하는 유형이기보다는 관찰자에 더 가까웠다고 느꼈다. 그녀는 멋있어 보였다. 다른 소녀들은 그녀에게 자신의 비밀을 말했고 그녀는 종종 속삭이고 험담을 했다. 캐시는 사람들이 그녀의 친구가 되기를 원하므로 자신이 많은 권력을 쥐게 되었음을 인식했고, 지금까지 친구들을 여러 번 바꾸었다. 나는 그 얘기를 들으며 그녀와 부모님의 관계가 궁금해졌다.

초등학생 여자애들의 우정은 흔히 두 소녀가 단짝이 되는 비교적 간단한 패턴을 따른다. 서로의 가장 친한 친구로서 그들은 퍼즐처럼 서로에게 맞추며 모든 감정적 욕구를 충족하고 상대에게 소속되었다고 느낀다. 단짝이 된 두 소녀는 다른 소녀들과도 어울리지만, 더 큰 무리의 모든 구성원은 둘이 가장 친한 친구임을 알고 있다. 이런 우정은 서로에게 꽤 안정적이고 상호 의존적인 관계다. 각 소녀는 이 관계에서 비교적 대등한 힘을 행사한다. 이것은 자신감이 넘치지 않고 드라마틱한 삶을 꿈꾸지 않는 온유한 소녀들이 흔히 선호하는 우정의 방식이다.

주로 세 친구가 함께 어울리는 유형이라면 우정의 기복이 심해진다. 트리오는 일반적으로 셋의 역할이 나뉘며, 권력의 크기가 각각 다르다. 리더, 가장 친한 친구, 소외된 누군가로 나뉘는 것이다. 리더는 때때로 가장 친한 친구와 관심 밖으로 밀려난 친구의 역할을 뒤집는다. 이것은 셋 모두에게 불안정한 상황이지만, 겉보기와는 달리 가장 불안정한 존재는 종종 이 무리의 리더다. 오랜 상담 경험으로 미루어 보면, 이런 불안정한 리더가 되는 소녀는 부모님이 자신을 사랑하는지, 그들이 자신을 진짜 위하는지 확신하지 못하는 애착 문제를 지닌 경우가 흔하다.

리더는 부모와의 애착 관계에서 결핍이 있어 친구들을 가까이 두고 싶어 하는데, 가장 좋은 방법은 권력을 휘두르는 것이다. 두 친구가 내 관심을 끌려고 경쟁하도록 하는 것이 영리한 전략이다. 우리는 여기서 초등학생에 대해 얘기하고 있다. 리더의 조작은 물론 무의식적으로 이루어진다. 이 어린 소녀 리더를 비난할 수는 없다. 그 아이는 자신이 무엇을 하고 있는지 모르고, 흔히 자기 자신의 문제를 안고 있다.

온/오프 우정

여기서 소녀들의 우정에서 가장 근본적인 패턴 중 하나인 온/오프 친구를 살펴보자. 평생에 걸쳐 우리는 온/오프 사람들을 만날 수 있다. 친구, 상사, 선생님일 수도 있고, 정말 운이 없다면 부모나 배우자일 수도 있다. 대개는 학교 운동장에서 온/오프 친구를 처음 만나게 된다.

온/오프 친구란? 월요일 아침 등교했을 때 내게 달려와 당신을 지목하고 자신의 모든 비밀을 속삭이며 서로에게 속해 있다고 느끼게 하는 친구다. 이 관심은 내가 특별하다고 느끼게 해준다. 나는 더 이상 혼자가 아니다. 나는 특별히 맺어진 두 사람의 일부가 된다. 인간으로서 우리는 타인과 연결되도록 프로그램되어 있다. 연결의 욕구는 공기, 물, 음식에 대한 욕구만큼이나 뿌리 깊다.

하지만 다음 날 그 친구가 다른 아이에게 가서 똑같이 행동하는 것을 보게 된다. 그 애의 안중에는 내가 없다. 완전히 망했다는 느낌이 든다. 당황스럽다. 다들 쳐다보고 있을까? 다들 내가 친구가 없다고 생각할까? 혼자라는 느낌이 든다. 그렇지만, 여전히 전에 느꼈던 친밀감을 되찾고 싶다. 우리는 무엇보다도 가질 수 없는 것을 간절히 원하는 경향이 있다. 리더의 인정을 얻으려는 게임에서 규칙은 계속 바뀌고 관심을 끌기 위해 다른 애들과 경쟁하기 시작한다. 다시 가까워지려고 애쓸수록 친구는 더 멀어진다. '내가 뭘 잘못했지?' 이렇게 궁금해할 무렵, 갑자기 사라졌던 우정이 되돌아온다. 그러나 이렇듯 일관성 없는 관계는 불안을 유발한다. 매일 매일 미래를 걱정하면서도 다시 찾은 친밀감에 기분이 좋아진다.

그때그때 켜지고 꺼지는 온/오프 우정이 어린 소녀들에게 중독성이 있는 이유는 '부분 강화 계획(Partial Reinforcement Schedule)' 때문이다. 누군가와 가까워지고 인정받는다는 만족감은 강력한 보상이다. 부분 강화 계획은 같은 행동을 했을 때 매번이 아니라 이따금 보상을 받는 것을 말한다. 우리가 무언가에 중독되는 이유는 지난번의 좋은 시간, 즉 보상을 계속 추구하기 때문이다. 예를 들어, 사람들은 이기는 쾌감을 다시 얻기 위해 도박을 계속한다. 소외되거나 무시당했을 때의 혼란을 리더의 우정을 되찾기 위한 노력으로 해결하려다 보면 온/오프 우정에 '중독'될 수 있다. 리더가 대기 중인 두 친구에게 온/오프 친구가 되어주는 3인 우정에서 자주 발생하지만, 더 큰 무리에서도 발생할 수 있다. 일반적으로 리더는 그런 상황을 일부러 의도하지는 않지만, 주변 사람들을 불편하게 하고 잠재적으로 피해를 줄 수 있다.

리더는 왜 그렇게 행동할까? 앞장에서 다룬, 나 자신과 고군분투하는 감정을 다른 사람에게 돌리는 '투사'를 기억하는가? 온/오프 우정에서 리더가 다른 사람들에게 불안을 조성함으로써 자신의 불안을 극복하려는 경우가 흔히 있다. 이런 식으로 리더는 자신이 더 이상 불안을 느끼는 피해자가 아니라 권력을 쥔 강자라는 각본을 머릿속에 다시 쓰게 된다. 소녀들은 성장하면서 대개 이런 패턴에서 벗어나게 된다.

캐시는 부모님과의 관계에 대해 말했다. 그들은 이혼했고 그녀는 두 집 사이를 오가며 생활했다. 엄마 아빠 둘 다 바쁘게 살았다. 엄마집이나 아빠집에 갔을 때 그들이 종종 그녀가 집에 온다는 것을 잊어버리고 볼일을 보러 갔었다고 캐시는 웃으며 얘기했다. 그러나 그들은 항상 쿨하고 너그러웠으며 그녀가 술, 담배를 하는 것을 눈감아 주었다. 그녀는 부모님에게 무엇이든 말할 수 있다고 생각했지만, 그들에게 온라인에서 수치를 당한 일을 얘기하고 도움을 요청했을 때 부모님은 그녀에게 몹시 화를 냈다. 그들은 온라인에 유포된 사진들이 그녀가 장차 입학할 대학에서 생활할 때, 나중에 직업을 구하고 사회생활을 할 때 어떤 영향을 미칠지 염려했다.

그로 인해 그녀는 부모님과의 관계를 다시 생각하게 되었다.

그녀는 어렸을 때 독립적이었고 혼자서 일을 처리하는 법을 일찍 배웠다. 예를 들어, 부모님이 잊어버릴 것이 뻔했으므로 그녀는 학교에 내는 서류에 부모님의 서명을 위조하고 수학여행을 위해 도시락을 스스로 준비했다. 자주 집에 음식이 없었고, 그녀는 스스로 주문했다. 캐시의 친구들은 몇 시까지 들어오라는 잔소리를 하지 않는 그녀의 부모님이 멋지다고 여겼지만, 이제 캐시는 자신이 부모님과 연결되어 있지 않고 불안정하다고 느꼈다. 그녀는 자신이 항상 부모님을 즐겁게 해주려고 했고 아무런 불평 없이 그들을 내버려 두었음을 깨달았다.

왓츠앱(WhatsApp) 같은 소셜 미디어는 온/오프 프로세스를 강화함으로써 포함과 배제를 통해 파워 게임이 이루어지는 소규모 그룹을 훨씬 쉽게 형성할 수 있다. A, B, C가 왓츠앱에서 한 그룹을 이루고 있어도 A는 B만 있는 다른 그룹을 만들어 C에 대해 이야기하고, C와도 또 다른 그룹을 만들어 B에 대해 이야기할 수 있다. B와 C도 그룹을 만들 수 있지만, 둘 다 A의 관심을 얻고자 경쟁하는 관계라면 A가 분할하고 지배하는 원리가 관철된다.

호감과 인기의 차이

온/오프 트리오 우정은 좋은 친구가 되려는 동기보다 숨겨진 권력의 영향을 더 많이 받는다. 그리고 권력의 문제는 중등학교의 우정에서 근본적인 것이다. 일부는 초등학교에서 중등학교까지 순조롭게 친구 관계를 발전시킨다. 일부는 전학을 가기도 하는데, 그런 경우 나는 아는 사람이 하나도 없지만, 다른 학생들은 모두 서로를 알고 있는 상황이 된다. 그것은 새로 시작할 반가운 기회가 될 때도 있고 압도적인 스트레스를 받는 계기가 될 수도 있다.

우정의 패턴이 어떠하든, 중등학교 진학으로 친구 관계에 혼란이 생기기 쉽다. 대부분의 아이들이 새로운 무리를 찾는 불안정한 시기여서 내담자들의 마음속에 이 시기의 상처가 크게 남은 경우를 많이 보았다. 이때의 불안은 급하게 새로운 단짝 친구를 만들거나 불안정한 3인조 우정으로 되돌아가는 식으로, 초등학교 시절의 친숙한 패턴으로 후퇴하는 형태로 이어질 수 있다.

청소년기 초반과 중반의 우정에 대한 고전적인 연구는 중등학교 시절, 청소년들이 '호감을 얻는 것'과 '인기 있는 것' 사이에서 혼란을 겪는다는 것을 보여준다.[18] 사회심리학 실험에서 연구원들은 중등학교 같은 학급의 10대들에게 '누구를 좋아합니까?'와 '누가 인기가 있습니까?'를 물어보았다. 많은 연구 결과가 이 두 집단 사이에는 공통점이 적다는 것을 보여준다. 급우들이 가장 좋아하는 아이들은 보통 정도로만 인기가 있다. 가장 인기 있는 아이들이 특별히 호감을 많이 얻지는 못한다. 급우들이 좋아하고 동시에 인기도 있는 아이들의 비율은 낮다.

연구원들은 '호감을 얻는 것'이 '불쾌한 행동을 하지 않고 친사회적이며 유쾌한 속성'과 관련 있음을 발견했다. 친절하고 협조적이며, 먼저 싸움을 걸지 않고 놀림을 견딜 수 있으며, 정직하고 재미있고 거드름 피우지 않고 집단에 방해가 되지 않는 것 같은 속성이다.

반면에 '인기'는 사회적 힘, 지위, 지배력, 즉 리더가 되는 것, 유행을 잘 따르고 외모가 출중하고 멋진 모습, 돈과 더 강하게 연관된 것으로 나타났다. 자신을 좋아하는 남자애들이 있는 것도 여자애들 사이의 인기와 관련이 있었다.

인기와 호감의 차이를 이해하고 자신이 인기를 얻고 싶은지 호감을 얻고 싶은지 생각해 보는 것은 지금까지 내가 상담한 거의 모든 젊은이들에게 도움이 되었다.

치료에서 캐시는 부모님의 한계와 자신이 다른 사람들과 관계를 맺는 과정에 그들이 끼친 영향을 정면으로 마주해야 했다. 그랬다. 부모님은 그녀를 사랑했지만, 그녀를 위해 지루한 일상을 함께하지 않았고, 그녀를 보호하기 위한 경계나 지침을 거의 마련하지 않았다. 그녀는 자신이 집에서 얼마나 외로웠는지 깨달았고, 자신의 감정과 당면한 문제들에 대해 부모님과 얘기할 수 있기를 갈망했다. 캐시는 정말 슬펐다. 그녀는 더 이상 쿨한 부모님을 원하지 않았고, 자신을 도와주는 부모님을 원했다. 캐시는 자신이 우정과 연애에서 사람들과 거리를 두었고, 그녀가 부모님의 환심을 사려 애썼던 것처럼 그들이 그녀의 관심과 인정을 받으려고 경쟁하도록 만들었음을 서서히 깨달았다. 그녀는 항상 권력을 쥐고 있어야 했다. 재미있고 영리한 사람이 되기 위해, 약해지지 않기 위해. 캐시는 미래에는 뭔가 달라지길 원했다. 그녀는 좀 더 현실적인 사람이 되고 싶었다.

심리치료의 일종인 수용전념치료(ACT, Acceptance and Commitment Therapy)는 자신의 우정에 대해 생각하는 데 큰 도움이 될 수 있다. 이 치료법은 사람들이 자신이 중요하다고 여기는 가치가 무엇인지 확인하도록 한다. 가치는 어떤 사람이 되고 싶은지, 어떻게 살고 싶은지 구체화하는 삶의 나침반이다.

가치는 목표가 아니다. 목표는 목록에 넣고 체크하며 달성해야 하는 세부적인 것이다. ACT 접근법의 대가인 러스 해리스는 존중, 자기주장, 힘, 독립, 배려, 친근함, 재미, 평등, 흥분, 모험, 순응, 공정성, 겸손 등의 가치를 제시한다.[19] 러스 해리스가 정리한 주요 가치들은 8장에서 상세하게 살펴본다.

우리는 친구와의 우정에서 원하는 것을 어느 정도는 선택할 수 있지만 전부 얻을 수는 없다. 예를 들어, 우정에서 권력, 자기주장, 독립성의 가치를 얻으면서 동시에 순응, 공정성, 겸손도 얻기는 어렵다. 사람들에게 호감을 얻기보다 인기 있는 사람이 되기를 더 원하는 것은 잘못이 아니며, 어느 쪽이든 만만치 않은 비용과 혜택이 있다. 인기 있는 사람은 때때로 외롭고 권력 투쟁에 휘말릴 수 있다. 사람들에게 호감을 얻으려면 집단에 맞추려고 자신의 의견을 숨기고 눈에 띄지 않는 존재가 되거나 자신의 필요를 뒷전에 두어야 할 때가 많을 것이다. 이중 어느 쪽을 원하는지 선택해야 할 때가 있다.

적응 단계, 내 부족 찾기[20]

1장에서 살펴보았듯, 청소년기에서 초기 성인기로 넘어가는 시기 심리적 과제는 부모로부터의 분리와 개별화다. 성장하면서 독립성과 자유가 커지면 더 많은 삶의 방식을 보게 되고 자연스럽게 여러 삶의 방식을 비교하게 된다. 우리 모두 알다시피, 이로 인해 부모님에게 비판적으로 되거나 짜증이 날 수도 있다. 많은 청소년들은 부모님보다 또래 아이들이 더 재미있고 흥미로우며 자신을 더 잘 이해하고 관심사를 더 많이 공유한다고 느낀다. 이것은 분리 과정을 순조롭게 한다.

그러나 우리 중 일부는 이 시기에 자신에게 맞는 부족을 찾는 데 큰 어려움을 겪는다. 나는 학교나 사회의 문화에 자신이 잘 맞지 않는다고 느끼는 소녀들을 많이 보아왔다. 가령 보수적이거나 학구적인 분위기의 학교에 다니지만 자신은 그렇지 않은 경우, 다른 학생들은 옷과 화장에 관심이 많지만 자신은 그렇지 않은 경우를 들 수 있다. 럭비나 컴퓨터 프로그래밍을 좋아하는 소녀는 학교의 또래 집단에서 관심사를 공유하는 친구를 찾는 것이 어려울지도 모른다. 소수파가 되면 인기 있는 아이들이 영향력을 행사하는 권력의 역학 관계 속에서 소외되기도 한다. 하지만 안심해도 좋다. 한 살 한 살 나이를 먹을수록 인간관계가 점점 더 넓어지므로 얼마든지 나에게 잘 맞는 부족을 찾을 수 있다. 그러나 한정된 세계에서 살아가는 청소년기에는 거기서 벗어날 수 없으므로 꽤 힘들 수 있다.

우정은 필연적으로 기복이 있다. 중등학교에 입학했을 때 같은 초등학교 졸업생들이 많다면 어린 시절의 우정을 고수하는 것이 보통은 더 안전하다. 그러나 부모님으로부터 자신을 개별화하고 분리하며 개성을 형성하다 보면 함께 초등학교에 다녔던 아이들과 멀어지게 될 수도 있다. 어쩌면 그들은 더 이상 나와 공통점이 없을지도 모른다. 어쩌면 그 친구들은 나와 잘 맞아서가 아니라 엄마들이 함께 놀도록 주선해서 지금까지 사귄 것인지도 모른다. 우정이 무너지는 동안 청소년들은 상처를 핥기 위해 가족에게 더 밀착하기도 한다. 그러므로 청소년기에 부모님과 말싸움하며 그들을 밀어내다가 한편으로는 부모님을 더 의지하고 위로받으려고 하기를 반복하는 것은 지극히 정상적인 일이다.

원래 속한 우정의 부족에서 다른 우정의 부족으로 넘어가는 사이에 있을 때는 감정적으로 어색할 때가 많다. 사람들이 자신을 좋아하지 않는다고 느낄 수 있고, 쉬는 시간이나 점심시간에 어울릴 친구가 없어 당황하기도 한다. 어떤 감정을 생생하게 느끼더라도 그 감정이 항상 현실에 근거한 것은 아니다. 감정은 종종 '비현실적인' 생각에서 생겨나기도 한다. 사실이 아닌 것을 느낄 수 있다는 뜻이다. 이 문제는 감정, 생각, 느낌을 다룬 4장에서 자세히 다룬다. 우정의 부족에 소속되어 있지 않을 때, 우리는 '친구가 없다'는 사실을 모두가 눈치채고 있다고 생각하기 쉽다. 자신에게 뭔가 문제가 있어서 아무도 자기를 좋아하지 않는다고 생각할 수도 있다.

레베카를 처음 만났을 때 그녀는 막 열네 살이 된 9학년생으로 가족 중 장녀였다. 그녀는 항상 유능하고 성숙하며 타고난 리더였고, 지금까지 부모님은 그녀에 대해 거의 걱정할 일이 없었다. 중등 과정으로의 이행은 순조로웠고, 그녀는 공부도 잘하고 괴짜에다 하키와 운동에 관심이 많은 세 명의 여자아이들과 끈끈하고 강렬한 우정을 키웠다. 세 명 모두 건강과 체력에 대한 관심이 지나치게 많았는데, 특히 레베카는 리더십과 자제력을 음식과 체중에 잘못 적용하면서 섭식 장애에 빠졌다.

레베카의 섭식 장애와 친구들의 정신 건강 문제로 그들이 잠시 떨어져 있는 동안 어른들이 우정에 개입해야 했다. 레베카는 친구가 아닌 부모님이나 선생님과 함께 점심을 먹어야 했다. 부모님은 두 분 다 그녀를 위해 일을 줄이고 휴가를 냈다. 레베카는 친구들과 왓츠앱을 하는 대신 저녁에 부모님과 함께 영화를 보았다. 가끔 너무 힘들 때면 그녀가 부모님 중 한 분과 부부 침대에서 자고, 나머지 한 분이 그녀의 침대에서 잤다. 마치 다시 어린애가 된 것 같았다. 시간이 지나면서 서서히 체중이 회복되었다. 그녀는 섭식 장애에서 벗어났다.

하지만 레베카가 회복되면서 세 명의 우정에 균열이 생기고 그녀는 홀로 남겨졌다. 레베카가 없는 동안 두 친구는 그녀의 부재에서 생긴 틈을 메웠고 그녀의 역할은 이제 없는 것 같았다. 그녀는 상실감과 굴욕감, 외로움을 느꼈다. 더 실제적인 문제가 있었다. 그녀는 이제 누구와 점심을 먹어야 할지 몰랐다. 점심시간에 학교 식당에 들어서기가 싫었다. 한편 레베카는 예전 친구들에게 불만스러웠던 점을 깨닫게 되었다. 그녀는 감정이 매우 풍부했다. 그 친구들은 레베카처럼 표현이 자유롭지 않고 수줍음을 많이 타고 조용했다. 레베카는 자신이 적합한 부족에 속하지 못했음을 깨닫기 시작했다. 그들은 눈에 띄는 행동을 하거나 왁자지껄 떠들거나 감정을 얘기하고 싶어 하지 않았다. 레베카는 달랐다. 그녀는 사교적이고 외향적이며 모험을 좋아하는 성격을 타고났지만, 그런 아이들은 이미 친한 친구들이 있는 것 같았다. 레베카는 자신과 성향이 비슷한 아이들과 친구가 되는 길을 찾을 수 없었다. 그녀는 자신이 사회적으로 쓸모없다고 느꼈지만 실제로는 그 반대였고, 오히려 자신의 뛰어난 사회성 때문에 예전 친구들과 어울리지 못했다.

나는 레베카에게 폭풍우를 돌파하라고 조언했다. 그녀는 원래 속해 있던 우정의 부족에서 다른 부족으로 옮기는 중간에 있을 뿐이었다. 그녀는 사회적으로나 정서적으로 유능했으므로 장기적으로 괜찮아질 것이었다. 자신에게 더 잘 맞는 집단을 찾을 수 있을 것이었다. 하지만 지금 당장은 하루하루가 끔찍했고, 아이들이 자신을 쳐다볼 때 비호감으로 느끼거나 이상한 사람으로 여기지 않을까 하는 생각으로 힘들어했다. 물론 그럴 리는 없었다. 그 또래 아이들은 자신의 친구 관계와 다른 문제들에 온통 정신을 쏟고 있을 테니. 우정의 부족을 옮기는 동안, 그녀는 기꺼이 나서서 도와주는 부모님과 학교 밖 친구들에게 의지했다. 시간이 흘러 학년이 바뀌고 반이 다시 편성된 후 학급 아이들이 친해지기 시작했을 때, 그녀는 비슷한 관심사를 공유한 새로운 부족에서 더 행복해진 자신을 발견했다. 이전 부족을 돌아보았을 때, 그녀는 그들이 자신에게 잘 맞는 친구들이 아니었음을 분명히 알 수 있었다.

이 사례는 우리를 인생에서 가장 중요한 기술 중 하나이자 이 책의 또 다른 주요 메시지인 혼자 있는 기술로 인도한다. 혼자 있는 것을 두려워해서는 안 된다. '나는 괜찮다'는 내면의 힘을 키워야 한다. 어울릴 친구가 없을 때 시간을 보낼 소일거리가 있어야 한다. 우정의 부족을 바꾸거나 친구가 연애를 시작하는 큰 변화가 아니더라도, 단지 수학여행에 혼자 못 가게 되기만 해도 우리는 친구 없이 시간을 보내게 된다.

때때로 친구들과 다투기도 하고 아예 친구들에게서 멀어져 버리기도 한다. 아무도 나를 좋아하지 않는다고 느끼거나 함께 어울릴 사람이 없는 때도 있다. 사람들의 다양한 반응을 받아들이되 그것에 휘둘리지 않아야 자존감을 키울 수 있다. 사람들이 나라는 사람 자체와 내 동기, 행동을 어떻게 여기는지 반드시 살펴봐야 하지만 거기에 집착하면 안 된다. 인생의 많은 부분이 그렇듯, 이것은 균형의 문제다. 남들의 반응을 전혀 듣지 않거나 신경 쓰지 않으면 오만해질 위험이 있고, 반대로 사람들이 나를 대하는 방식이나 내 이미지에 지나치게 집착해도 중심을 잃는다. 양극단 사이에서 최적의 균형점을 찾으면 혼자가 되는 것을 견디는 데 도움이 될 것이다.

사람들을 대할 때 어색하고 불안하다면?

친구와의 관계에서 어려움을 겪지 않고 살아가는 사람은 없다. 어울리던 무리에서 떨어져 나와 다른 무리를 찾는 과정에 있거나 친구가 될 만한 사람을 찾을 수 없는 때도 있다. 사람들을 대하기 어색하거나 불안할 때도 있다. 어떤 사람들은 이러한 문제를 더 자주, 지속적으로 경험한다. 자폐 스펙트럼 장애가 있는 경우도 친구를 사귀는 데 어려움을 겪을 수 있다.

사회적 어색함[21]

사회적 어색함이란 무엇일까? 나는 이 용어를 첫째, 어떤 사회적 환경에서 이해하거나 소통할 수 없다고 느끼는 감정을 가리킬 때 둘째, 일부 사람들이 사회적 맥락을 잘 읽지 못해 부적절하게 반응하는 것을 가리킬 때 사용한다. 암묵적인 사회적 규칙이 우리의 상호작용을 지배한다. 무례한 말을 입 밖으로 꺼내면 안 되고, 다른 사람과 어느 정도 거리를 두고 서 있어야 하고, 이야기할 때 적당히 눈을 맞춰야 한다. 감정이 격앙될 때, 불안하거나 우울할 때는 가령 내가 가까이 있는 것을 편하게 느끼는지 같은 다른 사람들의 감정이나 사회적 단서를 알아차리기 어려울 수 있다. 여성의 우정은 흔히 정신적 공간을 공유하는 것이다. 그렇지 못하면 자신이 잘못하고 있는 것처럼 느끼는 사회적 어색함으로 이어질 수 있다.

세 층으로 된 간단한 뇌 모델을 사용하면 이를 이해하는 데 도움이 된다. 이 뇌 모델을 '삼위일체 뇌'라고 한다. 1960년대 폴 맥린이 제안한 이 모델은 뇌 자체를 설명하기 위한 것이 아니라 뇌의 다양한 기능을 이해하기 위한 것이다. 핵심 뇌(core brain)는 심장 박동, 호흡, 수면 등 기본적인 기능을 담당한다. 동물의 뇌와 가장 유사한 부분이다. 뇌의 중간층은 변연계로, 여기서 중요한 역할을 하는 편도체는 우리 자신의 감정을 생성하고 인식하는 데 중요한 역할을 한다. 최상위층은 대뇌피질로 언어, 계획, 사고와 같은 고차원적인 기능을 하는 곳이다.

전형적인 사춘기 소녀들은 서로의 정신적 공간을 인식하고 함께 어울리며 생각과 감정을 공유하고, 웃고 떠들며 모든 것에 대해 이야기하는 데 많은 시간을 보낸다. 친구의 감정을 이해하고 배려하는 것은 우정의 부족이 작동하는 데 필수적이다. 서로의 감정을 바탕으로 타협하지 않는다면 어디로 놀러 갈지, 무엇을 할지 어떻게 결정할 수 있을까?

그러나 이러한 친밀감은 모든 소녀에게 어려움을 초래할 수 있다. 여자애들은 친구에 대한 기대치가 높은 경향이 있어서 죄책감이나 실망으로 이어지기 쉽다. 10대에는 감정이 매우 강렬해져 종종 통제하기 어렵다. 마음이 상하거나 우울하거나 걱정이 많으면 다른 사람의 감정에 적절하게 반응하거나 공감하지 못하기도 한다. 감정과 본능의 차원에 갇혀 있으면 감정을 표현하거나 상황에 대처하는 능력이 낮아지고, 다른 사람의 심리를 읽기 어려워지며, 이로 인해 친구 관계에 문제가 생길 수 있다.

대개 한 친구가 힘들어할 때 다른 친구가 먼저 나서서 상대를 이해하기 위해 감정적인 노력을 기울이지만, 둘 다 힘들어할 때도 있다. 그럴 때는 누가 잘못하지 않아도 서로 소통하기 어려울 수 있다. 감정이 고조되어 있을 때는 평소처럼 섬세하게 상대방을 배려할 수 없고, 그래서 일이 잘못되기 쉽다는 점에 주목할 필요가 있다.

사회적 불안[22]

사회적 어색함과 마찬가지로 모든 사람이 때때로 부끄러움을 느끼거나 불안해한다. 그러나 안타깝게도 일부는 심각한 수준으로 사회적 불안을 겪는다. 좀 더 자세히 알아보자.

거의 모든 10대 소녀들은 친구에 대해 생각하는 데 많은 시간을 쓴다. 사회적 불안이 있다면 친구에 대해 생각하는 것이 아니라 주로 친구들이 나를 어떻게 생각하는지에 대해 생각한다. 친구뿐만이 아니다. 지인, 급우, 선생님 등 만나는 모든 사람이 나를 어떻게 생각할지 의식한다. 다른 사람을 바라볼 때 실제로는 전혀 그들을 보지 않는 것과 같다. 모든 사람은 나에 대한 그들의 생각을 비추는 거울이 된다. 아니, 그보다는 상대방이 나를 어떻게 생각하는지에 대한 나의 가정을 비추는 거울이다.

다른 사람들이 나에 대해 많이 생각하고 있다는 믿음도 자신을 불편하게 하지만, 심지어 나를 멍청하고, 못생기고, 친구도 없고, 창피하다고 생각하고 있다는 믿음은 자신을 완전히 마비시켜 버릴 수도 있다.

'다른 사람에 대한 생각'과 '다른 사람이 나를 어떻게 생각하는지에 대한 생각'을 구분하는 것이 매우 중요하다. 다른 사람에 대해 생각하는 것은 타인과 공감하고 어울리는 친구가 되는 데 도움이 되지만, 남이 나를 어떻게 생각하는지에 지나치게 몰입하면 자기중심적이 된다. 나는 종종 이런 문제에 빠진 10대 소녀들을 만난다. 친절하고 호감 가는 사람이 되려고 노력하다가 사람들이 자신을 어떻게 생각하는지 너무 걱정하게 되고, 이로 인해 인식이 흐려져 친구의 실제 감정과 생각을 완전히 놓쳐 버린다. '그 말은 무슨 뜻이었을까' '왜 내게서 돌아섰을까?' '왜 대답하지 않았을까?' 이런 식으로 친구의 사소한 말과 행동에 집착하고 너무 오래 생각하는 것이다.

때때로 다른 사람들이 나를 어떻게 생각하는지 생각하는 것은 자연스러운 일이지만, 이런 생각에 빠져 있으면 자의식 과잉과 불안을 유발하므로 지나치지 않도록 주의해야 한다. 타인의 시선과 판단을 너무 의식하게 되면 단순히 그들이 좋아하지 않을까 봐 할 일을 못 하게 될 수도 있다. 말을 못 하고 잠자코 있거나 얼굴이 빨개지고, 자신이 한 말은 엉터리고 상대방이 자신을 멍청하거나 무례하다고 생각한다고 믿어 버린다. 사회적 불안은 농담을 억제한다. 농담은 자칫 잘못하면 불쾌감을 줄 수 있고 그것이 두려워 농담할 수 없게 된다.

나는 내담자들을 위해 다음에 나오는 그림을 자주 그린다. 왼쪽 그림은 친구가 자신에 대해 많이, 그리고 종종 부정적으로 생각하고 있다고 믿는 사람의 마음속이다. 그런 다음 친구의 마음속에 실제로 무엇이 있는지 상상해 보라고 한다. 친구의 마음속은 내 생각으로 가득 차 있을까? 그 친구에게 다른 친구나 다른 관심사가 없을까? 그러고 나서 나는 오른쪽 그림을 그려서 친구가 실제로 어떤 생각을 하고 있는지 보여준다.

이 연습은 자주 강력한 힘을 발휘한다. 내담자들은 친구의 마음속이 나만 생각하기에는 훨씬 더 분주하다는 것을 금방 깨닫는다. 더 중요한 것은, 불안 때문에 자기중심적으로 변해 친구의 마음속에 무엇이 있는지 파악하지 못했다는 사실을 깨닫는 것이다. 친구의 마음속에 있는 자신의 이미지에 집착하는 것은 친구를 이해하는 데 방해가 된다. 다른 사람의 정신적 공간을 알고 공유하는 공감 능력이 사회적 불안 때문에 마비된 것이다.

사회적으로 불안한 젊은이들은 좋은 친구가 되고 싶지만, 친구가 자신을 좋아하지 않을까 봐 불안해하는 마음이 실제로 좋은 친구가 되는 데 방해가 되는 모순을 경험한다. 이런 상황을

'자기중심적'이라는 단어로 표현하는 것은 다소 가혹하게 보일 수도 있다. 하지만 이런 사고방식에 빠져 있으면 의도하지 않았더라도 다른 사람을 생각하는 것이 아니라 다른 사람의 마음속에 있는 나 자신만 생각하게 된다.

이것은 2장에서 소개한 결과 지향적 양육 방식과도 관련이 있다고 생각한다. 성취를 강조하는 상황에서 자라면, 아이는 자신을 관찰하고 판단하는 데 익숙해진다. 이렇게 되면 친구 관계에서 자신의 경험보다는 다른 사람들이 자신을 어떻게 생각할지에 더 집중하게 될 수 있다. 결과 지향적 우정은 내가 누군가를 좋아하거나 함께 즐거운 시간을 보내는 것보다 다른 사람들이 나를 좋은 친구라고 생각하는지를 더 중시하는 것이다.

새로운 상황을 경험하거나 새로운 사람들을 만날 때, 또는 실수를 저지를 때 거의 모든 이들이 사회적 불안을 느끼는 순간이 있을 것이다. 하지만 일반적인 수준을 넘어 다른 사람의 시선으로 자기 행동을 비판하는 목소리가 머릿속에서 계속 들리면 완전히 지쳐 떨어지게 된다. 나는 내담자들에게 치료실에 있는 제3의 인물이 나를 비판하는 모습을 상상하게 한다. '왜 그런 옷을 입었지?' '정말 꼴불견이네.' '왜 그런 말을 하지? 멍청하긴.' 나는 그런 말을 듣다 보면 내 앞에 있는 내담자에게 집중할 수 없다고 말한다. 머릿속에서 계속 그런 말을 듣고 있으면 좋은 심리치료사가 되는 데 방해가 된다.

내담자들은 이런 상황에서는 내 공감 능력과 이해력이 저하된다는 것을 이해한다. 그들은 내가 우스꽝스러운 옷을 입고 어설

픈 농담을 하더라도 그런 것들은 내가 그들의 정신적 공간에서 그들과 함께할 수 있는 능력보다 덜 중요하다는 것을 알고 있다. 그들은 내면의 비판, 특히 친구의 생각에 대한 가정에 근거한 내면의 비판이 친구에게 집중하는 데 방해가 됨을 이해하게 된다.

남들이 나에 대해 어떻게 생각하는지 지나치게 걱정하면 친구와 연결되거나 경험을 공유하는 데 방해가 된다. 특정 맥락에서 동시에 웃음을 터뜨리거나 서로의 눈을 보면서 무슨 생각을 하는지 알아채는 능력이 저하되는 것이다. 사회적 불안이 있으면 상대방이 자신의 진짜 모습을 거부할까 봐 두려워서 자신을 있는 그대로 드러내기 어렵다. 하지만 자신을 내보이고 거절당할 위험을 감수하지 않는다면 취약성을 공유할 수 없고, 취약성을 공유하는 것이 우정의 핵심이다.

나는 내담자들에게 친구의 마음속에서 실제로 무슨 일이 일어나고 있는지 알아내라는 과제를 낸다. 친구가 나를 그렇게 많이 생각하지 않는다면 머릿속에는 무슨 생각이 들어 있을까? 친구가 지금 가장 관심 있고, 걱정하고, 흥분하는 일은 무엇일까? 이런 식으로 그들은 그토록 간절히 원했던, 좋은 친구가 되는 법을 배우게 된다.

자폐 스펙트럼 장애

사회적 규칙을 이해하고 활용하는 능력은 고정된 것이 아니고 그때그때 조금씩 달라진다. 자폐 스펙트럼 장애(ASD)가 있다면 사회적 의사소통이 더 어렵고 강박적인 경향이 있을 가능성이 크다. ASD가 있는 젊은이들을 상담하면서 나는 일반적인 사회적 상호작용에 대해 많은 것을 배웠다.

자폐증이 있는 사람들은 남성이고, 상당히 무능력하고, 앞뒤로 몸을 흔들고, 아마도 그림이나 수학 같은 한 분야에 특별한 재능이 있을 것이라는 고정관념이 있다. 이 고정관념은 전혀 사실이 아니다. 여자애들은 물론 남자애들도 각자 매우 다른 특성을 보인다. 환경운동가 그레타 툰베리는 이러한 고정관념에 도전했다. 그녀 자체가, 뭔가에 대한 강박적인 관심이 어떻게 약점이자 강점이 될 수 있는지 아름답게 보여주는 사례다. ASD가 있는 여자애는 또래 집단과 어울리고 싶어 한다는 점에서 남자애들과 다르다. 이로 인해 여자애들은 초등학교에서 놀고 있는 '신경 전형성' 또래 집단을 모방함으로써 자폐증 증상을 '감추거나 위장하게' 된다. '신경 전형성'은 자폐성 장애를 '신경 다양성'으로 표현할 때 이에 상대되는 개념을 뜻한다. 자폐성 장애는 더 이상 감추기 어려워지는 10대 이전에는 진단되지 않는 경우가 많다. 10대 시절은 무슨 일이 일어나고 있는지 직관적으로 파악하고 풍자와 추론을 하는 등 정신적 공간을 공유해야 하는 상황이 대폭 늘어나 이들에게 어려운 시기다.

자폐증은 편도체(감정 중추)와 피질(사고 중추) 사이의 신경 발달 차이로 생각할 수 있다. 지금까지 내가 만난 ASD 여성들은 모든 종류의 감정을 느끼는 것 같았지만, 자신의 감정과 다른 사람의 감정에 대해 생각하거나 이름을 붙이는 것을 어려워했다. 이들과 상담할 때면 마치 감정이 외국어처럼 그들의 내면에서 헤엄치고 있는 듯, 감정을 전달하거나 그 의미를 처리하는 데 시간이 오래 걸렸다. ASD가 있으면 감정에 '이름을 붙이고 길들일' 수 있는 의사소통 기술이 부족하므로 자신이나 다른 사람의 감정 상태에 대해 생각하는 데 어려움을 겪는다.

ASD 진단을 받은 젊은 여성 상당수는 자신의 경험을 인정받았다는 사실에 안도감을 느낀다. 이러한 안도감은 자신을 탓하기보다는 자신의 신경 다양성을 충분히 수용하지 못하는 세상 등 외부에서 문제를 찾는 데 도움이 될 수도 있다. 그들은 특정 관심사에 고도로 집중하는 것 같은 자신의 강점을 인식하고, 너무 지나쳐서 압도당하지 않도록 사회활동에 대한 경계를 설정하는 등 상황에 잘 대처할 수 있다.

경계 설정

청소년기는 격동의 시기다. 특히 좋은 애착을 형성하지 못한 사람은 청소년기에 어려움을 겪을 수 있으며, 자신의 욕구를 충족하기 위해 다른 사람들을 조종하게 될 수도 있다. 누구나 이런 친구를 만날 수 있다. 처음에는 알아차리기 어렵지만, 시간이 흐르면 그들이 자신에게 해를 끼치고 있음을 깨닫게 된다. 어쩌면 바로 지금 여러분에게 해로운 일을 하고 있을지도 모른다.

우정에는 주고받기, 말하기와 듣기라는 상호성이 있어야 한다. 소통이 일방적이거나 상대방이 자기 위주로 행동하면 거리를 두는 것이 좋다. 한밤중에 자신의 불안을 끝없이 토로하거나, 온라인에 자해 사진을 올리거나, 내가 한 번도 만난 적 없는 가상의 친구에 대해 얘기하거나, 죽고 싶다고 하는 것은 경고 신호다. 경고 신호에 귀를 기울여 이러한 관계에서 벗어나야 한다. 해롭다고 생각되는 우정을 끊는 것은 친구를 사귀는 데 실패하는 것이 아니라 내가 살아남는 길을 택하는 것이다. 다른 사람을 돕기 위해서라도 자신이 먼저 산소 마스크를 착용해야 한다.

정신 건강 문제는 실제로 전염된다. 소속감에 대한 열망으로 집단사고가 생겨 친구 집단 내에서 섭식 장애나 자해가 일상화될 수 있다. 친구를 아무리 걱정한다 해도 정신 건강 문제를 치료하는 것은 자신이 할 수 없는 일이다. 노련한 심리치료사도 아는 사람을 치료하지는 않는다. 나 역시 마찬가지다. 친한 친구, 동료, 적은 우리와 너무 가깝다.

정신 건강 문제가 있는 사람들은 대부분 좋은 사람들이지만, 소수는 교활할 수 있다. 그런 경우는 대개 다른 사람의 관점을 느끼고 이해하는 능력을 키우는 데 필요한 애착 관계를 갖지 못했기 때문이다. 이런 사람들은 종종 껐다, 켰다를 반복하는 온/오프 친구가 되거나, 삶이 다소 지루하게 느껴질 때 흥미진진하거나 위험한 존재가 되어 여러분을 빨아들일 수 있다. 이런 사람들에게 중독될 수 있다.

물론 좋은 친구에게도 이따금 불운이 찾아오고, 그럴 때 우리는 곁에 머물러 힘이 되어준다. 해로운 친구는 어쩌다 불운해지는 것이 아니라 필요한 애정과 관심을 얻기 위해 자신을 끊임없이 위기로 몰아넣는다. 애정에 대한 욕구가 바닥이 보이지 않는 구덩이처럼 채워지지 않는 그런 친구라면, 어쩔 수 없이 나를 보호하기 위해 거리를 두어야 한다.

나와 다른 사람 사이의 경계는 언제나 중요하지만, 특히 자신을 고갈시키는 해로운 우정에 대해서는 더욱 그렇다. 해로운 우정을 끊기란 어려우므로 그에 대비한 변명을 마련해 두는 것도 좋다. "엄마가 밤에는 스마트폰을 못 쓰게 해." "주말에는 할머니 댁에 가야 해." 부모님이 매우 엄격하다고 평소에 친구들에게 말해두는 것도 좋다. 그러면 하기 싫은 일을 피하기 쉽다. "(미간을 찌푸리며) 우리 아빠가 어떤지 알잖아." 그런 식으로 천천히 그 친구들과 멀어지다 보면 어느 순간 그들에게서 벗어나게 된다.

친구끼리 비밀을 공유하는 것은 으레 있는 일이고, 어른들의 간섭으로부터 사생활을 보호하는 것은 정신적으로 독립하고 있음을 반영하는 것이지만, 비밀을 지키는 것보다 더 중요한 것들이 있다. 자해와 같은 중대한 사안에 대해서는 비밀을 깨도 괜찮다. 우리는 다른 사람의 정신 건강을 책임질 수 없다. 좋은 친구가 된다는 것은 항상 누군가를 위해 곁에 있어 주는 것이 아니다. 그것은 불가능하다. 또한, 어떤 일이 있어도 친구의 잘못을 지적하지 않거나 '그건 안 돼'라고 말하지 않는 것이 좋은 우정은 아니다.

친구를 위하는 것도 중요하지만, 자신에 대해 현실적인 기대치를 설정해야 한다. 그래서 경계가 중요하다. 예전에는 친구와 만날 때만, 또는 일부러 시간을 내서 전화할 때만 친구에게 집중하면 되었는데, 지금은 모바일로 늘 연결되어 있을 수 있다. 모바일의 편리함 때문에 가까운 사람들에 대해 비현실적인 기대치를 갖게 되었다. 우리는 항상 친구들의 얘기를 들어주고 항상 그들의 감정에 공감할 수는 없다. 다른 사람을 생각할 수 있는 정신적 여유가 있으려면 먼저 나 자신을 생각할 수 있는 여유가 필요하다. 메시지를 주고받다가 친구가 딴 일이 생겨 바로 답을 안 한다고 해서 기분이 상하거나 일부러 그런다고 생각하지 않는 것만큼, 자신에게도 그런 여유와 휴식을 허용하는 것이 중요하다.

경계에 대해 한 가지 더 중요한 점은 이 단어가 슬프게도 무기화되었다는 점이다. 자신의 경계를 중시하다 보면 '내 말에 누구나 귀 기울여야 하고 내 감정은 항상 존중받아야 한다'는 잘못된 전제를 내세우게 될 수도 있다. 심리학자로서 나는 감정에 귀를 기울이고 존중하는 삶을 살지만, 항상 그렇게 해야 한다고 생각하지는 않는다. 다음 장에서 살펴보겠지만, 감정이 아무리 강해도 현실에 근거하지 않은 경우가 있다. 감정을 나쁜 행동의 핑계로 삼거나 다른 사람을 조종하는 데 써서는 안 된다. 누군가 우리의 감정에 귀를 기울이는 것은 당연히 요구할 권리가 아니라 감사해야 할 일이다. 무엇보다도 자신의 감정을 내세워 다른 사람의 감정을 무시해서는 안 된다. 경계를 정하는 것은 합리적이며 '나는 그렇게 하지 않는다' '나는 그런 일이 허용되지 않는다' '나는 그것을 좋아하지 않는다' '나는 하고 싶지 않다'라는 자신의 경계를 전달하는 것은 필요하지만, 경계를 무기화하여 남에게 상처를 주거나 비난하는 것은 바람직하지 않다.

이것이 우정이다

우정은 항상 원하는 대로 되는 것은 아니다. 우정은 좋을 때와 나쁠 때가 있고, 그 기복이 아주 심할 때도 있다. 3장을 통해 우정의 함정을 이해하고 그러한 함정에 마주쳤을 때 덜 외롭길 바란다. 또한 앞으로는 잘 풀릴 것이라는 희망을 잃지 않기를 바란다. 지금 어려움을 겪고 있다면 더 좋은 우정을 위한 훈련이라고 생각하면 된다. 누구나 성장하면서 친구 관계에서 크고 작은 상처를 입지만, 대부분의 성인 여성은 결국 좋은 우정을 가꾸게 된다. 체력 훈련과 마찬가지로 과정은 고되고 힘들다. 친구를 사귀고 헤어지고 소외되고 외로워지고 독이 되는 우정을 만나는 것은 모두 미래에 신장도 기꺼이 내줄 친구를 사귀기 위한 좋은 연습이 될 것이다.

제4장

감정, 생각, 느낌

육체적으로 건강한 사람이 아플 때가 있는 것처럼
정신적으로 건강한 사람도 탈이 날 수 있다.
우리는 회복할 수 없을 때만 염려한다.

리사 다무르 『뒤엉킨 마음 풀기 Untangled』

나는 감정에 휘둘리고 싶지 않다.
나는 감정을 사용하고, 즐기고, 지배하고 싶다.

오스카 와일드 『도리언 그레이의 초상』

나는 젊은이들의 정신 건강에 관해 온라인에 기사를 연재하는데, 항상 '사람들의 비위를 맞추는 닭살 돋게 하는 임상심리사' 같은 종류의 댓글을 다는 독자가 있다. 분명히 내 글을 싫어하는데도 계속 읽는다는 게 신기하다. 왜 그런 행동을 할까? 처음 이런 비판을 보았을 때는 화가 났다. 하지만 그런 댓글을 여러 번 보면서 그 비판이 내게는 해당하지 않는 것임을 깨달았다. 나는 내담자의 감정에 귀 기울이고 이해하려고 노력한다. 그런 다음 듣기 좋은 말을 늘어놓는 게 아니라 프레임을 바꾸기 위해 맞서고 도전한다. 한 내담자는 치료가 끝날 무렵 내게 이렇게 털어놓았다. 내가 친절하게 걱정스러운 눈빛으로 고개를 한쪽으로 기울인 채 "기분이 어떠세요?"라고 물어볼 것 같아 치료받으러 오기 싫었다고 말이다. 나는 그런 유형이 아니어서 그녀는 안심했다고 한다.

감정은 삶의 중심이다. 하지만 감정에 휘둘리기보다 감정을 어느 정도 통제하고 싶을 것이다. 감정은 중요하지만, 인생에서 중요한 것은 감정만이 아니다. 감정은 바다의 파도처럼 부정할 수 없는 진짜 현실이지만 일시적이다. 무시하지 말고 존중해야 하지만 그렇다고 거기 빠져 익사해서도 안 된다.

우리는 지금 감정이 넘쳐나는 사회에 살고 있다. 어디를 둘러보아도 감정을 한껏 표현하는 모습을 볼 수 있다. 한 세대 전만 해도 영국인들이 감정을 절제하고 입술을 꼭 다무는 것으로 유명했던 것과는 크게 대조된다.

어떤 미디어를 들여다보든 "기분이 어떠세요?"라는 질문이 끊임없이 반복된다. 〈Strictly Come Dancing(춤 경연 프로그램)〉이나 〈The X Factor(음악 오디션 프로그램)〉 같은 TV 프로그램은 물론 소셜 미디어에서도 마찬가지다. 뭔가 색다른 것을 제공해야 한다는 필요에 따라 감정적인 콘텐츠가 증가하고 있다. 생방송에서 마이크를 얼굴에 들이대고 "이 사람을 어떻게 생각하세요?"라는 질문에 "글쎄요, 괜찮아요. 사이는 좋은데 오래 사귈 것 같지는 않네요"라고 대답하는 건 원래는 어려운 일일 것이다. "그녀는 내 전부예요." "아무리 고맙다고 해도 부족하죠." "정말 대단한 사람이에요." 이런 과장된 표현들이 우리의 일상에 스며든다. 이러한 표현은 우리가 느낀 감정을, 과장되고 자기중심적이며 제멋대로인 감상주의와 섞어버리기도 한다. 다음 장에서 극단적인 언어가 어떻게 우리의 불안을 강화하는지 살펴본다.

지금 우리는 감정을 억압하던 전통적인 관행에서 벗어나 감정을 표현하는 것이 항상 좋은 것이라는 묵시적인 가정에 치우쳐 있다. 과연 그럴까? 심리학에서는 가족이 모든 부정적인 감정을 공개적으로 표현하는 '높은 감정 표출(high expressed emotion)'[23]이라는 개념이 있는데, 정신 건강에 부정적이라고 알려져 있다. 나는 종종 미디어와 일부 내담자들이 감정의 불길을 잠재워야 할 때 반대로 불을 지피는 것을 목격하곤 한다.

사람들은 정서적 역량을 키우고 싶어 한다. 정서적 역량이란 자신의 감정을 어느 정도 통제할 줄 아는 능력이다. 이것은 이 책에서 중점적으로 다루는 '균형'과 관련이 있다. 나는 치료실에서 내담자들이 감정의 극단을 인식하고 이를 관리하기로 선택하는 일을 돕는다. 감정을 억누르거나 숨길 때, 반대로 너무 강하게 표현할 때 문제가 된다. 감정을 무시하는 것도 위험하지만, 감정에 치중하는 것도 위험하다.

정서적 역량이란 자신의 감정을 알아차리고 그 감정을 식별하고 이름을 붙일 수 있으며, 다른 사람의 감정도 섬세하게 인식하되 이에 압도당하지 않으면서 행복하고 만족스러운 삶을 살 수 있도록 최선을 다해 감정을 관리하는 것을 뜻한다.

느낌, 감정, 생각이란?

심리학자라도 이 질문에 간단히 답하기는 어렵다.

감정의 과학적 정의는 정신적 요소만이 아니라 표정에 반영되는 생리적 반응, 신경과 호르몬의 작용이라는 신체적 요소를 포함하며, 이는 동물에도 해당한다. 심리학계에는 무엇이 기본적이고 보편적인 감정인지에 대한 논쟁[24]이 있다. 일부 심리학자들은 수치심을 추가하기도 하지만 전통적으로 분노, 행복, 슬픔, 두려움, 충격, 혐오를 기본적인 여섯 가지 감정으로 간주했다. 그러나 표정에 대한 최신 연구는 분노, 행복, 슬픔, 두려움의 네 가지가 기본 감정[25]임을 시사한다.

색상에 비유하면 이해하기 쉽다. 어릴 때 빨강, 파랑, 노랑의 세 가지 기본 색상과 다양한 농도의 검정과 하양이 있다는 것을 배우지만, 이후에는 우리가 보는 모든 색이 혼합되어 있음을 알게 된다. 마찬가지로 네 가지 기본 감정이 있다면 다른 많은 감정은 이 네 가지 감정의 혼합이라고 볼 수 있다. 놀라움은 어느 정도의 두려움에 약간의 행복이 섞여 있다. 충격은 두려움이 대부분을 차지하고 약간의 슬픔이 섞여 있다. 이런 색상은 감정의 세계에서 녹색, 보라색, 주황색이라고 할 수 있다. 기본 색상 두 가지의 혼합이다.

그렇다면 감정(emotions)과 느낌(feelings)의 차이점은 무엇일까? 일상생활에서 사용할 때는 전혀 차이가 없다. 여기서는 두 단어를 대체할 수 있는 의미로 사용한다. 하지만 잠시 그 차이에 대해 생각해 볼 필요는 있다. 느낌은 생각, 맥락, 신체적 반응을 포함하는 감정 경험 전체를 의미하며, 감정은 동물적인 신체적 반응에 가깝다.

느낌 = 신체적 감정 + 생각 + 맥락

많은 감정은 생각과 맥락을 추가해야 이해할 수 있다. 예를 들어, 혼자 남겨졌다는 맥락에서 혼자라는 '생각'이 들 때 버림받았다고 '느낄' 수 있다. 부모님과 함께 있는 게 지긋지긋하고, 시끄럽고 잔소리를 일삼는 형제자매들 때문에 미칠 것 같다면, 혼자 남겨졌다는 맥락에서 버려졌다고 느끼지는 않는다.

느낌을 이해하기 위해 인지 사분면을 소개한다. 젊은이가 어떤 느낌을 품고 내게 오면, 나는 내담자가 그렇게 느낀 당시의 맥락을 이해하려고 노력한다. "그 상황이 그런 느낌을 불러일으켰나요?" 그런 다음 네 가지 차원에서 그 느낌을 이해하고 해체하려고 시도한다.

1. 생리 반응 : 몸에서 무슨 일이 일어나는가? 심장이 빨리 뛰는가? 에너지를 많이, 아니면 적게 소모하고 있는가? 땀을 흘리는가? 자고 있는가?
2. 행동 : 무엇을 하고 있는가? 어떻게 행동하는가? 다가오는가, 피하는가, 숨는가?
3. 인지/생각 : 무슨 일이 일어나고 있다고 생각하는가? 마음속으로 무엇을 말하고 있는가? 상황을 어떻게 판단하는가? 어떻게 되길 기대하는가?
4. 감정 : 어떤 감각을 느끼는가? 유쾌한가 그렇지 않은가? 강한가, 약한가? 말로 표현할 수 있는가?

이 네 가지 차원은 서로 뗄 수 없이 연결되어 있어, 서로 얽혀 있는 것을 풀어서 분리하기 어려울 때가 많다. 이것들은 한데 섞여 있다. 나는 이해를 돕기 위해 따로따로 나열하고 사분면으로 제시하지만, 이것은 현실을 그대로 표현한 것은 아니다. 한 차원의 변화가 다른 차원에 어떤 영향을 미치는가를 이해하는 데 도움이 되기 위한 것이다. 다음 인지 사분면은 같은 상황에 있는 두 젊은이를 나타낸다. 가족이 모두 외출하고 집에 혼자 있는 상황이다. 어떤 점이 눈에 띄는가?

그렇다. 같은 상황에서도 사람마다 다르게 느낀다. 감정은 종종 선천적이고 생물학적이며 우리가 통제할 수 없는 것이다. 그렇지 않을 때도 있다. 때때로 감정은 생리 반응, 생각, 행동 또는 맥락에 의해 생겨나거나 증폭되는데 이 경우 어느 정도 통제할

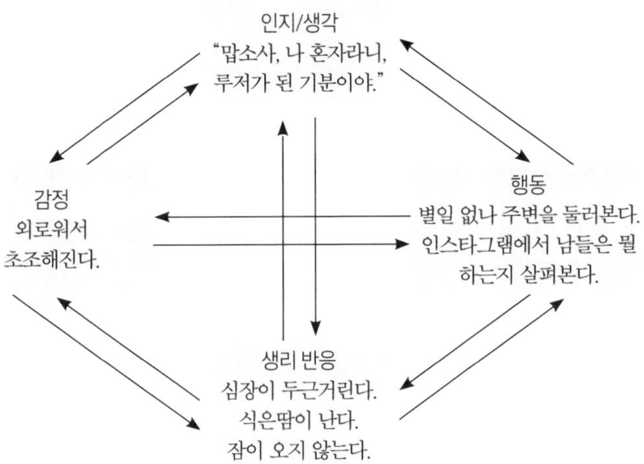

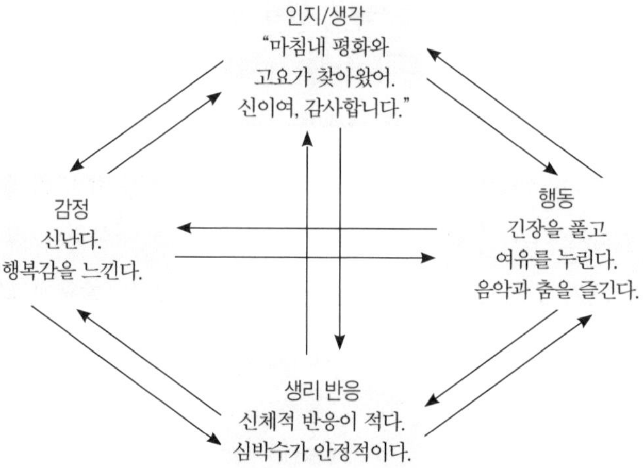

수 있다. 감정의 피해자가 되지 않으려면 스스로 감정을 건강하게 관리해야 한다.

자신의 감정에 적극적으로 개입하라는 것은 부정적인 감정을 느끼는 것이 자신의 책임이라는 뜻은 아니다. 전혀 그렇지 않다. 슬픔, 분노, 두려움을 느끼는 것이 옳고 적절한 상황은 수없이 많다. 큰 상실을 겪었거나 공격을 받았거나 애인이 바람을 피웠다면 당연히 그런 감정을 느낀다. 그러나 바람직하지 못한 생각, 행동 방식, 신체적 반응을 자제하고, 선택의 여지가 있었다면 자신의 감정에, 자신을 그런 상황에 둔 것에 대해 책임져야 하는 경우도 많다.

감정적인 마음과 이성적인 마음[26]

감정은 무슨 일이 일어나고 있는지 알려주는 신체의 조기 경보 시스템이다. 지금 행복, 분노, 두려움 또는 슬픔의 영역에 있는가? 충격이나 놀라움을 느끼는가? 격노인가 좌절인가? 감정 반응은 감각과 밀접하게 연결되어 있다. 거의 동시에 일어나며 억제하기 어렵다.

조기 경보 시스템이 작동하면 즉각적으로 생각이 뒤따른다. 뇌가 상황과 이에 대처할 자신의 역량을 분석하고 머릿속에 여러 생각이 떠오른다. 생각이 감정을 진정시키는 데 도움이 될 때도 있지만, 오히려 감정을 부추길 수도 있다. 때로는 생각이 감정에 잡아먹혀 현실을 받아들이지 못한다. 감정에 귀를 기울이는 것은 정말 중요하지만, 감정은 우리가 자기 자신에게 뭐라고 얘기하는가에 크게 좌우될 수 있다.

예를 들어, 가끔 학교에서 공부를 잘하지 못할 것 같은 기분이 들 때가 있는가? 선생님과 부모님을 실망시킬 것 같다는 생각이 들 때가 있는가?

엄밀히 말하면, 잘하지 못할 것 같다는 느낌은 감정이 아니라 생각이다. '잘하지 못할 거야, 사람들을 실망시킬 거야'라는 생각은 걱정과 슬픔의 감정을 불러일으키고, 그런 감정이 일어나는 맥락은 학교라는 공간이다. 생각과 감정이 한데 뒤섞이면 풀기 어려워진다. 그럴 때 현실을 잊어버리기 쉽다. 현실에서는 평소에 받던 성적에 비해 특별히 시험을 망칠 가능성은 작고, 만약

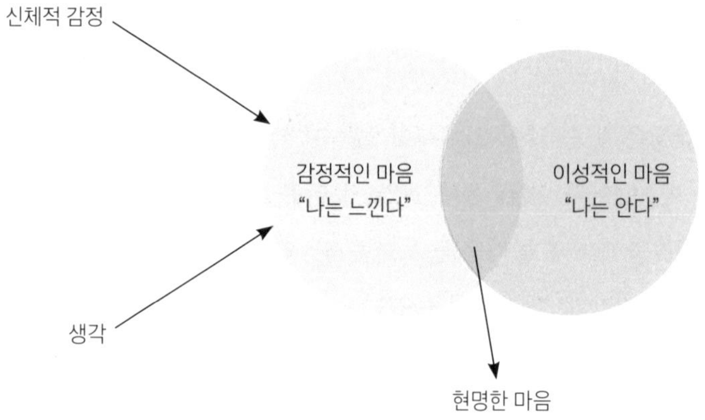

그런 일이 일어나더라도 선생님과 부모님이 일시적으로 실망할 수는 있지만 그렇게 심하게 그렇게 오래 염려하지는 않을 것이다. 현실을 직시하자. 선생님에게는 신경 써야 할 다른 학생들이 많다. 부모님도 다른 일들로 늘 분주하다. 이렇게 생각하면 훨씬 덜 괴로울 것이다.

사람들은 언제든 현실이 아닌 생각에 근거해 감정을 느낄 수 있다. 감정이 뇌를 장악하지 않도록 조심해야 한다.

감정이 사고와 합쳐지는 지점을 심리학에서는 흔히 '감정적인 마음'이라고 한다. 우리는 일상에서 이것을 '느낌'이라고 부른다. 빠르게 변화하는 경쟁 사회에서 감정적으로 유능한 사람이 되려면 감정에 귀를 기울이되, 감정이 삶을 지배하지 않도록 해야 한다. '이성적인 마음'에서 나오는 강력한 현실감으로 단련해야 한다. 생각과 감정이 하나의 진실이라면 상황의 현실은 두 번째 진실이다. 감정이 너무 강하면 다른 진실을 기억하거나 찾아내기 어렵다.

이성적인 마음에도 귀를 기울여야 한다. 친구나 가족과 이야기하며 생각과 감정을 공유하고 감정적인 마음을 드러내면, 상황의 진실을 파악하고 이성적인 마음과 소통하는 데 도움이 될 수 있다.

감정과 현실이 겹치는 지점은 정말 특별한 부분으로 바로 우리의 지혜로운 마음이다. 자신의 감정과 현실에 귀 기울이고 두 가지 모두에 근거해 자신을 위한 선택을 할 때 지혜를 키울 수 있다. 모든 증거가 그렇지 않다고 하는데도 자신의 감정에 계속 귀를 기울인다면? 그것은 낭만적이지도 않고, 결단력이 있는 것도 아니고, 자신에게 충실한 것도 아니다. 자신의 감정이 옳다고 스스로 계속 설득하는 것에 지나지 않는다. 사실, 이런 상태는 정신적인 문제가 있음을 뜻한다.

레나는 자신이 '뚱뚱하다고 느꼈기' 때문에 자신이 뚱뚱하다고 믿었다.

그녀의 행동과 생각이 자신이 뚱뚱하다는 증거를 찾는 데 맞춰져 있어서 그녀는 그렇게 느꼈다. 예를 들어, 그녀는 자신을 거울 앞에서 세심하게 살펴보곤 했다. 서 있을 때도 앉아있을 때도 앞모습, 뒷모습, 옆모습을 바라보았다. 앉을 때는 의자에 허벅지살이 퍼진 것을 보고 뚱뚱하다고 생각했다. 허리를 구부려서 접힌 뱃살을 잡고 뚱뚱하다고 생각했다. '내가 너무 많이 먹었어'라는 생각이 들면 거울로 가서 몸에 변화가 있는지 살펴보곤 했다. 상점 창문과 자동차 사이드미러에 특히 다리를 비춰보았고, 다리가 가는 사람들과 자신의 다리를 비교했다. 뚱뚱한 애가 식탐도 많다는 눈총을 받을까 봐 친구들 앞에서 뭔가를 먹는 게 힘들었다. 레나의 하루는 자신이 뚱뚱하다는 증거를 찾기 위해 몸을 구석구석 살피는 것으로 온통 채워졌다.

레나는 거식증 진단을 받고 섭식 장애 클리닉에서 치료를 받는 등 반대되는 증거에도 불구하고 자신이 뚱뚱하다는 느낌을 전적으로 믿었다. 체중계의 몸무게, 월경 중단, 항상 춥고 어지러운 느낌 등 신체의 생리학적인 증거에도 불구하고 자신의 감정을 믿었다. 그녀는 감정이 생각을 이끌도록 내버려 두며, 다른 거식증 환자들보다 자신이 더 뚱뚱하고 의사와 치료사들이 모두 틀렸다고 자신에게 말하고 있었다. 또한 부모님에게 자신이 얼마나 먹었는지 끊임없이 거짓말하거나 친구들에게 함께 피자를 먹으러 갈 수 없는 이유에 대해 변명하는 등 저체중 상태를 유지하려는 행동을 계속했다.

레나는 뚱뚱하다는 느낌에 주의를 집중하는 감정적인 마음의 거품 속에서 살았다. 그녀는 이성적인 마음으로 음식, 식사, 체중, 몸매에 대해 생각할 시간이 없었고, 이 부분에 대해 정신적인 병을 앓고 있었다. 반면에 대부분의 다른 영역에서는 완전히 논리적이고 이성적이었다. 근면한 학생이었고, 사회운동과 정치에 참여했고, 일관된 주장을 펼칠 수 있었고, 친구 관계도 원활했다.

가족과 친구들은 그녀가 거식증을 앓고 있다는 것을 알았지만, 그녀의 생각이 얼마나 감정과 밀착되어 있는지는 알지 못했다. 그녀는 이 사실을 숨겼다. 그녀는 현실이 무서워서 숨겼다고 말했다. 자신이 '뚱뚱하다'는 사실이 드러날까 봐 두려웠고, 자신이 '미쳤다'고 판명될까 봐 두려웠고, 친구들과 가족이 자신의 이런 생각을 이상하거나 뒤틀렸다고 볼까 봐 두려웠다고 했다.

그러한 생각에 도전하고 행동을 바꾸지 않으면 그녀는 섭식장애에서 결코 회복될 수 없었다.

따라서 정신적으로 건강한 상태를 유지하려면 감정적인 마음과 이성적인 마음을 모두 잘 추적해야 한다. 감정적인 마음을 추적한다는 것은 때때로 슬픔, 분노, 걱정 같은 감정적인 반응을 '나는 멍청해/뚱뚱해/못생겼어' 같은 생각에서 분리하는 것을 의미한다. 머릿속의 독백이 누구라도 들으면 기분이 나빠질 만한 얘기는 아닌가? 다른 사람에게는 절대 하지 않을 가혹한 말을 자신에게 하고 있지는 않은가? 사실이 아니며 도움이 되지 않는 말을 하고 있지는 않은가? 헤드폰 잭을 여러분의 뇌에 꽂고 생각을 들을 수 있다면 어떤 소리가 들릴까?

감정적인 마음에 사로잡혀 행동하고 있는가? 부정적인 생각을 뒷받침하는 증거를 찾고 있는가? 아무도 자신을 좋아하지 않는다고 생각하는 젊은이들이 침대에 누워 이불을 뒤집어쓰고 인스타그램에서 남들이 놀러 나가 즐기는 모습을 줄곧 보면서도, 막상 자신은 누구와도 소통하지 않는 경우를 종종 볼 수 있다. 그들은 아무도 자신을 좋아하지 않는다는 생각을 증명하려는 것처럼 행동한다.

이 장과 불안을 다룬 다음 장에서 생각, 행동, 생리 반응 및 상황을 가장 잘 관리하여 기분이 좋아질 수 있는 가장 효과적인 방법을 다룬다. 누구도 자신의 감정을 완전히 통제할 수는 없지만, 다른 감정을 느낄 기회를 자신에게 제공할 수는 있다.

담배를 전혀 피우지 않는 사람도 폐암에 걸리고, 정신 건강을 잘 돌보는 사람도 정신 질환에 걸린다. 신체적 건강과 마찬가지로 정서적 건강도 내 마음대로 되는 일은 아니지만, 건강하게 살 수 있는 확률을 최대한 높일 수는 있다. 한계는 있지만, 우리는 할 수 있는 일을 해야 한다. 행복감을 느낄 수 있는 최선의 기회를 자신에게 선사하는 것이다.

자신의 감정은 현재 어느 단계인가?

감정을 관리하는 방법을 생각하기 전에 먼저 자신과 감정과의 관계를 생각해 볼 필요가 있다. 어느 시점에서든 우리는 자신과 타인의 감정에 대해 네 가지 단계[27] 중 하나에 있다.

- 자기 몰입
- 인식
- 이해
- 공감

때로는 짧은 시간 안에 네 가지 단계를 오갈 수도 있다.

아기는 완전히 자신에게만 몰입하고 다른 사람에 대한 개념이 없다. 아기는 자기 자신, 자신의 감정과 관련될 때만 외부 세계를 본다. 우리 모두 감정이 고조되어 다른 사람이나 다른 것들을 생각하기 어려워질 때 이런 상태가 될 수 있다.

하지만 차분해지면 자신의 감정뿐만 아니라 주변 사람들의 감정도 알아차릴 수 있다. 표정, 몸짓, 말투, 주변 환경 등을 통해 상대방의 감정을 파악할 수 있다. 자신의 감정에 휘둘리지 않을 때만 이렇게 할 수 있다. 우리가 "분위기 파악 좀 해"라고 할 때 이렇게 하라는 뜻이다.

시간과 정신적 에너지가 조금 더 있다면 감정을 이해하는 데 쏟을 수 있다. 타인의 감정이라면 그 사람의 상황을 조금 이해하고 그 순간에 무엇이 그 감정을 불러일으키는지 이해하는 것이다. 자신의 감정이라면 그 감정에 현실을 끌어들이되, 판단은 하지 않는 것이다.

정서적 기능의 네 번째 단계는 공감하는 것이다. 앞서 언급했듯, 공감은 이 책 전체에서 가장 중요한 주제 중 하나다. 공감은 상대방의 감정을 알아차리고 왜 그렇게 느끼는지 이해한 다음, 그 감정을 받아들이며 상대방과 함께하는 것이다. 이해와 호의를 품고 그 감정에 동참하는 것이다.

나는 공감(empathy)은 동정(sympathy)이라는 단어와 너무 비슷해서 이 말을 쓰지 않으면 좋겠다고 생각하기도 한다. 공감과 동정은 완전히 다르기 때문이다. 두 단어는 그리스어 '파토스

(pathos, ~를 받는 상태)'에서 유래한 'pathy'라는 부분을 공유하고 있지만, 두 개념을 혼동해서는 안 된다. 동정심은 종종 받는 사람을 수동적인 위치, 거의 피해자 위치에 놓으며, 위계질서를 암시한다. 즉, 너보다는 내가 더 낫다, 내가 네 상황이 아니라서 다행이라는 뜻이 내포되어 있다. 동정심은 누군가에게 미안함이나 연민을 느끼는 것이다. 동정심은 친절함을 뜻하기도 하지만, 가르치려 들거나 적대감, 또는 우월함을 표출하는 것일 수도 있다.

공감은 능동적인 상태다. 다른 사람의 복잡한 관점은 물론 자신의 관점도 제대로 이해하기란 정말 어렵다. 공감은 타인에게 베푸는 것이 아니라 타인의 관점을 공유하려고 그 사람과 함께 하는 것이다. 공감은 친구 사이, 가족 관계에서 흔히 일어나며, 심리치료의 기반이 된다. 매일매일 치료실에서 공감의 힘에 경탄한다. 나는 내담자의 마음속에서 일어나는 일과 사고 패턴에 귀를 기울여 말을 끝까지 마칠 수 있도록 격려한다. 그들의 감정을 인식하며 '아, 그렇군요' '알겠어요' '당신이 어떤 일을 겪고 있는지 알아요'라는 메시지를 전달한다. 내가 내담자들의 마음과 소통하고 그들의 정신적 부담을 공유할 때 그들은 큰 힘을 얻는다. 그럴 때 사람들은 자신이 인정받고 보살핌을 받고 있다고 느낀다. 결정적으로 공감은 변화의 가능성을 열어준다. 사람들은 진정으로 이해받고 수용된다고 느낄 때, 어떻게 하면 달라질 수 있을지 생각할 준비를 할 수 있다.

공감에는 경험을 공유하는 것이 포함되므로 함께 많은 활동을 하는 친구들과 정서적으로 연결되어 있다고 느끼기 쉽다. 하지만, 공감의 힘은 실제로 공유한 경험이 아니라 공유한 감정에서 비롯된다. 공감은 상대방의 처지에서 생각해 보는 것이 아니라 그 사람과 함께 느끼는 것이다.

한편, 자기 자신에 대한 공감은 스스로 감정을 인정하고 자신이 처한 맥락에서 감정을 이해하는 동시에 객관적인 현실을 이해하는 것을 뜻한다. 자신의 기분, 즉 스스로 만들어낸 이야기 속 피해자나 주인공이 되고 싶은 감정의 이끌림에 저항하는 것을 의미한다. 동시에 그것은 또한 자신의 감정이 어리석거나 무의미하다고 무시하거나 깎아내리려는 이성적인 마음에 저항하는 것을 의미한다. 무엇보다도 그런 감정을 느꼈다는 이유로 자책하지 않는 것이다. 자신을 공감한다는 것은 자신을 이해하고 현실을 이해하면서도 자신에게 친절해지는 것을 뜻한다.

그리고 그렇게 하기란 쉽지 않다.

부정적인 감정의 악순환

때때로 이성적이고 현명한 마음에서 멀어져 부정적인 자기 몰입에 갇혀 있는 자신을 발견하게 된다. 생각이 부정적인 감정 반응에 얽매이게 되면 그 감정을 지속시키는 방식으로 행동하게 되는 부정적인 악순환에 빠질 수 있다.

다음 표에서 화살표를 순서대로 따라가 보자. 먼저 생리적 감정 반응을 일으키는 계기가 되는 사건이 있다. 그런 다음 감정

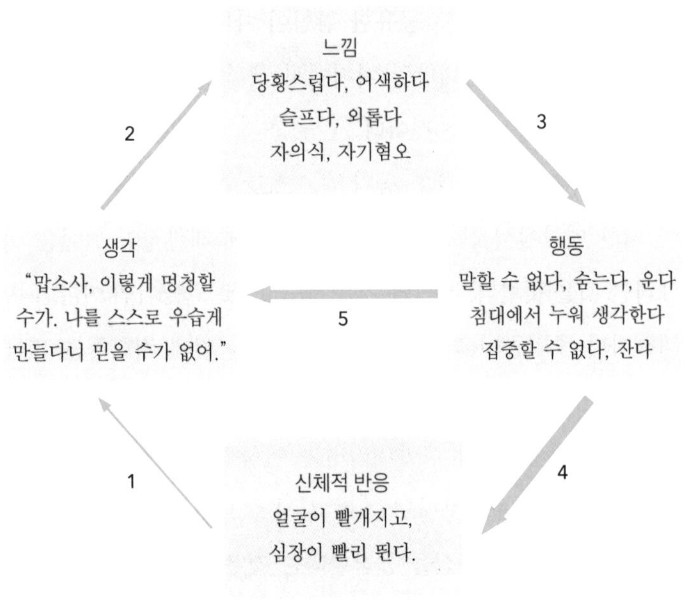

반응에 대한 인지적 판단이 이루어지고, 이는 느낌으로 이어진다. 이것이 다시 행동 반응을 일으킨다. 행동 반응은 자신에 대해 더 부정적인 생각으로 이끌고, 이로 인해 더 부정적인 감정이 생겨난다.

이 책을 읽는 독자 중에도 강렬한 감정에 압도된 사람이 있을 것이다. 오랫동안 슬프거나 근심, 걱정에 시달리거나 분노에 차 있고, 그 감정을 멈추기 위해 무엇이든 해야 한다고 생각할 수도 있다.

때로는 이를 바꾸기 위해 자신에게 벌을 주거나 혹독하게 대해야겠다는 생각만 머릿속에 떠오를 수도 있다. 물론 이러한 방법은 가혹할 뿐만 아니라 장기적으로 비생산적이다. 일시적으로 긴장이 풀릴 수는 있지만, 상황을 더 악화시키거나 자신을 더 나쁘게 느끼게 한다. 종일 감정적으로 퍼펙트 스톰에 시달려 지쳐 떨어진 늦은 밤, 주의를 돌릴 다른 일이나 도움을 줄 사람이 없을 때 이런 상황이 흔히 발생한다.

감정과 느낌을 다루는 데는 친절하고 현명한 방법과 징벌적이고 부정적인 방법이 있으며, 그사이에 넓게 펼쳐진 회색지대가 있다. 우리는 감정적 문제를 해결하는 데 급급해 단기적으로는 도움이 될 수 있지만, 장기적으로 문제를 악화시키거나 더 많은 문제를 초래할 행동에 나서기 쉽다. 바로 흡연, 음주, 처방 약이나 불법 약물에 의존하는 것이다. 또는 음식을 거부하거나 지나치게 많이 먹기도 한다.

오늘날 소녀들이 부담스러운 감정을 다루는 가혹한 방법 중 하나는 안타깝게도 자해다.

과거에는 자해가 드물게 발생했으나 지금은 영국과 미국의 젊은 여성 중 약 20~30%가 자해를 할 정도로 유행처럼 번지고 있다.[28] 예전에는 자해가 슬픔이나 자살 행동과 밀접하게 연관되어 있었지만, 이제는 많은 젊은이가 자기혐오, 좌절, 압박감, 불안, 우울 등 다루기 어려운 다양한 감정에 대응할 때 흔히 저지른다. 자해 행동은 무의식적으로 손가락이나 손톱을 물어뜯거나 손톱으로 손이나 팔을 꾹 누르는 정상적인 범위부터 물건을 이용해 생채기를 내고 베는 행위까지 심각성과 의도가 다양하다. 자신의 고통을 표현하거나 증명하기 위해 자해할 필요는 없다. 그것은 고통을 표현하거나 다루는 좋은 방법이 아니다. 다른 좋은 방법이 많다.

수지는 기분이 좋지 않은 상태로 나를 찾아왔다. 열다섯 살인 그녀는 더 이상 나아질 수 없다는 절망감을 느꼈고 계속해서 자해했고 별로 살고 싶지 않다고 했다. 예전에는 학교생활을 꽤 잘했지만, 지금은 늦게까지 안 자다가 다음 날 늦게 일어나 학교에 지각하는 일이 잦았다. 그녀는 불안 증세 때문에 학교에서 조퇴하는 일이 잦았다. 부모님은 딸을 잃어버린 것 같은 느낌이었다. 부모님은 수지가 동생들 앞에서 자신들에게 무례하게 굴어 속상했고, 초등학생 동생이 수지의 팔에 난 자해의 흔적을 보고 놀란 일로 상처받았다. 수지는 대마초를 피우다가 여러 번 적발되었고 통금 시간을 어기고 술에 취해 집에 늦게 들어오는 일도 잦았다.

요즘 젊은이들이 자해에 관해 얘기하는 것을 들으면 내가 청소년일 때 흔했던 흡연이 떠오르곤 한다. 세상은 이전보다 훨씬 더 복잡하고 강렬하며 빠르게 변화하고 있다. 그러나 강렬한 감정을 해소하려고 뭔가에 의존한다는 점은 과거나 지금이나 변함이 없다.

청소년을 대상으로 한 설문조사에서 흡연과 자해는 비슷한 비율을 보여준다. 거의 모든 부적응 대처 전략은 어느 정도의 자해를 포함한다. 흡연은 폐를 상하게 하고, 음주는 간을 상하게 하고

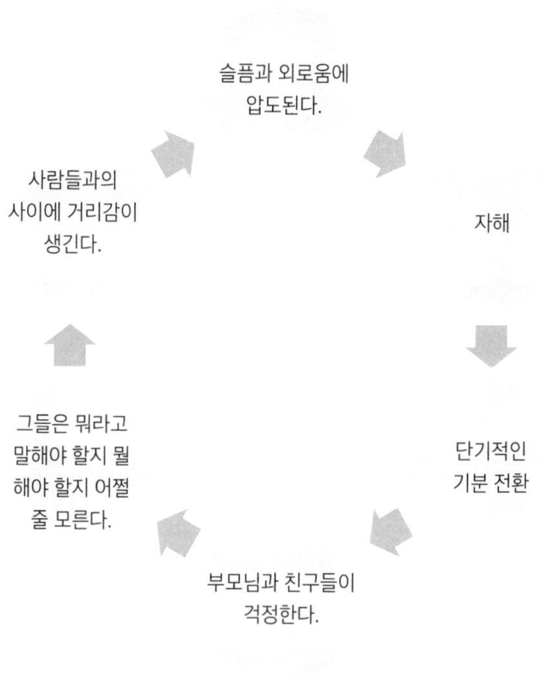

건전한 상식에서 멀어지게 하며, 마약은 모든 종류의 신체적 위험을 수반한다.

한편, 불법 약물이나 마약 거래는 자신의 몸에만 해를 끼치는 일이 아니다. 조직범죄와 테러, 폭력, 가난하고 취약한 계층에 대한 착취와 관련이 있다. 더 나은 세상을 꿈꾸는 젊은이라면 불법 약물이나 마약 복용이 결과적으로 자신의 가치관과 모순되는 일임을 깨닫길 바란다.

부정적인 대처 전략을 사용하게 되면, 진퇴양난 상황에 빠질 수 있다.

이것은 예시일 뿐이지만, 내가 임상에서 항상 보는 전형적인 모습이다. 젊은이들이 다루기 어려운 끔찍한 감정에 압도되어 음식 거부, 약물 복용, 흡연, 자해, 과로, 반사회적 행동으로 도피하게 되면, 이것이야말로 진짜 문제가 된다. 감정에 대한 나름의 해결책이 오히려 가장 심각한 문제가 되어버린다.

힘든 감정에 대처할 때 부정적이거나 자기 파괴적인 방법에 그토록 끌리는 이유는 무엇일까?

- 너무 우울해서 무감각해질 때는 아무것도 느끼지 못하는 것보다는 뭐라도 느끼는 편이 낫다.
- 속상한 감정을 중시해야 마땅하다고 느낀다. 이성적인 태도는 감정을 무시하는 것 같다.
- 자신의 상황에 갇혀 무력감을 느끼고 다른 탈출구가 없다고 생각한다.
- 자신의 감정에 긍정적으로 대처할 능력이 없다고 느낀다.
- 남이 내 고통을 알아주지 않는다고 느낄 때, 자신이 얼마나 고통스러운지 보여주고 싶다.
- 자신을 다치게 함으로써 부모님 또는 전 애인에게 상처를 주고 싶다.
- 감정적인 마음에는 삶을 덜 지루하게 만드는 드라마가 있다. 피해자 또는 고통받는 여주인공 역할에 매혹된다. 그동안 여성 청소년은 어디서나 그런 종류의 여성상을 보아왔으므로, 이는 놀랍지 않다.
- 커다란 고통을 겪고 있으면서 이성적이거나 현명하게 행동하는 것은 답답해 보인다. 현명하게 대처해서 고통이 줄어들어도 말이다. 왜 그

럴까? 이성적인 대처는 낭만과는 거리가 멀어 보인다.

누구나 감정의 문제에 잘못 대처할 때가 있지만, 장기간 또는 반복해서 이렇게 행동함으로써 기본적인 대처법으로 굳어지거나 극단으로 치닫지 않도록 노력해야 한다.

이어서 제시하는 내용에서 긍정적인 대처 전략을 찾을 수 있기를 바란다. 자신을 진정으로 소중히 여긴다면 감정에 휘둘리지 말고 자신을 지킬 방법들을 실천함으로써 정서적으로 유능하고 정신적으로 건강해질 수 있는 최선의 기회를 자신에게 제공해야 한다.

정신 건강의 토대

좋은 정신 건강의 토대는 무엇인가? 유전, 좋은 애착 형성, 좋은 학교와 친구 등 운이 크게 좌우하는 요소들은 우리가 통제하기 어렵다. 그렇지만 정신 건강을 지키고 정서적 역량을 키우기 위해 우리가 할 수 있는 일들이 있다.

신체 활동

스포츠를 좋아하지 않는다면 학교 체육 시간이 끔찍할 수도 있다. 나도 학창 시절 체육 시간이 싫었고 운동을 되도록 피했다. 어쩔 수 없이 운동을 해야 할 때는 공이 골대에 들어가든 네트를 넘어가든 별 관심이 없었다. 졸업을 얼마 남기지 않았을 때는 학교 체육 시간에 출석하지 않고 시내에 나가서 남자애들을 만나고 담배를 피웠다.

나는 30대에 아버지의 죽음을 맞았다. 장례식장에서 예전 체육 선생님께 아버지를 기리기 위해 암 연구 기금 마련을 위한 10km 달리기를 할 계획이라고 말씀드렸다. 선생님은 피식 웃었다. 아버지의 장례식장에서 아버지를 추모하기 위한 이벤트 계획에 실소를 금치 못하다니, 정말 가혹했다. 그 이유는 첫째, 내가 운동을 잘하지 못했고 둘째, 일부 체육 선생님들은 스포츠는 운동선수들을 위한 것이고 나머지 사람들은 그냥 즐기기만 하면 된다고 믿기 때문이었다. 나는 그런 태도가 근본적으로 잘못된 것이고, 여학생들이 스포츠에 참여하는 것을 주저하게 만드는 사고방식이라고 생각한다.

왜 그럴까? 학교의 체육 선생님이나 스포츠 강사는 운동을 잘하고 경쟁심이 강하다. 스포츠 분야에서는 그런 성향이 장려되고 큰 보상을 받으므로 종사자나 전공자도 그런 분위기에 젖어 있다. 하지만 스포츠를 잘하지 못해도, 이기고 지는 문제에 별로 관심이 없어도 스포츠에 참여할 수 있다.

학교 체육 프로그램은 전통적으로 남성을 기준으로 한 팀 스포츠가 주를 이루는데, 일부 학생은 이를 좋아하지만 모든 학생이 좋아하는 것은 아니다. 실제로 조사 결과에 따르면 학교 체육을 좋아하는 학생은 23%에 불과하다.[29] 경쟁적이고 어린애처럼 보인다는 이유로 부담스러워한다. 특히 여학생 다수는 학교 체육을 할 때 불편한 경험을 하게 된다. 사춘기는 남학생들에게는 운동 능력에 더 집중하게 하는 시기지만, 여학생들에게는 다른 경험으로 다가온다. 스포츠 브래지어가 필요하고, 겨드랑이털을 어떻게 해야 하나 신경 쓰이고, 생리할 때 체육 활동을 하고 옷을 갈아입는 게 번거로워 운동에 대한 장벽을 쌓아 올리기 쉽다. 또한 등급을 매기고 성적에 반영되므로 학업 스트레스가 가중된다.

따라서 사춘기가 되면 여학생의 스포츠 참여는 매우 낮아진다. 성인 여성들이 남성들처럼 팀 스포츠에 참가하거나 관중으로서 응원하는 경우는 적으며, 여성들은 학교 프로그램에서 제공하지 않았던 문화센터나 체육관의 프로그램, 댄스에 더 끌리는 경향이 있다. 그렇다면 학교 체육 시간에 댄스를 정규 프로그램으로 가르치지 않는 이유는 무엇일까?

학교 스포츠가 여성보다는 남성의 취향에 맞게 진화해 온 것도 숨겨진 성차별 중 하나일까? 아니면 여자애들 스스로 스포츠를 멀리하고, 강하지 않고 '예쁘고 소중한 존재'가 되어야 한다는 사회적 규범을 따른 것일까?

몸의 느낌이 아니라 몸의 외형에 관심이 집중될 때 운동은 여자애들에게 해롭다. 피트니스(fitness)는 더 이상 내면의 느낌이나 현실적 상태만이 아닌, 사람을 판단하는 또 다른 기준이 되었다. 하지만 외모가 전부가 되어서는 안 된다. 기분이 더 중요하다. "외모가 멋져야 기분도 좋아지는데요"라고 즉각 반박할지도 모른다. 친절하거나 똑똑한 것보다 외모가 더 중요할까? 시간과 돈을 대부분 투자할 만큼 외모가 중요할까?

몸을 움직이는 것은 신체적, 정신적 건강에 대단히 중요하다. 나는 학교의 가장 중요한 역할은 청소년이 취미로 평생 지속할 수 있는 신체 활동을 찾아주는 것[30]이라고 생각한다. 백만 명 이상의 미국인을 대상으로 한 대규모 연구에서 신체 활동이 정신 건강을 증진하는 가장 강력한 요인[31]이라는 놀라운 결과를 발견했기 때문이다. 정신 건강이 학업 성취도와 경제적 생산성에 끼치는 영향을 고려할 때, 이는 정신 건강에 국한된 문제가 아니다. 어떤 신체 활동을 해야 할까? 무엇이든 좋다. 운동은 마법처럼 무수한 경로로 정신적 힘을 발휘할 수 있도록 돕는다.

- 첫째, 모든 유형의 신체 활동(집안일도 포함)은 즐거움, 기쁨, 흥분과 관련된 엔도르핀을 분비할 수 있다.
- 모든 신체 활동은 신체의 코르티솔과 아드레날린의 스트레스 반응을 감소시킨다.
- 스포츠와 팀 운동은 특히 일부 사람들의 정신 건강에 매우 큰 영향을 미치는 것으로 나타났다. 자신보다 더 큰 뭔가(팀)의 일원이 되고 사람들과 어울리며 경쟁심을 건강하게 해소하는 것은 정신 건강에 이롭다.
- 경쟁적인 스포츠를 즐기지 않는 사람들에게는 요가와 걷기가 비슷한 영향을 끼치며 통증을 줄이고 유연성을 키워 젊음을 유지하도록 돕는다. 이런 활동은 마음챙김과도 관련이 있다.
- 자전거 타기, 헬스장 운동, 기타 비슷한 유산소 운동처럼 혼자서 하는

운동도 정신 건강에 도움이 된다. 신체 기능 향상 때문일 수도 있고, 머리가 맑아져서일 수도 있고, 목표 달성을 통한 자존감 향상 때문일 수도 있다.

연구에 따르면 어떤 사람들에게는 실외 운동이 실내 운동보다 더 이점이 많다고 한다. 운동의 이점에 바깥 활동이라는 별도의 이점이 더해져 자신의 머릿속 세상에서 벗어나는 데 도움이 된다. 감정의 기복이 심할 때, 주변 환경을 바꾸면 감정에 휘둘리지 않는 데 도움이 된다. 목마를 때 물을 마시는 것처럼 아주 간단한 일이지만, 그것이 큰 변화를 일으키는 것을 볼 때마다 놀라움을 금치 못한다. 눈앞의 장면이 바뀌면 많은 경우 기분도 전환된다. 나는 야외 활동이 정신 건강에 눈에 띄게 긍정적인 영향을 끼치는 것을 여러 번 목격했다.

부모님은 해결책이 있다고 생각했다. 주말의 절반을 침대에 누워만 있지 말고 일어나서 운동을 하거나 외출을 하는 등 뭔가를 하면 기분이 나아질 것으로 생각했다. 또한 배가 고프지 않다는 이유로 끼니를 거르고 밤늦게 야식으로 배를 채우기보다는 가족과 함께 식사하며 제대로 먹으면 기분도 훨씬 좋아질 것으로 생각했다.

부모님은 수지가 밤새 스마트폰을 들여다보느라 잠을 제대로 못 잔다고 생각했다. 부모님이 이런 조언을 하면 수지는 자신의 기분이 얼마나 나쁜지 그들이 이해하지 못한다고 느꼈다. 부모님이 순전히 자신을 위해서 그런 말을 한다는 것을 잘 알기에 수지는 자신이 나쁜 애라는 느낌이 들었다. 하지만 그녀는 부모님의 조언이 짜증 나서 그 조언이 실제로 도움이 되는지 생각해 볼 여유가 없었다.

마음챙김

마음챙김은 부정적인 감정을 다루는 방법으로 각광받고 있다. 학교에서 마음챙김에 대해 들어보았을 것이다. 학교에서 마음챙김을 가르치지 않았으면 좋겠다고 생각한 적이 있을지도 모른다. 학교에서 호흡법과 명상법에만 치중하면 학생 각자가 자신만의 마음챙김 방법을 찾을 기회를 놓칠 수도 있다.

마음챙김의 핵심은 과거에 대해 자책하거나 미래에 대해 걱정하지 않고 현재에 집중하는 것이다. 신체 활동을 반복하면 마음챙김 상태를 유지하는 데 도움이 된다. 머릿속 생각들이 소용돌이치지 않고 진정되기 시작하는 때는 언제일까? 흥분하지 않고 차분한 상태가 되는 때는 언제일까? 걷고 있을 때인가, 물구나무서기를 할 때인가? 고양이 쓰다듬기나 독서나 등산을 할 때인가? 기도할 때인가, 촛불을 켜고 목욕할 때인가, 뜨개질할 때인가? 꼭 다리를 꼬고 앉아 무릎에 손을 얹을 필요는 없다. 각자 다양한 방식으로 순간에 집중할 수 있다.

나는 사람들이 기존에 마음챙김으로 여기지 않았던 것들도 마음챙김이 될 수 있다고 생각한다. 예를 들어 여러 번 시청한 드라마의 재방송을 보거나 신문을 읽거나 일광욕을 하는 것도 마음챙김이 될 수 있다. 그런 일을 할 때 자신에 대해 중립적인 마음이 된다면 마음챙김을 실천하는 것이다.

안타깝지만 스마트폰을 들여다보는 것은 마음챙김의 방법이기는커녕 정반대라고 생각한다. 콘텐츠가 너무 많아서 뇌가 차분해지는 데 도움이 되기보다는 반대로 뇌를 자극하고 감정의 소용돌이를 일으킬 수 있다. 순식간에 내용이 바뀌고 대리만족을 제공하며 비교와 경쟁을 부추겨서 뇌가 스스로의 리듬으로 조율하기 어렵다. 물론 스마트폰으로 무엇을 하느냐에 따라 달라진다. 전자책을 읽거나 차분한 팟캐스트를 청취하거나 잔잔한 음악을 감상한다면 마음을 편안하게 하는 데 도움이 될 수 있다. 틱톡(TikTok)은 그렇지 않다. 틱톡은 흥미를 끌고 주의를 분산시키는 데 효과적이고 마음챙김에는 도움이 되지 않는다고 생각한다.

수면

수면이 중요한 이유를 전반적으로 다룬 책[32]들이 있으므로 여기서는 간단하게 살펴본다.

24시간 주기 리듬은 우리 몸의 모든 세포에 존재한다. 정말 놀라운 사실이다. 각 세포는 밤에 잠들기 위한 자연스러운 리듬이 있다. 하지만 전등이 발명되면서 우리 사회 전체가 바뀌어 우리는 더 늦게까지 깨어 있다. 여러분도 이 리듬보다 더 늦게 잠자리에 들 것이다. 학생이나 직장인에게는 늦은 밤이 자유 시간이고, 원하는 것을 자유롭게 하는 것이 너무 좋아서 이를 포기하고 일찍 잠자리에 들기 어렵다. 하지만 우리가 쉽게 잠들 수 있는 시간을 가리키는 '수면 시간(sleep window)'이라는 개념이 있다. 이 시간을 놓치면 잠들기 어렵고 침대에 누워 이리저리 뒤척이게 되기 쉽다. 늦게 잠자리에 들수록 더 피곤해서 금방 잠들 거라고 예상하지만 실제로는 그렇지 않다. 소셜 미디어를 사용하고 있으면 뇌가 처리해야 할 정보(입력)가 너무 많아지고 감정적으로도 자극받으므로 잠들기가 더 어려워진다.

청소년기에는 자연스럽게 잠드는 시간이 나이가 들었을 때보다 약간 더 늦다. 그렇더라도 새벽 2시가 아니라 밤 11시 30분쯤이다. 청소년에게는 더 많은 수면이 필요하다. 이 세상은 아침부터 활발하게 돌아가므로 늦게 자면 악순환에 빠지기 쉽다. 피곤하면 더 우울하고 더 근심스럽고, 이로 인해 더 잠들기 어려워지는 캐치-22 상황이 펼쳐지는 것이다.

감정을 잘 다루는 법

자신에게 잘 맞는 운동을 하고, 현실을 직시하고, 머리가 맑아지는 활동을 하고, 휴식을 취하고, 잘 먹는 것(7장에서 이 부분을 집중적으로 다룬다)은 좋은 정신 건강의 기초다. 그러나 이것만으로는 충분하지 않다.

강렬한 감정이 없는 삶은 가치 있는 삶이 아니다. 소중한 감정을 잘 다루고 순간적인 감정에 휘둘리지 않아야 한다.

대화

여성으로서, 심리학자이자 치료사로서 내가 감정을 다루는 방법은 우선 감정에 관해 이야기하는 것이었다. 여성은 남성보다 자신의 감정을 이야기하는 것을 더 좋아한다고 알려져 있다. 그러나 오랜 경험을 통해 나는 대화가 모든 사람에게 적합하지는 않으며, 모든 상황에서 올바른 해결책도 아니라는 것을 배웠다. 잘못된 유형의 대화도 있다.

잘못된 유형의 대화란 어떤 것일까? 나는 항상 〈러브 아일랜드〉(영국의 연애 리얼리티 예능 프로그램)가 잘못된 대화법을 보여주는 좋은 사례라고 생각했다. 감정에 휩싸여 있을 때는 자신의 감정을 들어주고 이해해주고 공감해줄 사람이 필요하지만, 그런 역할을 넘어 감정을 부추기거나 현실에 대한 잘못된 시각을 주입하는 사람은 필요하지 않다. 10~20대 여성들의 우정을 관찰한 결과, 때로는 서로의 감정에 지나치게 맞춰 준다는 것을 알 수 있었다. 감정에 공감하면서도 어느 정도 현실감각을 일깨워 현명한 마음을 찾을 수 있도록 도와줄 대화 상대가 필요하다. 〈러브 아일랜드〉 같은 프로그램에서는 그런 대화 상대를 보기 어렵다. 여성들 몇몇이 무리를 지어 서로의 감정적인 마음을 지지하고 로맨스라는 환상을 위해 공모할 뿐이다.

그렇다면 바람직한 대화 유형은 어떤 것일까? 몇 가지 유형이 있다.

때때로 우리는 가슴에 쌓인 것들을 털어놓을 필요가 있다. 우리는 자신의 이야기에 귀를 기울여야 하고 자신의 고통을 목격해야 한다. 심리학에서는 이를 '카타르시스'라고 부르는데, 대부분의 심리 상담의 기초가 된다. 생각과 감정이 머릿속을 맴돌 때 잠시 멈춰 언어로 표현하면 자신을 이해하는 데 도움이 된다. 평소에는 분주한 일상에 쫓기다 보니 뭔가 말을 할 때야 비로소 차분히 생각해 볼 기회가 생기는 경우가 많다. 하지만 그 말이 자기 정당화가 되지 않도록 주의해야 한다.

수지는 매일 새벽 1시나 2시까지 친구들과 서로 얼마나 우울한지 이야기를 나누었다. 그들은 희망이 없다고 생각했고, 자신들이 싫었다. 그러다가도 친구들은 수지가 얼마나 착하고, 친절하고, 재미있고, 영리하고, 예쁜지, 그들이 수지를 얼마나 사랑하고, 수지가 얼마나 소중한 존재인지 듣기 좋은 말들을 해주며 수지를 안심시켰다. 하지만 그녀에게 이런 미사여구는 아무 소용이 없었다. 수지 역시 그들에게 미사여구를 늘어놓았고, 별 소용없었다. 늦은 밤 피곤하고 감정이 고조된 상태에서 그런 말들은 감정을 해소하거나 문제를 해결하는 데 아무런 도움이 되지 않았다. 사실, 그들의 관계는 슬픔을 공유하는 것을 중심으로 이루어졌다. 거기서 회복된다는 것은 친구들과 함께하는 늦은 밤의 슬픔에 동참하지 않는다는 뜻이었다.

안타깝게도 친구 중 한 명이 정신적인 문제와 관련해 병원에 입원하게 되었고, 이에 대한 수지의 감정은 매우 복잡했다. 친구를 잃을 뻔했다는 사실에 몹시 슬프고 두려웠지만, 다른 한편으로는 그게 자신이어야 했다는 생각이 들었다. 자신의 감정은 친구만큼 나쁘지도 않고 중요하지도 않다는 생각에 위축되었다. 부모님은 이 일로 정말 겁에 질렸고 수지와 친구들이 서로를 자극할까 봐 염려되어 밤마다 수지의 스마트폰을 빼앗았다. 수지의 집에는 한동안 폭풍 같은 갈등과 긴장이 감돌았다.

암울한 기분에 휩싸여 있을 때, 머릿속에서 떠오르는 생각들을 털어놓으면 객관적으로 생각하는 데 도움이 될 수 있다. 글로 적거나 소리 내어 말하면 밖으로 튀어나온 글이나 말을 그 자체로 바라보게 되어 원래의 생각과 거리를 두게 되고, 머릿속 세상에서 벗어난 위치에서 자기 생각을 평가할 수 있다. 생각만 할 때보다 말이나 글을 볼 때 논리의 결함, 사실과의 불일치, 감정의 과장 등을 더 쉽게 발견할 수 있다. 나는 종종 내담자들에게 "머릿속 생각을 큰 소리로 말해보면 어떻게 들리나요?"라고 물어본다. 그럼 내담자들은 어리석거나 도움이 되지 않는 말이라고 대답하곤 한다. 이 질문은 환자들이 생각을 정리하는 데 도움이 된다.

하지만 때로는 생각을 입 밖으로 꺼내도 이성적인 마음을 찾을 수 없을 때가 있다. 감정적인 마음에 고착되어 스스로 떨쳐버리기 어렵다면, 좋은 친구나 부모님, 심리치료사에게서 새로운 자극을 얻고 생각을 전환할 계기가 필요하다. 마음을 터놓을 수 있는 솔직한 친구들이 필요하다. 내게 맞장구치지 않는 다른 의견을 들을 수 있을 만큼 용기를 내야 한다.

부모님이 밤마다 스마트폰을 뺏으면 수지는 창문 밖으로 나가 바깥의 평평한 지붕에 누워 담배를 피웠다. 부모님을 화나게 하려고 시작한 일이지만, 수지는 이 행동이 꽤 마음에 들었다. 그녀는 등을 대고 누워 별과 구름을 바라보았다. 집 안에 있는 것보다 밖에 있는 것이 더 좋았다. 부정적인 생각이 날아가는 것 같았다. 나는 그런 행동이 어떤 면에서는 명상과 비슷하다고 느꼈지만, 그녀가 싫어할까 봐 말하지 않았다. 수지는 밤하늘을 바라보다 다시 침실로 넘어와 잠자리에 들었다. 결국 그녀는 수면 시간이 늘어났다.

그 덕분에 나는 일상생활에서 몇 가지를 바꾸고 몇 가지 생각을 바꾸면 기분이 나아질 거라는 내용의 대화를 시작할 수 있었다. 그녀는 그 생각에 저항했다. 나는 그녀가 저항하는 이유는 내가 그녀에게 기분이 나아질 방법을 알려주는 끔찍한 어른이고, 생판 남이면서도 그녀를 위한 해답을 갖고 있다고 여기기 때문일 거라고 말했다. 그녀는 "맞아요"라고 말하며 처음으로 내 눈을 똑바로 바라보았다. 그녀는 '그래, 이 낯선 여자가 나를 조금은 이해하는 것 같아'라고 생각하는 것 같았다.

자신의 감정을 이야기하고 이해받는 것은 대부분의 사람들에게 매우 강력한 경험이다. 많은 젊은이들이 대화를 통해 자신을 이해하기 시작한다. 친구들과 자신의 감정에 대해 이야기하는 것은 분명 자신의 감정과 행동의 원인을 이해하는 데 도움이 될 수 있다. 특히 선의가 있는 정직한 친구와 이야기하면, 같은 상황에 대해 사람들이 매우 다르게 생각하며, 관점이 다르면 감정도 달라진다는 점을 이해하는 데 도움이 된다.

대화의 장점은 분명하다. 그렇다면 대화의 장애물은 무엇일까? 나는 내담자들을 통해 크게 두 가지를 발견했다. 첫째는 다른 사람에게 자신의 감정을 얘기해서 부담을 주고 싶지 않다는 것이고, 둘째는 무슨 말을 해야 할지 모른다는 것이다.

대화와 경청 사이에서 적절한 균형을 유지해야 하며, 섬세하게 상대방의 감정을 읽어야 한다. 그런데 친구에게 부담을 줄까 봐 걱정하고 있다면 아마도 여러분은 말할 때보다 들을 때 실수하고 있을 가능성이 크다. 우정을 다룬 3장에서 언급했듯, 대화는 취약성을 공유하는 것이며 취약성을 공유하면 친밀감과 유대감이 형성된다. 어느 정도 취약성을 공유하지 않으면 친구와 더 가까워지거나 우정이 유지되기 어렵다. 친구에게 내 속마음을 전혀 말하지 않는다면, 친구를 정말 친구로 받아들이고 있는 건지 의심해봐야 한다.

이름을 불러서 길들이기(name it to tame it)라는 표현이 있다. 상담을 시작할 때마다 나는 "좀 어떠세요?"라고 묻고 내담자는 대개 "괜찮아요"라고 대답한다. 나는 "진짜 어떻게 느끼나요?"라고 다시 묻는다. 답을 하지 못하는 사람들도 있다. 그들은 내면에서 일어나는 추상적인 감정을 표현할 적절한 단어를 찾는 데 어려움을 겪는다. 감정에 이름을 붙이는 것만으로도 절반은 성공한 것이다. 그런 상황에서 나는 감정 바퀴를 사용하곤 한다.

먼저 감정 바퀴의 중앙에서 시작해서 대략 어떤 핵심 감정이

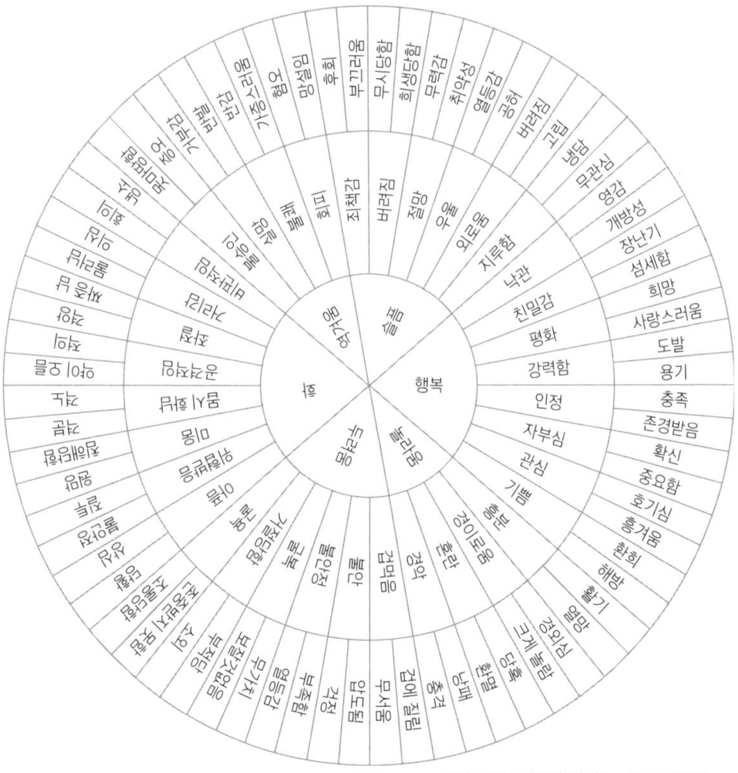

로라 토머스 『그냥 먹기 Just Eat It』(2019)

느껴지는지 파악한다. 그다음 두 번째, 세 번째 층으로 순서대로 이동해서 자신의 감정을 정확하게 표현할 수 있는 더 구체적인 표현을 찾아본다.

3장에서 살펴본 바와 같이, 우리 중 일부는 자신의 감정을 인식하거나 표현하는 데 어려움을 겪는다. 그렇다고 해서 감정이 풍부하지 않다는 뜻은 아니다. 단지 감정을 알아차리거나, 이름을 붙이기 어렵다는 뜻일 뿐이다. 극도로 슬프거나 화가 나거나 불안할 때, 이를 알아차리거나 대처할 수 없다면 감정은 다른 여러 가지 방식으로 분출될 수 있다.

자신의 감정을 알기 위해서는 마치 외부에서 관찰하듯 내면에서 무슨 일이 일어나고 있는지 파악하는 메타 관점이 필요하다. 자신의 감정을 즉각 알아차릴 수 있는 사람은 거의 없다. 잠시 멈춰 서서 몸과 마음, 감정과 생각을 꼼꼼하게 살피고 모든 정보를 파악한 후 감정을 표현할 올바른 단어를 검색하는 과정을 거쳐야 한다.

상담과 치료를 받으면 나를 도와줄 다른 사람이 있으므로 메타 관점으로 자신을 바라보는 데 도움이 된다. 치료사와 상담사는 원래 내담자의 말을 듣는 게 직업이므로 자신이 생각하고 느끼는 모든 것을 말할 수 있어 친구에게 얘기할 때처럼 상대방에게 부담을 줄까 봐 염려하지 않아도 된다. 그들은 내담자가 자신을 표현할 수 있는 단어를 찾도록 도와준다. 학교나 관계기관을 통해 누구나 상담 서비스를 이용할 수 있다. 상담은 스스로 이야기하고, 성찰하고, 사물을 이해하고, 자신에 대한 메타 관점을 취하도록 해주는 일이다. 좋은 상담사나 치료사는 공감을 통해 내담자의 감정을 이해해줄 뿐만 아니라 그 감정에서 벗어날 수 있도록 변화를 줄 수 있다.

상담과 치료에 대해 마지막으로 조언하자면, 상담이나 치료가 마음에 들지 않거나 도움이 되지 않는다고 느끼더라도, 다른 시기에, 또는 다른 사람에게 찾아가면 잘 풀리기도 한다. 자신에게 맞는 치료법을 찾는 것은 청바지를 찾는 것과 비슷한 면이 있다.

모든 스타일이 자신에게 잘 맞는 것은 아니다.

밤에 전화를 못 하게 되고 친구가 병원에 입원한 일에 충격을 받은 데다 자신의 기분을 이해해줄 사람이 없다는 느낌 때문인지 수지의 생활에 변화가 생겼다. 수지는 GCSE(중등학교 10~11학년 과정)를 마친 후 식스 폼 칼리지(sixth-form college, 대학 진학을 위해 A 레벨 과정을 이수하는 학교)에 진학하기로 했고 시험 준비를 위해 학업에 집중하기 시작했다. 그녀는 부모님이 아닌 자신에게 맞는 A 레벨 과목을 선택했다. 수지는 머리를 녹색으로 염색하고 피어싱을 하는 등 자신의 정체성을 표현하고 부모님을 짜증 나게 하는 다른 방법들을 찾아냈다. 파트타임으로 일하게 되면서 외출이 잦아지고 활동량이 많아져 밤에 잠을 잘 수밖에 없었다. 행동도, 감정도 변화했다. 닭이 먼저였을까, 달걀이 먼저였을까?

행동하기

연구에 따르면 행동 활성화(behavioural activation)는 항우울제만큼 우울증에 도움이 되는 것으로 나타났다. 행동 활성화는 뭔가를 하는 것을 말한다. 슬프거나 심하게 우울할 때는 아무것도 하고 싶지 않을 때가 많다. 어두운 방에 앉아 슬픈 음악을 듣거나, 아이스크림 한 통을 통째로 먹거나, 부모님이 자신을 성가시게 한다고 신경질 부리기도 한다. 아는가? 한동안은 이렇게 풀어지는 것도 중요하다는 것을. 이런 행동은 일종의 애도와도 같다.

뭔가를 떨쳐내고 앞으로 나아가려면 충분히 슬퍼할 시간이 필요하다. 하지만 계속 이러고 있으면 자기만족이 될 수 있으므로 어느 시점에는 그만두어야 한다. 그렇지 않으면 슬픔이 고질병 중 하나가 되어버린다. 이러지도 저러지도 못하는 캐치-22 상황이 된다. 슬픈 음악을 들으면 슬픔이 떠오르고, 아이스크림 한 통을 다 먹고 나면 가족을 위해 남기지 않은 것이 미안하고, 엄마의 숨소리가 거슬린다고 말하지 말았어야 했는데 참 자신이 못돼먹었다는 생각이 든다. 좋아하는 활동을 하고, 환경을 바꾸고, 밖으로 나가고, 오감을 활용하면 슬픔에서 벗어나는 데 도움이 된다. 이어서 제시하는 활동들도 모두 기분을 전환하고 생활을 바꾸는 데 유익한 것들이다.

다른 사람을 위한 활동

앞서 설명한 생리 반응, 행동, 인지/생각, 감정이라는 네 가지 감정의 차원이 어떻게 상호작용하는지 생각해 보자. 슬플 때는 자기 몰입의 감정 상태에 빠질 수 있다. 이러한 감정은 비참하다는 자기중심적 관점을 자리 잡게 한다. 타인을 떠올려도 '그들은 날 좋아하지 않아' '그들은 날 함부로 대해' '내가 없어도 아무도 신경 쓰지 않을 거야'와 같이 자신과의 관계 중심으로만 생각하는 경향이 있다. 친구 관계를 다룬 3장에서 사회적 불안과 관련해 설명한 것처럼, 남들이 나를 어떻게 생각하는가에만 집착하는 대신, 타인에게 진정한 관심을 기울여 그들에게 중요한 것이 무엇인지 생각하려고 노력하는 것도 불행에서 벗어나는 데 도움이 된다. 그런 다음, 그들과 연결되거나 그들을 돕기 위해 작은 일 하나라도 하려고 노력하면 슬픔에서 벗어나는 데 큰 힘이 된다.

'그 일(시험, 남자친구와의 관계, 가족 문제 등 친구가 가장 마음 쓰는 일)은 어떻게 됐어?'라는 짧은 문자를 보내보자. 자신의 감정을 되풀이해서 떠올리기보다는 상대방과 상대방의 감정에 대해 생각하고 있다는 것을 보여주자. 할머니, 할아버지를 찾아뵙거나, 동생과 함께 레고를 하거나, 가족을 위해 케이크를 만드는 등 다른 사람을 위해 착한 일을 해보자. 이런 일들은 자기중심적인 자아에서 벗어나 타인을 배려하는 친절하고 좋은 사람으로 다시 돌아가는 데 도움이 된다.

나보다 더 큰 뭔가에 속해 있다는 느낌도 슬픔을 느낄 때 좋은 처방이 된다. 인권운동이나 환경운동, 동물 복지를 위한 자원봉사나 캠페인은 스마트폰에서 쉽게 검색할 수 있다. 그들이 추구하는 가치에 공감하면, 자신이 가치 있다고 느끼고 동시에 자신만의 세계에서 빠져나오는 데 도움이 된다. 가치와 관련해 8장을 읽어보면 참고가 될 것이다. 감정을 다룬 이 장은 사실 이 책의 모든 부분과 관련된다. 감정을 다루는 법을 배우는 것이 이 책의 중심 내용이기 때문이다.

침실에서도 시민사회 운동에 참여할 수 있다. 나는 정치범과 고문 피해자를 위한 앰네스티의 편지 쓰기 캠페인에 동참하곤 했다. 자원봉사 활동을 하거나 시민사회 운동에 참여하는 등 어떤 식으로든 사회가 긍정적으로 변화하는 데 도움이 되는 활동을 하면 부정적인 사고방식에서 벗어나는 데 도움이 된다.

SNS에서 나보다 더 똑똑하고, 더 예쁘고, 더 부유하고, 더 친구가 많은 사람들을 보다 보면 비교의 함정에 빠질 수 있다. 자신보다 더 큰 존재, 더 큰 목적을 위해 헌신하며 자신의 강점과 특권을 인식하고 감사하는 마음을 갖게 되면 비교의 함정에 빠지지 않을 수 있다. 또한 자신에게 목적이 있음을, 변화를 만들어 낼 수 있음을 깨달을 수 있다.

감정의 파도 타기

앞서 설명한 것처럼 감정은 신체적 반응이다. 감정은 영원히 지속되지 않는다. 가까운 사람이 죽었을 때 느끼는 슬픔처럼 부정적인 감정이 극도로 강할 때조차 슬픔은 파도처럼 넘실거리며 때로는 세차게 밀려오고 때로는 잔잔해진다. 간혹 평화로운 순간에는 희망, 온기, 즐거움이 찾아오기도 한다. 심리학에서는 흔히 '감정의 파도를 타는 것'의 중요성을 강조한다. 숨 쉬고 사람들과 접촉하고 대화하고 휴식을 취하고 먹고 움직여야 한다. 감정은 올라갔다가 내려가기를 반복할 것이다. 사람은 누구나 때때로 상처를 받는다. 그리고 이 또한 지나갈 것이다.

감각 활용하기

감정의 파도를 타려고 할 때 오감을 활용하면 다시 안정감을 찾는 데 도움이 된다.

- 무엇이 보이는가? 어떤 색깔, 어떤 모양인가? 전에는 알아채지 못했던

것이 있는가?

- 무엇이 들리는가? 앞에서, 뒤에서 어떤 소리가 들리는가?
- 어떤 느낌인가? 발밑의 바닥을 느껴본다. 좌석 팔걸이에 손을 올려놓는다. 엉덩이와 등이 맞닿은 지지대를 느껴본다.
- 어떤 냄새가 나는가? 좋은 냄새가 나는 것을 앞에 둔다.
- 어떤 맛이 느껴지는가? 입안에서 기분 좋은 맛이 느껴지는가? 커피나 초콜릿, 민트향 치약의 맛이 남아 있는가?

이 방법은 밖에서도 효과적이며, 머릿속에서 벗어나 현실과 연결되는 데 도움이 된다.

글쓰기

정말로 막막할 때가 있다. 그럴 때는 글을 써보면 좋다. 글로 적으면 그 감정은 내게서 분리되어 '다른 것'이 되고 메타 관점을 취할 수 있게 된다. 이는 효과적인 심리치료의 과정과 같다. 글을 쓰면서 그 감정이 정확히 무엇인지, 자신에게 더 도움이 될 만한 것은 무엇인지 파악하고 앞으로 나아갈 수 있다. 나는 인터넷이나 특히 스마트폰에 키보드나 문자 입력기로 글을 쓸 때는 펜으로 종이에 쓸 때만큼 자신을 객관적으로 보는 메타 관점을 취하기 어려웠다. 어쩌면 스마트폰을 항상 지니고 다녀, 마치 우리 자신의 일부처럼 느껴지기 때문일 수도 있다. 매일 감사한 일을 적는 감사 일기가 기분을 좋게 한다는 증거[33]도 있다.

마지막으로 가장 중요한 것이 남았다. 제발 자신에게 친절해지라는 것[34]이다. 참고문헌에 몇 가지 자료를 올려놓았다. 감정을 다룰 때 자신을 친절하게 배려하라는 뜻이다. 동시에 자신의 감정에 너무 관대해지지 않는 것도 의미한다. 자신의 감정을 인정하고, 온전히 느끼도록 허용하되, 그 감정을 곱씹지 않는다. 현실을 확인하고 친절하게 주의를 돌리거나 그 감정에서 벗어나도록 노력한다. 어떤 감정을 느꼈다고 해서 자책하지도 말고 그 감정이 자신을 지배하도록 내버려 두지도 않는다. 감정의 균형을 잡고 감정을 잘 다룰 수 있는 역량을 키운다. 그 감정에서 벗어나는 것이 불가능하다면 자신에게 친절하게 대하고 다른 사람들에게 도움을 요청한다.

제5장

불안과 걱정

마음이 빨갛게 물든다는 건 끔찍해요.

두려워하고 식은땀을 흘리지만, 무엇을 두려워하는지 알 수 없죠.

트루먼 커포티 『티파니에서 아침을』

좋은 것도 나쁜 것도 없다. 생각이 그렇게 만들 뿐.

윌리엄 셰익스피어 『햄릿』

우리가 느끼는 감정은 무수히 많으므로 이 책에서 모두 탐구할 수는 없다. 그런데 불안, 두려움, 걱정에 대해 별도의 장으로 설명하는 이유는 무엇일까? 다양한 설문조사와 연구자료에 따르면 10~20대 여성 사이에 불안이 만연해 있다.[35] 마치 불안이라는 전염병이 젊은 여성들에게 퍼지고 있는 것 같다.

이 현상에 대해 우리가 알고 있는 것은 이전 세대도 많은 역경에 직면했지만, 불안 수준이 이렇게 높지는 않았다는 것이다. 새로운 세대가 이전 세대보다 덜 용감하기 때문이라고 생각하지는 않는다. 현재의 10대와 20대가 걱정하는 것들은 학업, 외모, 가족, 친구 등 이전 세대와 별 차이가 없다.[36] 하지만 이런 걱정들의 맥락이 바뀌었고, 그 정도가 매우 심해졌다.

나는 이를 기후 변화에 비유한다. 지구 온난화로 날씨 변화의 양상이 극단적으로 바뀌는 것처럼, 사회적 변화는 걱정이라는 바람을 불안이라는 토네이도로 점점 키우고 있다. 불안은 회오리바람이나 태풍처럼 소용돌이치면서 힘과 속도를 더해간다.

오늘날의 사회가 그토록 불안을 부추기는 이유는 무엇일까? 까다로운 질문이다. 그 이유는 간단하게 설명하기 어렵다. 여러 요인이 복합적으로 작용하므로 이를 이해하려면 기본으로 돌아가야 한다.

불안이란 무엇일까?

불안이라는 용어는 임상심리학에서 두려움이나 걱정이 병원의 진료가 필요할 만큼 일상생활에 너무 오랫동안 부정적인 영향을 미칠 때 사용하는 단어다. 이 장에 나오는 두려움, 걱정, 강박, 공황, 공포증이라는 표현은 모두 불안에 포함되는 것이라고 이해하면 된다.

4장에서 우리는 감정을 이해하기 위해 알아야 할 다섯 가지 요소가 있음을 살펴보았다. 그중 네 가지는 자신에 관한 것이고 다섯 번째는 맥락이다. 나와 관련된 네 가지 요소는 앞서 설명한 것처럼 인지 사분면이라고 한다. 또한 생각과 감정이 '감정적인 마음'으로 얽히게 되면 현실의 맥락을 받아들이기 어렵게 된다는 것도 앞에서 확인했다.

1. 생리 반응
2. 행동
3. 인지
4. 감정
5. 감정이 존재하는 맥락, 상황

4장에서는 신체에서 일어나는 일, 즉 생리학을 자세히 다루지는 않았는데, 불안을 이해할 때는 생리학이 정말로 중요하다.[37] 불안은 마음뿐만 아니라 몸으로 겪는 현상이다.

불안할 때, 우리 몸의 거의 모든 부분이 불안 반응을 보인다. 우리 몸은 해를 끼칠 수 있는 것에서 벗어나기 위해 의식적인 사고보다 더 빠르게 위협을 인지하고 반응한다. 이를 '투쟁 또는 도피' 반응이라고 하는데, 신체는 인지된 위협에 대항해 싸우거나 그것으로부터 도망치려고 한다.

우리의 지각 시스템은 위협을 감지하면 아드레날린과 코르티솔이라는 호르몬을 즉각 분비해서 심장이 더 빨리 뛰고 호흡이 빨라지고 위장이 수축하고 땀샘이 활성화된다. 이 반응은 혈당과 산소를 증가시키는데, 싸우거나 도망가려면 우리 몸에 산소와 에너지가 필요하기 때문이다. 이 반응을 '교감신경 각성(sympathetic arousal)'이라고 한다. 이 모든 것은 매우 빠르게 일어나며, 사람이 개를 밟았을 때 개의 반응이나 고양이가 개를 봤을 때의 반응과 매우 유사하다.

원시인이 동굴에서 나오다가 호랑이를 마주친다면 아주 민첩하게 움직여야 한다. 호랑이를 본 순간 모든 호르몬이 일시에 몸속에서 분비되어 싸우거나 도망치는 데 필요한 에너지를 만들어냈을 것이다. 이것이 바로 교감신경 각성, 즉 신체가 즉각 행동할 수 있도록 준비시켜주는 반응이다. 오늘날에도 길을 걷고 있을 때 갑자기 누군가 뒤에서 달려든다면 순간적으로 민첩하게 움직여야 한다. 이 모든 일이 너무 빨리 일어나므로 의식적인 생각이 상황과 그에 따른 자신의 반응을 따라잡는 데는 약간의 시차가 있다.

길을 가다가 누군가 갑자기 내 앞으로 뛰어든 상황을 상상해보자. 본능적으로 도망치려 하고 교감신경 각성으로 온몸이 반응한다. 무의식 상태에서 일어나는 변화다. 도망치려고 생각하거나 호르몬을 분비하려고 생각해서 일어난 변화가 아니다. 머리와 가슴을 보호하려고 두 팔로 감싸 쥘 수도 있다. 얼굴에 충격받은 표정이 고스란히 드러난다.

그다음 사고 체계가 따라잡아 상황을 평가한다. 갑자기 덮친 사람이 친구이고 그냥 장난을 친 것이라면, 우리 몸은 긴장을 풀어도 된다는 메시지를 받게 된다. 처음에는 두려웠지만, 우리의 뇌가 그 일에 의미를 부여하고 나서는 더 이상 두려워하지 않는다. 친구의 장난은 본능적인 생존 반응과 잠시 후의 의식적인 이해 사이의 시차를 이용해 우리를 놀라게 하려는 것이다.

갑자기 덮친 사람이 강도라면 잠시 후 사고 체계가 따라잡아 상황을 판단한다. 강도가 흉기를 갖고 있을 가능성에 대비해 싸우지 않고, 강도가 나보다 더 빨리 달릴 것 같아 도망치는 것도 포기하고, 마지못해 스마트폰을 넘겨주는 것을 선택할 수 있다.

우정을 다룬 장에서 생명을 유지하는 본능적인 영역인 핵심 뇌, 중간의 변연계, 이성적인 사고를 담당하는 최상위층의 대뇌피질로 뇌의 기능을 설명하는 '삼위일체 뇌' 모델을 소개했다. 교감신경 각성은 처음에 핵심 뇌와 변연계 사이에서 일어나고 대뇌피질은 이를 따라잡는 데 시간이 걸린다. 최상위층의 작용은 느리지만 더 정교하다.

불안 반응은 신체적 위협이 있는 상황에서 유용한 생존 메커니즘이다. 그런데 오늘날에는 크게 두 가지 측면에서 커다란 문제가 되고 있다. 첫 번째는 감정에 사로잡히면 이성적인 사고가 어려워진다는 것이다. 두 번째는 오늘날 우리가 직면하는 위협의 유형은 싸움이나 도피 반응이 필요하지 않은 경우가 많다는 것이다.

이 두 가지 요인이 함께 작용하면 실제 현실보다는 생각에 의한 불안이 더 많이 생겨난다.

불안의 내부 요인과 외부 요인

야생 동물이나 강도 같은 위협이 본능적인 뇌에 충격을 주어 불안 반응을 일으키는 간단한 모델을 살펴보았다.

그러나 오늘날 우리가 직면한 위협 상당수는 투쟁 또는 도피 반응이 필요한 즉각적인 물리적 위협이 아니라 그보다 더 복잡한 문제다. 예를 들어, 시험이 두려우면 몸에서는 투쟁 또는 도피 반응이 일어나지만, 시험 감독관을 때리거나 도망쳐서는 안 된다. 우리 몸에서 교감신경이 각성해 혈당과 산소는 증가하지만 이 에너지를 사용할 출구는 없다. 10대 소녀는 '친구 없이 지내거나 왕따를 당하지는 않을까?' 같은 친구 관계나 사회적 지위에 대한 위협을 자주 느낄 수 있다. 이런 상황에서는 도망칠 수도 없고 싸우는 것 역시 일반적으로는 바람직하지 않다.

이러한 종류의 위협이 앞서 언급한 야생 동물이나 강도의 위협과 다른 점은 현실이 아닌 생각이 불안을 일으키고 악화시킨다는 점이다. 계기가 되는 사건(요즘 친구랑 멀어졌어)이 발생하면 그 상황을 걱정하는 생각(친구가 나를 싫어해)이 뇌에 떠오르고, 그 생각이 교감신경을 자극해 불안 반응이 나타난다. 물론 이러한 위협은 종종 실제로 외부에 존재한다. 시험도 실제이고, 친구와 사이가 멀어진 것도 실제로 있었던 일이다. 하지만 이러한 상황이 보편적으로 위협적인 것은 아니다. 이런 종류의 사건을 두렵게 만드는 것은 우리의 생각이 사건에 부여하는 의미다. 이번 시험이 중요하지 않다고 생각하거나 자신이 뭘 하든 시험 결과에 영향을 끼칠 수 없다고 생각한다면 시험에 대해 불안감을 느끼지 않을 것이다. 반대로, 시험이 매우 중요하다고 생각하면서도 충분히 공부하지 않았고, 결과가 나쁘면 선생님과 부모님이 실망할 것으로 생각한다면 불안이 커진다. 따라서 시험이라는 외부의 사건이 불안을 유발하는지 아닌지를 결정하는 것은 우리의 생각이다.

생각에서 비롯된 불안이 객관적인 외부 요인에서 비롯된 불안보다 정도가 약하지는 않다. '모든 것은 마음에 달려 있다'라는 얘기도 절대 아니다. 중요한 것은 불안은 결코 전적으로 마음의 상태만 의미하거나 신체 반응만 의미하는 것은 아니라는 것이다. 불안은 공격받는다는 느낌이나 미래에 대한 우려에서 비롯된 신체적, 정신적 반응이다. 무엇보다도 외부의 위협이 없는 상태에서도 마음이 불안을 유발할 수 있음을 기억해야 한다. 마음은 완전히 중립적인 사건에 위협적인 의미를 부여할 수 있다. 예를 들어, 친구들이 요즘 나와 어울리지 않는 것은 그들이 성적 미달로 나와 같은 수업을 들을 수 없게 되었기 때문인데, 그들이 나를 싫어한다고 추측하고 위협으로 받아들이는 것이다.

요약하면, 불안을 일으키는 요인은 크게 세 가지가 있다.

- **외부 사건** 본능적이고 무의식적인 반응을 유발하는 외부의 어떤 것. 예를 들어 빨리 달려오는 자동차, 갑자기 달려드는 사람, 내게 짖는 사나운 개, 머리로 날아오는 공, 난기류를 만난 비행기 등.
- **외부 사건과 생각이 상호작용하는 경우** 예를 들어, 시험을 보는데

(외부 사건) 공부가 부족했다고 생각하거나, 친구들이 구석에 모여 떠들고 있는 것을 보고(외부 사건) 친구들이 나에 대해 얘기하고 있다고 생각하는 경우.

- **내부 요인** 외부의 사건과 무관하게 불안을 일으키는 생각을 만들어내는 감정적인 마음. 예를 들어, 친구들이 나에 대해 이야기하고 있는데 모두 나를 싫어한다고 생각하는 것. 한술 더 떠 아무도 나를 좋아하지 않으며 앞으로도 친구가 없을 것으로 생각하는 것.

불안의 소용돌이

감정적인 마음은 신체적 감정과 생각의 조합이다. 불안이 특히 문제가 되는 것은 감정의 신체적 반응(속이 울렁거리고, 입이 마르고, 땀이 나고, 심장이 뛰는 등의 반응)이 너무 강해서 생각이 완전히 감정에 얽매이게 된다는 것이다. 몸이 떨리거나 얼굴이 달아오르거나 시속 100km로 뛰는 것처럼 심장이 쿵쾅거릴 때, 뭔가 정말 크게 잘못되었다는 생각에 갇히지 않기란 어렵다. 이럴 때 우리의 생각은 몸과 내면에서 일어나는 일에 반응하는 데 급급해, 이성적인 마음에 필요한 외부에서 바라보는 관점을 놓치게 된다.

우리 몸은 시험에 떨어질까 봐 걱정할 때처럼 순전히 마음속에서 만들어낸 생각에 반응할 수 있다.

이렇듯 불안은 일종의 회오리바람처럼 작용한다. 불현듯 머릿

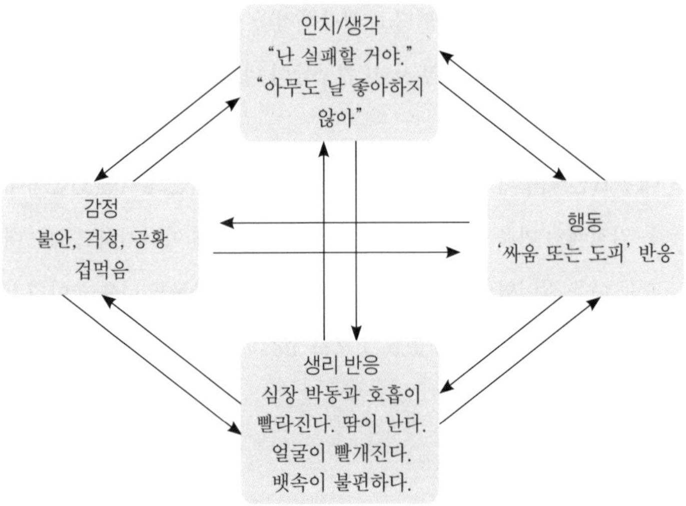

속에 떠오른 생각이 신체적 반응을 일으키고, 그 반응에 대한 피드백으로 다른 생각(이런 것 때문에 불안하다니 내 꼴이 참 우습군)이 떠오르며 상승 작용을 하기도 한다. 심리학 용어로 이를 불안의 소용돌이라고 하며, 인지 사분면의 각 부분이 다른 부분의 방아쇠 역할이나 반응으로 작용하는 것이다. 다음과 같이 표현할 수 있다.

예를 들어, '이런, 선생님이 저 질문에 답하라고 나를 부르지 않았으면 좋겠어. 설명을 제대로 듣지도 않았는데'라는 생각이 머릿속에 떠오르면 걱정이 되어 심장이 빠르게 뛰고, '선생님이 답하라고 시킬까 봐 걱정하는 내가 너무 한심해'라는 두 번째 생각이 머릿속에 떠오른다. 두 번째 생각은 생리 반응을 촉진한다. 핵심 뇌와 변연계는 다른 사람이 내게 한심하다고 한 것처럼 공

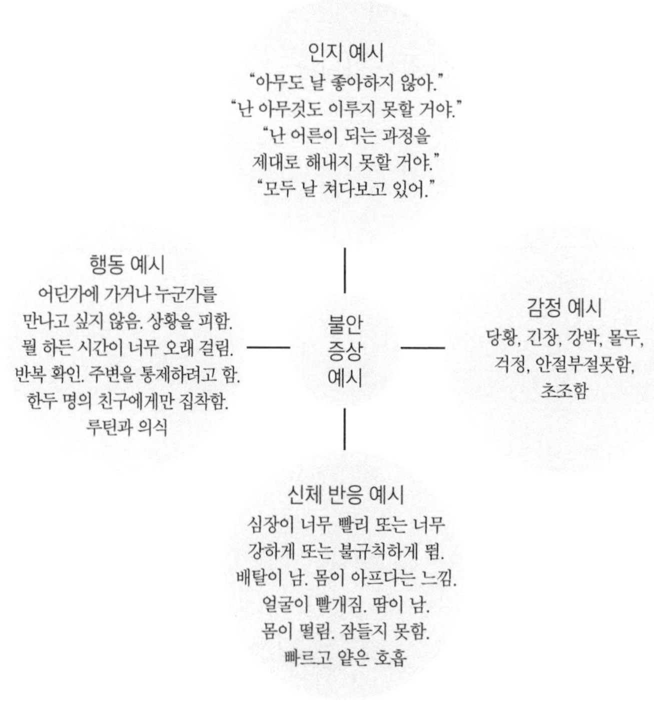

격을 받을 때의 신체 반응을 일으킨다. 스스로 말하든 외부의 누군가가 내게 말하든, 내 몸은 똑같이 반응한다. 이제 혈당 수치가 올라가고 과호흡을 하며 불안감이 소용돌이친다.

때때로 생리적 증상이 있는 젊은이들은 불안이 증상을 유발한다는 말을 듣고 위축되기도 한다. 그들은 사람들이 '모두 마음먹기에 달린 일'이라며 그들의 증상을 이해하지 못한다고 느낀다. 안심해도 좋다. 신체적 변화는 상상이 아니라 진짜다. 불안을 일으키는 요인이 외부적이든 내부적이든 이 두 가지가 혼합되어 있든 증상은 분명히 존재한다. 반드시 외부적 원인이 있어야만 신체적 증상이 나타나는 것은 아니다.

에밀리는 열세 살 때 원인 모를 구토와 체중 감소로 병원을 찾았다. 여러 검사를 받았지만 구토의 원인을 찾지 못했다. 그녀는 다이어트를 하는 것도 아니었고, 날씬해지고 싶지도 않았다. 그녀의 증상은 미스터리 같은 면이 있었다. 그런데 이야기를 나누던 중 에밀리의 호흡이 가쁘고 얕다는 것을 발견했다. 그녀는 불안해했다. 에밀리의 불안은 거의 전적으로 신체적 증상으로 나타나고 있었고, 정신적으로는 자신이 불안하다는 것을 인식하지 못했다. 그녀는 자신의 증상에 심리적인 요인이 있음을 받아들이기가 어려웠다. 심리적인 이유로 그런 신체적인 증상을 경험한다는 것은, 그런 증상을 과소평가하거나 덜 현실적으로 만든다고 느꼈다. 에밀리는 치료팀이 자신을 믿지 않는다고 느꼈다. 그녀가 심리치료를 받도록 하는 것은 어려운 일이었다.

불안의 소용돌이의 사회적 맥락

지금까지 불안은 신체적 증상에 반응하는 생각과 반대로 생각으로부터 비롯된 신체적 증상이 서로 상승 작용을 하며 거의 아무것도 아닌 것에서 시작해 급격히 커질 수 있으므로 특히 해로

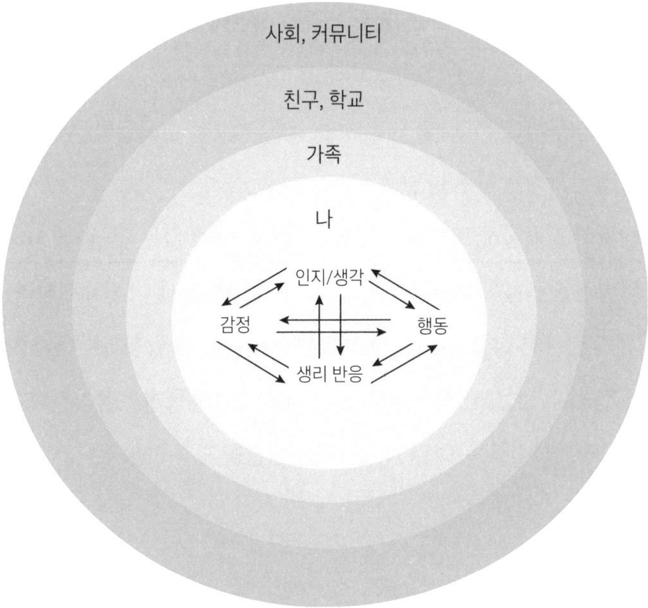

운 감정이라는 것을 살펴보았다.

하지만 불안이 원래 그런 감정이라면, 왜 지금에 와서 그토록 큰 문제가 되었을까?

이를 이해하기 위해서는 사회적 맥락을 살펴볼 필요가 있다. 여러분과 여러분의 가족은 진공 상태에 존재하지 않으며, 여러분과 외부 세계 사이에는 상호작용이 존재한다. 여러분은 사회, 학교, 대학 또는 직장, 또래 집단, 가족이라는 맥락 속에서 존재한다. 그리고 오늘날 불안의 소용돌이를 심화시키는 몇 가지 특별한 요인이 있다.

불안의 소용돌이는 다음과 같은 조건에서 심해진다.

- 세상이 빠르게 돌아가고, 멈춰 생각할 시간이 없다. 신체적 감정이 우리를 휘두르고, 무슨 일이 일어나고 있는 것인지 이성적인 뇌가 따라잡을 여유가 없다. 나를 덮친 것은 호랑이일까? 강도일까? 아니면 그냥 장난치려는 친구일까?
- 상황이 불확실하고 자신이 통제할 여지는 별로 없는 것 같다. 사태가 어떻게 진전될지 모른다는 불확실성은 불안을 한층 더 부채질한다.
- '내가 충분히 잘할 수 있을까?' '그 점수를 받을 수 있을까?' '내가 자리를 잡을 수 있을까?' 등 너무나 많은 비교와 경쟁 속에서 살아간다.
- 결승전, 상실, 죽음, 이별 등 극단적인 상황을 자주 접한다.

오늘날의 사회는 왜 이토록 스트레스가 심할까?

왜 오늘날 젊은이들이 그토록 스트레스를 많이 느끼는지 사회적 맥락 차원에서 살펴보자.

- **사회** 우리가 살아가는 사회는 항상 정신 건강에 영향을 미친다. 무엇보다도 오늘날의 전 지구적 초연결 사회에서는 다양한 삶의 가능성과 남들의 성공에 대해 예전보다 훨씬 더 많이 알게 되므로 남들과 비교해보고 자신이 실패했다고 생각하기 쉽다. '그녀는 인스타그램 팔로워가 2만 명인데 나는 200명밖에 안 돼.' '이 사람은 열여덟에 US 오픈 테니스 대회에서 우승했어.' SNS의 커뮤니케이션 속도는 너무 빨라 마치 끝없는 경주를 하는 것처럼 따라잡아야 한다는 압박

감을 준다. 또한 너무 많은 자극으로 뇌에 과부하가 걸린다. 소비주의 문화는 불만족을 유발하고 과장된 언어로 더 많이 사도록 압력을 가한다. '뒤처지지 않으려면 이것을 가져야 해.' '항상 더 많이, 항상 더 좋은 것'을 추구하며 힘들게 따라가도 결코 자리 잡지 못하고 끝없이 뛰어야 한다는 느낌은 불안을 불러일으킨다. 우리는 결코 만족할 수 없고 결코 충분한 상태란 없다.

- **커뮤니티** 전 세계적으로 연결성이 높아지면서 지역 공동체의 중요성은 낮아지고 있다. 맞벌이 부부의 증가와 일자리를 구하기 위해 고향을 떠나는 경제적 이주로 매일 나와 잘 아는 사람들을 만나는 생활양식이 줄어들고 있다. 이것이 꼭 나쁜 것은 아니다. 나 역시 옛날 마을 공동체로 돌아가고 싶지 않다. 현대사회에서 여성들은 어머니 세대나 할머니 세대보다 더 넓은 범위에서 더 자유롭고 더 흥미롭고 더 활기차게 살아갈 수 있고 더 많은 기회를 누릴 수 있다. 그러나 이 모든 가능성은 그만큼 삶의 불확실성이 커진다는 것을 의미한다.
- **학교** 지난 수십 년간 교육 환경 조사가 증가했다. 학교의 수준은 주로 학업 성취도 평가, GCSE(중등학교 졸업 과정), A 레벨(대학 입시 과정)의 점수로 평가된다. 이는 필연적으로 학교와 교사가 학생과 관계를 맺는 방식에 영향을 미친다. 경쟁에 내몰리는 오늘날의 학교와 교사는 학생 개개인을 알아가고 보살피는 목가적 돌봄을 제공할 시간이 부족하다. 학교는 학생의 성적으로 평가받으므로 학생들은 자신을 위해서도 학교를 위해서도 성적을 올려야 한다는 압박을 받는다.
- **친구들** 적응에 대한 불안은 모든 사춘기 소녀의 삶에서 지극히 정상적인 측면이다. 그러나 외모, 신체 사이즈, 멋진 스타일, 운동 실력,

학업 성취도 등 삶의 모든 영역에서 끊임없이 비교되는 시각적 소셜 미디어 중심 사회에서 이러한 불안은 훨씬 더 커진다. 한정된 좋은 일자리, 한정된 명문대의 한정된 인기 학과, SNS에서 '좋아요'를 얻기 위한 경쟁은 사회적 연결을 줄이고, 결과적으로 소속감을 약화하며 불안감을 키운다.

- **가족** 불안은 가족 해체, 집이 없어 숙소를 자주 옮기는 생활, 건강 악화, 돈 문제 등 가족과 관련해 생기는 경우가 많다. 꼭 부모가 뭔가 잘못해서가 아니라 상황을 부모가 통제할 수 없을 때도 많다. 이러한 상황에서도 부모가 자녀를 위해 최선을 다하고 애착 관계가 좋으면 스트레스가 크게 완화된다. 반면에 어떤 부모는 가정 폭력이나 약물 중독 등 불확실하고 위협적인 상황을 스스로 조성하기도 한다. 자녀는 이런 상황에서 극도로 긴장할 수밖에 없다.
- 부모는 불안의 다른 요인, 특히 학교로부터의 압박을 악화시키거나 가중할 수 있다. 가족이 학업을 압박하는 방식은 직접적일 수도 있고 간접적일 수도 있다. 헬리콥터 부모는 과외 수업과 숙제를 세세하게 관리한다. 오늘날의 젊은이들은 부모 세대보다 가난해질 가능성이 큰 세대이므로 부모는 자녀의 성취에 더욱 집착하게 된다.
- **나 자신** 우리가 느끼는 불안은 우리를 둘러싼 이러한 시스템의 영향을 받고, 뇌와 신체적 경험, 우리의 행동 방식이 결합해 생긴다. 하지만, 그렇더라도, 우리는 자신을 수동적인 피해자로 생각해서는 안 된다. 우리에게는 불안을 줄이기 위해 생각, 행동 및 생리 반응을 바꿀 수 있는 능력이 있다. 또한 한 살 한 살 나이를 먹어가며 어디에 소속되고 어떻게 대응할지에 대한 선택권이 점점 더 많아질 것이다.

불안 관리

불안을 줄이거나 조절하고 싶을 때, 자기 생각, 생리 반응, 행동을 바꾸려고 하거나 사회, 커뮤니티, 학교, 친구, 가족 등 주변 시스템을 바꾸려고 노력할 수 있다. 감정을 다룬 4장에서 정신 건강에 좋은 활동을 많이 소개했는데, 그런 활동은 불안을 줄이는 데에도 효과적이다. 여기서는 내면을 변화시킴으로써 불안을 관리하는 세 가지 방법을 중점적으로 다룬다.

- 생리적 반응 변화
- 생각의 변화
- 행동의 변화

에밀리의 증상을 파악해보니 구토는 배탈로 시작된 것 같았고, 이로부터 다른 증상도 생겨난 것으로 보였다. 에밀리는 너무 창피해서 다시 아플까 봐, 창피를 당할까 봐 걱정했다. 그녀는 문제가 될 만한 음식을 끊고 특정 상황을 피하기 시작했지만, 걱정이 시작되면 속이 뒤집히고 '뱃속의 나비들'이 다시 날아다니며 메스꺼워지고 급하게 화장실에 가야 할 것 같았다. 창피하다는 생각, 창피한 상황이 닥칠 거라는 걱정이 소용돌이를 일으키기 시작하면서 신체적 증상이 심해진 것 같았다. 이런 상황에서 구토를 하면 위장의 불편함과 메스꺼움을 멈출 수 있어서 오히려 안도감을 느꼈다.

불안의 생리적 반응 관리하기[38]

불안감을 느끼고 교감신경계가 활성화되면 생리적 반응의 상당 부분을 의식적으로는 통제할 수 없다. 불안은 신체의 거의 모든 시스템과 기관에 영향을 미친다. 생리적 반응 중 우리가 비교적 수월하게 통제할 수 있는 것은 호흡 및 근육에 관련된 부분이다.

심박수를 낮추거나 뱃속의 나비를 없애거나 땀이나 얼굴의 홍조를 멈출 수는 없지만, 근육의 긴장, 호흡의 속도와 깊이는 조절할 수 있다.

그리고 이것은 어느 정도 마법과도 같은 효과가 있다.

호흡과 근육의 긴장을 조절함으로써 그렇게 불안하지 않다고 우리 몸을 속이고 교감신경 각성을 완화할 수 있다는 점에서 마법과도 같은 면이 있다고 한 것이다. 이성을 담당하는 대뇌피질이 의식적으로 더 느리고 차분하게 호흡하기로 결정하면, 이는 핵심 뇌로 전달되어 부교감신경의 진정 시스템이 반응하기 시작한다. 부교감신경은 심장, 위장, 땀샘 등 의식적으로 조절할 수 없는 다른 기관에도 작용한다.

호흡

불안하면 평소보다 더 빠르고 얕게 숨 쉬게 되고, 숨을 내쉴 때보다 더 많이 들이마시게 된다. 이렇게 여분의 산소가 싸우거나 도망가면서 소모되지 않으면 신체의 호흡 균형이 바뀌는데, 폐에 이산화탄소가 너무 적으면 혈액의 pH 균형이 높아져 알칼

리성이 된다. 이는 과호흡으로 이어져 몸 떨림, 현기증, 두통을 유발하고 숨을 쉴 수 없다고 느낀다. 그 정도까지 가면 정말 무서워진다.

불안은 마음에 관한 것만이 아니라고, 내면적 요인으로 생겨나더라도 그것은 실제이고 우리 몸에 분명한 영향을 끼친다고 앞서 설명했다.

호흡을 늦추고 심호흡을 하며 숨을 완전히 내쉬면 체내 이산화탄소의 균형을 되찾고 이 과정을 되돌릴 수 있다. 위협받지 않는다고 몸을 속일 수 있다. 숨을 내쉬는 동작은 또한 가슴 근육과 횡격막을 이완시킨다.

숨을 내쉬고 긴장을 푸는 데 도움이 되는 여러 가지 요령이 있다. 나는 젊은이들에게 10까지 세면서 3, 4까지 숨을 들이쉬고, 9, 10까지 숨을 내쉬라고 조언한다. 그리고 다시 숨을 들이쉬기 전에 잠깐 쉬어도 좋다. 숫자를 세는 속도를 정확히 맞추는 것은 별로 중요하지 않다. 숨을 들이쉴 때보다 더 오래 숨을 내쉬는 데 집중하도록 만드는 요령이다.

또 다른 대중화된 방법은 손가락을 위아래로 움직이는 것이다. 숨을 들이쉴 때는 한 손가락을 위로, 내쉴 때는 다른 손가락을 아래로 내린다. 이 방법은 들숨보다 날숨을 길게 하는 데 초점을 맞추지는 않지만, 숫자를 세는 부담이 없고 간단하며 신체적으로 할 수 있는 방법이라는 장점이 있다. 학교 책상 아래에서 쉽게 할 수 있다는 장점도 있다.

또는 배에 손을 얹고 심호흡에 집중할 수도 있다. 배를 위아래로 움직이면 가슴 윗부분이 아닌 횡격막으로 심호흡하는 것이다.

우리는 가까운 사람의 호흡에 맞추는 본능적인 성향이 있으므로, 가족이나 친구가 옆에서 천천히 호흡하면 거기에 맞춰 자신의 호흡을 조절할 수 있다.

과호흡 상태가 되었다면 종이봉투로 숨 쉬는 것이 더 쉬울 수 있다. 같은 공기를 다시 호흡하면 체내 이산화탄소 수치를 많이 높일 수 있다. 공기 중 CO_2 농도는 0.04%로 미량이지만 우리의 날숨에는 그 100배에 달하는 양이 있다.

에밀리는 구토의 원인이 '불안'이라는 설명은 믿지 않았지만, 구토할지도 모른다고 걱정할 때 호흡이 가빠지고 위장이 조여들며 얼굴이 빨개진다는 것을 알아차리기 시작했다. 구토를 걱정하기보다 조절하기 위해 실제로 할 수 있는 일이 있으면 좋겠다는 생각에 천천히 숨을 들이쉬고 내쉬는 연습을 하고 온라인에서 도움이 되는 명상법을 찾아보았다. 또한 매일 밤 잠들기 전 근육을 점진적으로 이완하고 긍정적인 이미지를 머릿속에 떠올리는 연습을 했다. 결국 그녀는 식사 전에 이 방법으로 자신을 진정시킬 수 있었다. 천천히 숨 쉬고 근육을 이완하며 구토할지도 모른다는 걱정 대신 다른 긍정적인 생각을 떠올렸다.

근육 이완

위협을 느끼면 투쟁 또는 도피 반응 중 하나로 혈당과 혈액이 뇌에서 팔다리로 이동해 누군가를 때리거나 신속하게 도망칠 수 있도록 근육이 긴장한다.

시험장에서 도망치거나 시험 감독관에게 주먹을 날리지 않는다면 근육의 긴장은 사라지지 않을 것이다. 하지만 호흡과 마찬가지로 근육의 긴장을 의식적으로 조절해서 몸을 부교감신경 진정 반응으로 유도할 수 있다. 이것이 불안 관리 도구 상자에서 꺼내는 두 번째 도구다.

'이제 몸을 이완하세요'라는 말을 들으면 몸의 반응을 의식하게 되고 조절하려고 하게 된다. 몸이 가라앉는 느낌인가? 어깨가 축 처지는가? 다리가 의자나 침대에 힘없이 의지하고 있는가? 얼굴의 근육이 이완되는가? 몸의 구석구석을 의식하며 이완하려고 하다 보면 몸이 항상 긴장된 상태였음을 알게 된다.

점진적으로 근육을 이완하면 좋다. 발부터 시작해 발 근육을 일단 긴장시켰다가 풀어준 다음 종아리 근육으로 이동한다. 같은 방법으로 허벅지와 엉덩이, 주먹과 팔, 얼굴 순으로 근육을 이완시킨다. 그런 다음 숨을 깊게 들이마시고 어깨를 귀까지 당겨서 긴장시킨다. 다음 순간 숨을 내쉬며 긴장을 풀고 온몸이 이완되도록 한다.

참고문헌에 점진적 근육 이완과 관련된 몇 가지 출처를 수록했다. 잠들기 전에 근육 이완을 연습하면 좋다. 근육 이완은 하나의 기술이다. 필요할 때 바로 사용하려면 연습이 필요하다.

자, 이것이 핵심이다. 불안은 전적으로 마음에 관련된 것은 아니지만 '마음속에 있는 것'이므로 우리의 마음은 불안과 싸우는 데 중요한 도구다. 뇌는 대부분 무의식적으로 작용하지만, 일부 뇌는 의식적으로 통제할 수 있다.

불안의 희생자가 되지 않으려면 불안과 싸워야 한다. 마음은 '나는 공부를 충분히 하지 못했어. 이번 시험에서 좋은 점수를 받지 못할 거야'라는 현실적인 걱정과 '이번에 B를 받았어. 결국 GCSE에 실패하고 말 거야'와 같은 현실에 근거하지 않은 걱정을 만들어낼 수 있다. 이러한 걱정을 만들어내는 뇌와 싸워야 하고, 또 싸워야 한다. 그러고 나서도 또 싸우고, 또 싸우기를 거듭해야 한다.

왜 그렇게 많이 싸워야 할까? 뇌는 신경 경로를 설정하는데, 자주 따라가는 경로가 기본값이 된다. 뇌는 같은 경로를 따라가는 데 익숙해지고, 점점 더 자연스러워지며 습관화된다.

누구나 어느 정도 불안해질 유전적 소인이 있고, 사회, 커뮤니티, 학교, 친구, 가족과 같은 사회적 맥락과 우리의 성격이 상호작용해서 불안을 일으킨다. 만약 타고난 불안 성향이 강한 데다 열심히 공부하고 높은 성취를 바라는 사람이라면, '좋은' 학교에 입학시키고 싶어 하는 부모의 기대, 학년이 올라가면서 점점 더 심해지는 성적에 대한 압박, 방과 후 과외 수업의 부담 등이 수년에 걸쳐 상호작용하며 뇌에 불안의 경로를 만들어낼 수 있다. '잘 해내야 해. 열심히 해야 해. 좋은 성적을 받아야 해. 그게 정

말 중요해.'

나는 내담자들에게 뇌를 풀밭에 비유해서 설명한다. 건너편으로 가려면 풀밭을 지나야 하는데, 쉽게 건너기 위해 계속 똑같은 길로만 다닌다. 그 길은 풀이 밟히고 뭉개져 걷기 편하고 워낙 익숙해져서 무의식적으로 늘 그 길로만 다니게 된다. '이번에 잘 못하면 어떡하지? 선생님들이 실망할 거야. 대학에 못 갈 수도 있어'라는 생각을 머릿속에서 되풀이하면, 시험을 볼 때마다 그런 방식으로 생각하게 된다.

우리 머릿속에는 다양한 불안의 영역과 경로가 만들어져 있을 수 있다. 예를 들어 '학교 식당에 들어갈 때 모두가 나를 쳐다보면 어떡하지? 혼자 앉아서 식사하는 걸 모두가 쳐다보면 너무 창피할 거야'라든가 '이 원피스를 입으면 허리선이 드러나서 배가 나온 게 티 나. 난 뚱뚱해. 아무도 날 사랑하지 않을 거야. 난 평생 외롭게 살 거야'라는 식이다.

자주 가는 경로에 익숙해지면, 늘 밟고 다닌 길 주변에 풀이 무성하게 자라나고 풀밭을 가로지르는 다른 길이 있다는 사실조차 잊어버리게 된다.

에밀리는 '또 아프면 어떡하지?'라는 생각이 신체 증상을 일으킨다는 사실을 알게 되었다. 그녀는 '괜찮아. 난 괜찮아. 난 할 수 있어'와 같은 주문을 외우면 식사량을 늘리는 데 도움이 되고 몸이 아플 가능성이 줄어든다는 것을 알 수 있었다. 나는 아픔은 불쾌하고 끔찍할 수도 있지만, 그녀가 이겨낼 수 있고 아무도 그녀가 아프다는 이유로 그녀를 안 좋게 보지 않는다고 이야기했다. 속이 부글거려서 토하거나 화장실에 가는 것은 수치스러운 재앙이 아니라는 점을 확실히 했다. 불안이 정말 심할 때는 오디오북과 좋아하는 영상으로 주의를 분산시켰다.

에밀리는 부모님이 말을 걸려고 시도할 때마다 자신을 비판한다고 해석하는 경우가 많았다. 예를 들어 부모님이 숙제했냐고 물어보면 숙제를 했는지 안 했는지가 진짜 궁금한 것이 아니라 자신의 게으름을 지적하는 것으로 생각했다. 부모님은 그들의 노력이 상황을 악화시키고 있다는 것을 이해하면서 식사 시간에 가족이 함께 모여 식사하며 이야기를 나누는 습관을 바꾸었다.

최악의 상황 상상하기

불안을 일으키는 자동적인 사고 회로는 '부정적 자동 사고'(NAT, negative automatic thoughts')라고 부르는데, 심리학에서 중요한 개념이다. 부정적 자동 사고는 휴리스틱(heuristics), 즉 사고의 지름길로, 도전받지 않은 논리의 파국적 결과라고 볼 수 있다. 일부만 맞는 논리를 다음 생각으로 이어가면서 비화하는데, 사실은 전체적으로 논리에 결함이 있다.

한 소녀가 시험에서 D를 받았으니 자신은 결국 일자리를 못 얻어 길거리 노숙자가 될 거라고 내게 말했다는 걸 믿을 수 있는가? 누구나 말도 안 된다고 웃어넘길 것이다. 인생에서 한 번의 시험이 그토록 결정적으로 중요하지는 않다. 자신의 직업을 잘 수행하는 사람들 대부분이 인생의 어느 시점에 한두 번은 시험에 실패한 경험이 있을 것이다.

이렇게 한 번에 비약하지 말고, 단계별로 나누어 생각해 보자. '이번 시험 성적이 엉망이었는데 GCSE(중등학교 졸업시험)까지 망치면 어떡하지? 난 절대 취직할 수 없을 거야. 그럼 어떻게 될까? 결국 노숙자가 될지도 몰라.' 결론은 같아도 단계별로 접근하니 더 그럴듯해 보인다. 물론 실제로 이런 일이 일어날 가능성은 여전히 거의 없다. 다만 생각하는 방식 때문에 덜 불가능해 보일 뿐이다.

이는 마케팅, 영업 분야에서 잘 알려진 인터뷰 기법이다. 손쉽게 상대방의 동의를 얻어내고 나서 논리적으로 보이는 작은 질문을 단계별로 추가함으로써, 처음부터 바로 물어보았다면 절대 동의하지 않았을 내용에 동의하게 하는 방법이다. 불안에 휩싸인 뇌는 이렇게 어느 정도 논리적으로 보이는 단계들을 거쳐 최종적으로 거의 불가능한 일을 믿도록 자신을 속인다.

뇌는 사랑받지 못하고 씻지도 못하고 길거리에 나앉은 최악의 상황을 예상하면 투쟁 또는 도피 반응을 일으킨다. 그러나 이 반응은 시험을 앞둔 학생들보다는 호랑이와 마주친 원시인 소녀에게 훨씬 더 유용하다. 진화가 언제쯤 이 문제를 해결해 줄까? 인간의 교감신경 각성 시스템은 21세기의 생활방식에 적합하지 않다!

나는 에밀리가 어디서 뭘 하든 재앙이 닥칠까 봐 염려했음을 이해하기 시작했다. 예를 들어, 그녀는 항상 친구와 함께 버스를 타고 학교에 갔는데 그 친구가 더 이상 그렇게 일찍 학교에 가고 싶지 않다고 해서 속상했지만, 에밀리는 버스 타는 시간을 바꾸지 않았다. '다음 버스를 탔다가 혹시 지연되면 학교에 늦을 수도 있잖아.' 그녀는 친구들처럼 상황에 유연하게 대처할 수 없었고, 혹시라도 생길 수 있는 변수를 늘 걱정했다. '친구들과 놀다가 식사하게 되면 어쩌지? 속이 안 좋을지도 모르는데.' '거기서 다른 친구들과 마주쳐 함께 어울리게 될 수도 있어. 그런데 그들이 날 싫어하면 어쩌지?' 에밀리에게는 모든 것이 불확실하게 느껴졌다.

전부 아니면 전무라는 흑백 사고

이것은 또 다른 NAT 패턴이다. 사물을 분류하는 것은 사고하는 데 유용한 지름길이다. 반려동물 또는 야생 동물, 친구 또는 적과 같이 사물을 종류별로 빠르게 인식하고 무엇을 해야 할지 알 수 있기 때문이다. 이 시스템은 상황이 복잡하고 미묘할 때는 별로 유용하지 않다. 그리고 지금의 삶은 예전보다 훨씬 더 복잡하고 미묘하다.

스트레스가 많은 상황에서는 본능적인 뇌가 지배하기 때문에 지름길 사고에 기울기 쉽다. 현실에 근거하지 않고 순간적인 느낌에 따라 자신이 나쁘거나 뚱뚱하거나 멍청하다고 대충 생각하게 된다. 시험에서 D를 받았다면 '나는 멍청해'라고 단순하게 해석할 수 있다. 좀 더 깊이 생각하면 '그 과목은 못 하니까 GCSE 과목으로 선택하지 않을 거야' '위경련 때문에 집중을 못 했어'

라고 생각할 수 있다. 배가 나온 걸 발견하고 '나는 뚱뚱해'라고 단정할 수 있다. 좀 더 깊이 생각하면 '오늘 과식해서 소화하는 동안 배가 나온 것일 뿐이야. 그래도 다리는 날씬하잖아' 이렇게 생각할 수 있다. 머리에 떠오르는 대로 생각하지 말고 한 단계 더 깊이 들어가 자신에게 부정적이고 단정적인 딱지를 붙이지 않으려고 노력하면 불안을 줄일 수 있다.

절대적 기준 : 반드시 ~해야 한다[39]

행동에 대한 절대 기준인 '~해야 한다'는 자신에 대한 높은 기준이나 기대치를 반영하며, 과도하면 불안을 일으킬 수 있다. 예를 들어, 과일과 채소 위주로 식사해야 한다, 윤리적인 소비를 해야 한다, 치실을 사용해야 한다, 한 시간 이상 운동해야 한다, 피아노 연습과 숙제를 해야 한다는 말을 남에게서 듣거나 자신에게 강요하는 것이다.

'~해야 한다'는 사고 패턴은 거의 100년 전에 심리학자들이 처음 확인[40]했지만, 현재의 삶의 속도와 소비주의, 경쟁이 이러한 사고 경향을 더욱 악화시키는 것으로 보인다. 이제는 절대적인 언어 사용이 일반화되었다. '남들은 다 그래.' '항상 그래.' '그래야만 해.' '안 그러면 죽어.' 과장된 언어는 결코 충족할 수 없는 끝없는 기준을 만들어낸다. 삶의 기대치가 너무 높아서, 부족하고 불충분하다는 느낌이 끝없이 이어진다. 절대적인 기준은 자신을 때리는 채찍이 되어 정신 건강을 해친다.

좋은 정신 건강은 대개 균형에 기초한다. 말할 때, 무엇보다도 생각할 때 절대적인 기준에 집착하지 말고 일부는 잠정적인 것으로 바꾸는 연습을 하면 좋다. 과일과 채소를 먹고 운동을 하는 것이 가장 이상적이다. 숙제를 제시간에 마치는 것이 이상적이다. 그러나 그렇게 하지 못할 때가 있다고 해서 큰일 나지는 않는다. 내가 입학하고 싶은 대학은 지원자가 많을 것이고 그중 운 좋은 일부만 합격할 것이다. 절대적인 기준을 좀 더 현실적인 기대치로 바꾸면 자신에게 훨씬 더 친절해질 수 있다.

나는 오늘날의 사회가 젊은이들에게 비현실적인 기대치를 강요하는 것이 정신 건강 문제를 악화시키고 있다고 본다. 너무 많은 기준을 마음에 새기면 삶이 마치 체크리스트에 따라 완수해야 하는 장기 과제로 느껴진다. 우수한 제품이 되기 위한 조립 라인에서 정해진 과정을 거치다 사춘기에 접어들면서 자신이라는 제품이 사회의 기대에 부응할 만큼 충분히 좋은지 체크하기 시작한다. 과도한 기준을 충족하지 못했다는 이유로 끊임없이 자신을 꾸짖다 보면 삶이 비참해지고 불안해지며, 압박이 심해져 견딜 수 없는 지경에 이르게 된다. 재미나 자발성, 호기심, 창의성은 점차 사라지게 된다.

자신에 대한 좋은 기대치를 갖는다는 것은 점점 더 높은 기대치를 갖는 것이 아니라 관대하고 친절한 기대치를 갖는 것을 의미한다. 무엇이 가장 중요한지 기대치의 우선순위를 정하고 핵심적인 부분이 아닌 나머지는 기준을 고집하지 말고 마음 편하게 놓아 버리는 편이 좋다. 유일하게 절대적인 원칙은 절대적인 기준을 버려야 한다는 것이다.

에밀리의 삶은 절대적이고 엄격한 기준이 지배했다. 항상 학교에 제시간에 도착해야 했고, 모든 수업의 노트 필기를 항상 복습해야 했으며, 모든 사람이 자신을 좋아하기를 원했다. 초등학교 시절과 중등학교 초기만 해도 그녀는 매우 체계적으로 생활하며 스스로 정한 기준을 잘 지켰다. 저녁에는 항상 집에 들어오자마자 숙제를 하고, 6시 30분에 저녁 식사를 하고(더 늦게 먹으면 배탈이 날 가능성이 커졌다), 샤워하고 방을 정리하고 혹시 빠뜨린 게 없는지 가방을 세 번씩 챙겼다.

에밀리의 일상은 너무나 체계적이어서 그녀는 자신이 불안하다는 사실조차 깨닫지 못했다. 하지만 나이가 들면서 더 이상 이런 식으로 통제할 수 없게 되었다. 초등학교 시절처럼 하룻밤에 끝낼 수 있는 숙제가 아니라 1, 2주 걸리는 복잡한 과제를 해야 했다. 공부할 과목과 분량이 늘어나면서 노트 필기, 플래시 카드 작성, 복습에 많은 시간을 들이는 공부 방식으로는 진도를 따라가기 어려웠다.

10대의 삶은 복잡하고, 항상 모든 것을 통제하거나 완벽할 수는 없으며, 어정쩡한 타협을 해야 한다는 근본적인 두려움을 해결해야 한다. 친구와 함께 있을 수도 있고(같은 무리에 속한 친구와 함께 있으면 안전한 느낌이고 기분이 좋다), 일찍 버스를 탈 수도 있다(늦을 걱정이 없어 안도한다). 둘 다 선택할 수는 없다.

다른 유형의 부정적 자동 사고[41]

다양한 부정적 자동 사고를 모두 소개할 수는 없다. 몇 가지만 소개하면 다음과 같다. 때로는 하나의 부정적 자동 사고가 여러 유형에 중복해서 속하기도 한다.

- **개인화** 모든 것을 나에 관한 것으로 생각하지만 그렇지 않다. 예를 들어, 모든 사람이 나를 쳐다보거나 나에 대해 이야기한다고 생각하는 경우.
- **마음 읽기** 사람들이 무슨 생각을 하는지 안다고 생각한다. 상대방이 내 온라인 게시물이 마음에 들지 않아 나를 싫어한다고 생각하는 경우.
- **확대와 축소** 상황의 일부만 강조하고(한 과목 시험에 불합격했다) 다른 측면(다른 과목 시험은 모두 합격했다)은 무시하는 경우.

내 생각이 NAT인지 어떻게 알 수 있을까? 첫째, 부정적인 생각인가? 둘째, 갑자기 머릿속에 떠오른 생각인가? 셋째, 극단적인가? 그렇다면 NAT일 가능성이 크다.

정확하고 유용한 아하 테스트[42]

우리 모두 의심의 순간, 불확실성, 비논리적 사고를 경험하게 된다. 아하 테스트(Ah Ha test)는 NAT가 사실인지 아닌지 확인하고 불안해하지 않도록 그 사고에 도전하는 방법이다. 아하 테스트는 NAT를 머릿속의 배경 소음으로 바꾸거나 마음속에서 빠르게 떨쳐 버리는 데 도움이 된다. 아하(Ah Ha)는 '정확하고 도움이 되는(Accurate and Helpful)'이라는 의미다. 줄임말이 아니라 일종의 연상법으로 기억하기 쉽게 만든 말이다.

- 머릿속에 있는 생각이 정확한가? 그것이 사실이라는 증거는 무엇인가?
- 사실이라면 지금 생각하고 있는 것이 정말 도움이 되는가?

부정적 자동 사고	부정적 자동 사고에 도전하는 예
이번 수학 시험에서 D를 받았어.	시험 하나를 망쳤을 뿐이야. 상관없어! 어차피 난 수학이 싫어! 필요한 점수만 따면 다시는 할 필요 없어.
난 참 멍청해.	흑백논리는 그만! 한 번 시험에 실패했다고 내가 멍청한 건 아니야. 성공한 사람들도 누구나 한두 번쯤은 시험에 실패한 경험이 있어.
GCSE 수학 시험도 망친다면?	최악의 상황을 상상할 필요는 없어! GCSE 시험 전체를 망친 건 아니잖아. 수학 점수가 모자라면 재수강하면 돼. 짜증 나긴 하지만 재앙은 아니야.
A 레벨을 이수하지 못할지도 몰라.	부정확한 생각이야. 내가 GCSE에 실패하거나 A 레벨에 응시하지 못할 거라는 증거는 없어.
인생에서 아무것도 이루지 못할 거야.	부정확하고 도움이 되지 않는 생각이야. A 레벨을 이수하지 않아도, 대학에 가지 않아도 잘사는 사람들 많아. 그리고 난 당황했을 뿐 심각한 문제가 있는 건 아니야.
결국 혼자 거리에서 살게 되겠지.	최악의 상황을 상상하는 건 비현실적이야. 시험을 망치거나 A 레벨을 이수하지 못해도 노숙자가 되지는 않아.

불안 행동 관리

불안하기 전, 불안을 느끼는 동안, 불안을 경험한 후에 어떻게 행동하느냐가 현재와 미래의 불안에 영향을 미친다.

어떤 사람들은 불안을 피하려고 노력한다.

어떤 사람들은 불안을 통제하려고 노력한다.

어떤 사람들은 불안에 먹이를 준다.

이러한 반응 중 어느 것도 도움이 되지 않는다.

불안 회피를 막는 법

살아갈 가치가 있는 모든 삶에는 불안이 따른다. 불안을 없애는 것은 불가능하지만 때때로 사람들은 특정 상황을 피함으로써 불안을 없애려고 한다. 이는 종종 엄청난 역효과를 낳는다. 불안을 피하려고 하면 단기적으로는 불안을 줄이는 경향이 있지만, 장기적으로는 거의 언제나 불안을 훨씬 더 악화시킨다.

나는 내담자들에게 내가 대중 앞에서 말하는 것을 무서워하고 피했다는 얘기를 들려주곤 한다. 어쩌면 많은 사람들을 상대하기보다는 일대일로 얘기하는 것이 편해서 임상심리사가 된 것 같다. 식스 폼 칼리지에서 토론을 시도했던 때가 가장 기억에 남는다. 나는 땀을 뻘뻘 흘리면서 말을 더듬으며 내 주장을 읽었는데, 평소 별로 똑똑해 보이지 않았던 동료 토론자는 메모 없이도 재치 있게 말을 이어가며 사람들의 호응을 이끌어냈다. 경력 초기에 한 번은 유아의 수면 문제에 대해 부모님들과 이야기해야 했는데, 그때도 부모님들이 내게 질문을 퍼붓자 나는 말을 잇지 못했고, 머릿속으로 '창피하게 말을 더듬고 있네. 내가 얼마나 불안해하는지 다들 눈치챘을 거야'라고 생각했다. 병동을 회진하며 10~15명의 사람 앞에서 말할 때면 잔뜩 긴장했던 기억이 난다. '내가 말을 잘못하면 어떡하지? 누군가 나를 비웃으면 어떡하지?' 정말 싫었다.

성인이 된 후에도 상당 기간 두려움을 극복하지 못했다. 두려움을 극복하려면 두려움에 직면해야 하는데, 몇 번의 경험이 내 정신에 뚜렷이 새겨져 있어 나는 두려움을 피하고 있었다.

그러나 세월이 흘러, 불행인지 다행인지 모르겠지만 대중 강연은 내 업무의 핵심적인 부분이 되었다. 우리 팀은 새로 진단받은 내담자의 부모를 위한 교육 모임을 운영하기 시작했다. 팀원 누구도 내가 강연을 두려워한다는 사실을 전혀 몰랐을 것이다. 나는 그동안 강연을 요령껏 잘 피했고, 내 두려움은 겉으로 드러나지 않았다.

내가 처음 운영했던 모임은 아직도 기억이 생생하다. 어떤 옷을 입었는지, 어떤 부모님이 함께했는지, 장소는 어디였는지, 함께했던 팀원들은 누군지 말이다. 무엇보다도 옷에 땀이 찼던 기억이 난다.

하지만 여러 면에서 두려운 일을 시도하기에 좋은 환경이었다. 첫째, 나는 강연에는 자신이 없었지만, 내가 다루는 주제에 대해서는 자신이 있었다. 둘째, 내 동료는 내가 할 수 있을 것으로 기대했고 나를 믿어주었고 나를 지지해 주었다. 그는 내가 긴장하고 있다는 것을 전혀 몰랐다. 그 앞에서 말을 제대로 못 하면 정말 당황스러웠을 것이다. 셋째, 청중은 내 편이었다. 그들은 모두 심각하게 아픈 자녀가 있었고 내가 전문가임을 알고 있었기 때문에 나를 괴롭히거나 논쟁을 벌이려 하지 않았다. 내가 무엇을 알고 있는지 그들도 알고 싶어 했다. 내 두려움을 극복하기에 완벽한 환경이었다.

가장 중요한 것은 두려움에 직면하는 일을 계속해야 한다는 것이다. 교육 모임을 운영한 이후 나는 두려움을 극복했을까? 그렇다. 나는 이제 항상 강연을 한다. 지난 15년 동안 나를 만난 사람들은 내가 한때 두려움에 떨었다는 말을 들으면 믿기 어려워할 것이다.

이론적으로는 불안을 줄이는 것이 좋은 일처럼 보이지만, 실제로 불안을 줄이는 것과 불안을 피하는 것을 잘 구분해야 한다. 자신이 어느 쪽을 택했는지 자기 자신에게 아주 솔직해야 한다. 나는 경력을 시작한 초기에 청중에게 말하는 상황을 피함으로써, 당시로서는 불안을 줄였다고 말할 수 있다. 하지만 대중 앞에서 발표하는 것에 대한 두려움을 숨기고 피하면서 느꼈던 불안을 모두 합산하면, 처음부터 문제를 직면하고 해결했을 때보다 훨씬 더 많을 것이다. 또한 아마도 나는 그동안 두려움을 피하면서 커리어에 도움이 되는 기회를 많이 놓쳤을 것이다.

케이티는 20대 초반 상담을 요청했다. 명문대 2학년에 재학 중이었는데, 극심한 불안에 시달리고 있었다. 케이티는 아침에 일어나면 하루가 어떻게 될지 두려워하고, 밤에 잠자리에 들면 그날 무슨 일을 하고 무슨 말을 했는지 되짚어보며 혹시 실수하지 않았는지 걱정하는 등 끊임없이 불안감을 느꼈다.

케이티는 항상 학교생활을 쉽게 생각해왔다. 그녀는 비교적 작은 규모의 여학교를 졸업했다. 조용한 성격에 공부도 잘하고 기억력도 좋아서 전교 1등을 유지하기 위해 열심히 노력할 필요도 없었다. 경쟁자들을 크게 신경 쓰지 않았다. 그녀가 명문대에 입학한 것은 놀라운 일이 아니었다. 그녀는 한 가지를 제외하고는 모든 것이 좋았다. 어렸을 때 아이들은 그녀에게 항상 '얼굴이 빨개졌다'고 지적하곤 했지만, 학교에 입학하고 나서는 친한 여학생들이 신경 쓰거나 비난하지 않을 것임을 알고 있어서 얼굴이 많이 빨개지는 일도 없었다.

대학에 입학하면서 케이티는 불안감을 느끼기 시작했다. 수업이 예상보다 어려웠고 동료 학생들이 얼마나 똑똑한지 알게 되었다. 그녀는 수업 시간에 손을 들고 질문하거나 답할 때 얼굴이 빨개지지 않을까 의식하기 시작했고, 결국 손을 들거나 발표하는 것을 그만두었다. 그녀는 자신이 지금까지 사람들을 잘 속여서 여기까지 왔으며, 사실은 전혀 똑똑하지 않고 부족하다는 것을 들키지나 않을까 하는 생각이 들기 시작했다. 그녀는 다른 학생들에 비해 자신이 촌스럽고 세련되지 못하다고 느꼈고, 점심시간에 다른 학생들을 피해 강의실에 앉아있거나 도서관에 가곤 했다. 누군가에게 매력을 느껴도 그 사람에게 말을 걸 때 얼굴이 빨개지는 걸 발견하고 그런 상황을 피했기 때문에 여태껏 연애

해본 적이 없었다.

1980년대에 『두려움을 느껴라, 어떻게든 해내라Feel the Fear and Do it Anyway』[43]라는 책이 출간된 적이 있다. 이 책의 제목보다 더 잘 표현하기는 어렵다. 우리는 어떤 일을 피할수록 더 두려워하게 된다. 그 대신 두려움에 직면하고 이를 극복하며 자신감을 키울 수 있는 환경을 찾아야 한다.

불안과 통제

내가 만나는 많은 젊은 여성들에게 불안은 강연에 대한 두려움보다 더 추상적인 형태로 다가온다. 우리 사회는 젊은 여성들에게 역사상 그 어느 때보다 더 많은 기회와 선택권을 제공했고, 이는 정말 가슴 벅찬 현실이다. 그러나 현대사회의 속도가 너무나 빨라서 설렘은 두려움으로 바뀌었다. 학생들은 학교와 인터넷에서 끊임없는 감시와 비판을 받는다고 느낀다. 이 문제는 다음 장에서 별도로 상세하게 다룬다. 내담자들에게서 관찰되는 불안은 자신이 충분히 똑똑하지 않거나 충분히 날씬하지 않거나 충분히 인기가 없다는 믿음과 관련이 있다. 이러한 불안에 대한 그들의 반응은 통제력을 쥐려는 것이다.

불확실하고 변화무쌍한 세상에서 학생들은 학업, 시험 결과, 체중, 외모, 부모님을 통제함으로써 확실성을 추구한다. 이들은 불안을 덜기 위해 어떤 약점도 허용하지 않으며 할 수 있는 한 최고가 되기 위해 노력한다. 심리학자들은 이를 완벽주의라고 부른다.

완벽에 대한 몇 가지 중요한 비밀을 공개한다. 완벽은 신화다. 그런 것은 존재하지 않는다. 모든 것은 의견의 문제일 뿐이다. 그리고 완벽을 끊임없이 추구한다고 해서 불안이 줄어들지는 않는다. 오히려 불안을 키운다. 끝없는 노력, 다이어트, 공부는 사실 일종의 회피다. 불확실성에 대한 두려움, 최선을 다하지 못하거나 최상의 결과를 얻지 못할지도 모른다는 두려움에 직면하지 않고 피하는 것일 뿐이다. 완벽을 추구함으로써 단기적으로 불안을 줄이는 것은 실패에 대한 두려움을 피하는 일이며, 앞서 살펴본 바와 같이 장기적으로는 도움이 되지 않는다.

열심히 일하고, 다이어트를 하고, 춤을 계속 연습하고, 매일 운동하고, 해야 할 일 목록의 모든 일을 제대로 해내면 상황을 통제할 수 있다는 착각이 들면서 잠시 불안감이 줄어들 수 있다. 하지만 그러면서 우리는 가장 큰 두려움, 즉 우리가 상황을 통제하지 못할지도 모른다는 불안, 자신의 약한 면이 드러날지도 모른다는 불안을 피하는 것이다. 시간이 흘러도 자신의 취약성에 대한 두려움에 직면하지 않고 실패해도 괜찮다는 경험을 하지 않으면, 두려움은 점점 더 커지고 그에 따라 완벽주의와 통제 욕망도 커진다.

자신에게 가하는 압력을 높이거나 더 높은 기준을 설정하는 것이 불안을 줄이는 경우는 거의 없다. 예를 들어 GCSE에 대한 부담감이 너무 커서 불안을 줄이고 싶다면, 좋아하지 않거나 잘하지 못하거나 앞으로의 인생에서 별로 필요하지 않을 것 같은

불안 감소	불안 회피
외모가 괜찮아 보인다고 자신에게 말한다. 어쨌든 외모는 인생에서 그렇게 중요한 것은 아니다.	탄수화물을 피하고 아침에 6시 30분에 일어나 유산소 운동을 한다.
견실하게 꾸준히 일하면서 짬짬이 여가를 즐기거나 운동하고, 가족이나 반려동물과 함께 시간을 보낸다.	깨어 있는 모든 순간 열심히 공부하거나 일한다. 화장실에 복습할 내용 붙이기. 6개월간 24시간 식사, 호흡, 수면 관리하기.
나 자신이 되기	최고가 되기
자신의 가치관에 따라 생활한다.	성과나 업적을 추구한다.

과목을 포기하는 것이 현명하다. 반대로 시험 6개월 전부터 통상적인 일과에서 많이 벗어나서 매일 새벽 5시 45분에 일어나 공부하기로 하는 것은 불안을 줄이는 데는 좋은 방법이 아니다. 전자는 불안 감소, 후자는 불안 회피다. 불안 회피는 단기적으로는 효과가 있지만, 장기적으로는 더 많은 스트레스를 받고, 더 긴장하고, 더 쫓기게 될 수 있다.

내가 사람들 앞에서 말하는 상황을 피했듯, 두려워하는 활동을 하지 않는 것이 불안을 회피하는 일일 수도 있고, 때로는 활동을 중단하기는커녕 완벽하게 모든 것을 다 하려고 노력하는 것이 불안 회피일 수도 있다. 불안 회피는 대중 강연이나 탄수화물 같은 특정 대상이나 활동을 피하기보다는 일상적인 상황에서 자신에게 가해지는 압박, 속도, 자극을 줄이려는 형태가 훨씬 더 일반적이다. 어쨌든 자신의 행동이 압박감을 줄이는 현명한 대응인지, 아니면 자신의 취약성이나 실패가 두려워서 회피하는 것인지는 스스로 내면의 소리에 귀를 기울일 때만 알 수 있다.

불안 살찌우기, 불안 굶기기

통제나 완벽을 추구하는 것 외에 불안을 키우는 다른 방법은 더 많은 정보를 찾는 것이다. 야생에서 포식자의 낌새를 알아챈 동물을 상상해 보자. 동물은 싸우거나 도망가기 전에 먼저 귀를 쫑긋 세우고 눈을 크게 뜨고 관찰하며 정보를 수집한다. 깜짝 놀라거나 걱정될 때 우리는 더 많은 정보를 원한다. 하지만 이제 우리는 정보로 가득한 세상에 살고 있으며, 흘러넘치는 정보가 불안을 조장할 때 언제 멈춰야 하는지 배워야 한다.

우리 어머니가 아기였던 제2차 세계대전 때는 몇 시간에 한 번 라디오에서 뉴스가 나오고 하루에 한 번 신문이 배달되었다. 지금 우리는 다양한 종류의 뉴스를 접하고 정보의 출처도 폭발적으로 늘어났다. 문제가 생기면 갖가지 방식으로 분석한 정보가 쌓여 불안감이 고조된다. 전통적인 미디어와 소셜 미디어는 '정부는 지금 행동해야 한다' '우리는 '반드시' 이렇게 해야 한다'라는 절대적인 언어를 사용해서 불안감을 부추긴다. 지루하다는 이유로 흑과 백이 아닌 회색지대의 목소리나 미묘하고 섬세한 차이는 묻혀버리고 외면당한다. 이러한 내 주장을 뉴스에서 다룬다고 생각해 보자. 요즘 분위기라면 이 뉴스의 제목은 '심리학자, 미디어가 불안을 일으킬 수 있다고 주장'보다는 '심리학자, 선동적인 언어를 사용하는 미디어가 불안 문화를 만든다'가 될 가능성이 더 크다. 오늘날의 사회는 사실과 현상을 과장해서 불안을 악화시키는 경향이 있다.

끊임없이 정보를 추구해서 불안을 살찌우거나 회피나 완벽주의로 불안을 말려 죽이려는 것은 좋은 접근 방식이 아니다. 균형 잡힌 접근 방식은 관리되고 통제된 환경에서 두려움에 맞선 다음 날개를 펴고 날아오르는 것이다.

케이티가 선택한 수업은 수강 시간이 많았고 강의를 따라잡기 위해 정말 열심히 공부해야 했다. 그녀와 같은 기숙사를 쓰는 플랫 메이트들(flat mates)은 수강 시간이 적었고 소란스러웠다. 케이티는 항상 자신이 일찍 잠자리에 드는 지루한 사람이라고 느꼈다. 그러던 어느 날, 플랫 메이트들이 늦게까지 술을 마시며 시끄럽게 해서 잠을 제대로 못 잔 그녀는 아침에 늦게 일어나 강의에 지각하고 말았다. 강의실 맨 뒷자리에 앉은 그녀는 처음으로 공황 발작을 겪었다. 그녀는 다행히도 아무도 눈치채지 못했다고 생각했지만, 수치심을 느꼈다. 그녀는 그런 일이 또 일어날까 봐 겁이 나서 항상 맨 뒤에 앉거나 때로는 강의실에 들어가는 대신 온라인으로 수강했다. 또 늦잠을 잘까 봐 걱정스러웠고, 그 때문에 잠이 오지 않았다. 그러면 아침에 너무 피곤할까 봐 걱정스러웠고, 그 때문에 더욱더 잠을 잘 수가 없었다. 주말에 집에 돌아가면 맘 편히 공부하고 잠을 푹 잘 수 있어 불안이 덜해졌다. 주말마다 집에 가야 할 이유가 생겼다.

그녀는 플랫 메이트들이 전부 자신에게 얘기하지 않고 2학년 때 거주할 기숙사를 새로 알아보기 시작했다는 사실을 알게 되었다. 그들은 세 명과 두 명으로 나뉘어 각각 외부 사람들과 함께 거주할 기숙사를 구하고 있었다. 그녀가 기숙사를 비운 주말에 그들이 이 문제를 의논한 것으로 보아 고의라기보다는 실수로 그녀가 제외된 것 같았다. 그들이 적당한 집을 찾는 과정에서 여러 변수가 있었고, 결국 그녀는 플랫 메이트 한 명이 더 필요했던 무리에 합류했다.

2학년에 되면서부터 그녀는 자신이 기숙사의 '엑스트라'라는 사실을 의식했고, 다른 사람의 기분을 상하게 하지 않으려고 매우 조심했다. 그녀는 자신이 한 말을 자꾸 되풀이해 생각하기 시작했고, 종종 먼저 사과하거나 사람들에게 괜찮냐고 반복해서 물어보기도 했다. 그녀는 이런 행동을 너무 자주 하는 자신에게 짜증이 났다.

새로 입주한 기숙사에 사는 여학생 중 한 명에게 마음이 끌렸지만, 얼굴이 빨개질까 봐 감히 말을 걸지 못했다. 케이티는 그녀가 공용 부엌에 있을 때는 자신이 부엌을 피한다는 것을 발견했다. 종종 공용 공간으로 나갈 때면 사람들이 자신을 우울한 사람, 지루한 사람이라고 생각한다고 느꼈다. 그래서 그녀는 점점 더 자기 방에만 있게 되었다. 그녀의 세계는 폐쇄적이었다. 그녀는 3학년에 올라갈 때 기숙사를 함께 쓸 플랫 메이트들을 다시 구하는 일을 감당할 수 없을 것 같아 학교를 1년 쉴까도 생각했다. 하지만 그 방법은 자신을 패배자로 느끼게 했다.

나는 케이티와 함께 회피가 어떻게 그녀의 불안을 증폭시키는지 추적해야 했다. 케이티는 사람들의 시선이 두려웠고 얼굴이 빨개지거나 당황하거나 귀찮은 존재가 되기 싫어 이런 일이 발생할 가능성이 있는 상황을 피했다. 처음에는 강의실에서 손을 들지 못하는 것에서 시작해 강의실에 들어가는 것을 피했고, 그 다음에는 기숙사 공용 공간을 피했다. 그녀는 사람들이 자신의 얼굴이 빨개지는 것을 보면 끔찍할 것이고, 당황하는 모습을 보면 수치스러울 것이며, 강의가 자신에게 어렵다는 것은 자신이 지금까지 실력을 속여 온 사기꾼임을 의미한다고 생각했다. 그런 생각은 정확할까? 도움이 되는 생각일까? 사실은 불안과 마주하는 모든 상황을 피함으로써 학교를 더 이상 다니기 어려울 정도로 불안이 그녀의 삶을 지배하게 된 것은 아닐까?

그녀는 자신의 두려움과 정면으로 마주해야 했다. 치료 과정에서 이것을 이해한 후, 그녀는 나와 함께 두려움에 직면하기 시작했고 더 이상 자신의 삶을 제한하지 않게 되었다. 그녀는 이전에 피했던 상황들에 직면하고 자신감을 낮추는 부정적인 생각을 무시하는 연습을 했다. 그녀는 항상 모든 것을 완벽하게 통제하고 싶다는 욕구를 버리고 자신에게 취약하고 부족한 면이 있음을 받아들였다.

최고가 되는 대신 최고의 삶을 살기

불안은 복잡하며 한 가지로 단정할 수 없다. 특히 회피나 통제로 불안을 너무 잘 숨기면 자신의 감정을 인식하거나 이해하기가 더 어려워진다. 불안은 소용돌이치며 고조되어 하나의 증상이 다른 차원의 증상을 유발하고, 결국 모든 것이 얽히고설켜 어디서부터 풀어야 할지 알 수 없는 털실 뭉치처럼 되어버린다.

하지만 불안이 복잡하고 여러 차원에서 서로 얽히고설켜 상호작용한다는 것은 불안을 줄이거나 관리할 방법도 여럿 있다는 뜻이 된다. 크게 생리적, 인지적, 행동적 차원의 세 가지 차원에서 문제에 대응할 수 있다. 또한 친구, 학교, 사회활동 등 사회적 맥락을 만드는 주변 시스템을 바꾸려고 노력할 수도 있다. 압박과 스트레스가 자신에게 좋은 것인지, 불안이 덜 생기는 삶을 살고 싶은지 생각해 볼 필요도 있다. 심호흡을 하고, 긴장을 풀고, 정확하고 도움이 되는 생각을 하자. 상황을 피하거나 통제하려고 하지 말자. 늘 그렇듯, 균형을 잡는 것이 가장 중요하다.

제6장

교육 및 자격

재능이 뛰어나고 똑똑하며 창의적인 사람들이

스스로 그렇지 않다고 생각하는 이유는

학교에서 자신이 잘하는 일에 높은 가치를 부여하지 않았기 때문이다.

켄 로빈슨

우리는 조금 못되게 굴 권리를 위해 싸웠던 날을 잊지 않을 것이다.

팀 민친 '못된' 뮤지컬 〈마틸다〉

서구 경제권에서는 젊은 여성들이 시험 성적에서 남성들을 앞서고 있다. 여학생들은 남학생들보다 학업 성취도가 더 높고 더 나은 자격을 갖춘다. 그렇다면 여성에게 교육은 더 이상 문제가 아닐까? 이 책은 성적에 관한 것이 아니라 정신 건강과 정서적 생존에 관한 것이다. 내담자들과 함께 앉아 이야기하며 내가 느낀 것은 교육 시스템이 정신 건강을 포함한 다른 많은 것을 희생시켰다는 것이다. 내담자들 상당수가 대학교나 대학원 진학, 좋은 성적이 자신의 가치를 좌우한다고 믿었다. 삶의 다른 영역과 경험은 '잘하는 것' 또는 그보다 더 교활한 사촌인 '최선을 다하는 것'의 제단에서 희생된다.

교육에 대한 그들의 생각과 감정에는 가족, 친구들, 교육 환경, 이 사회와 세계 전체에서 교육을 대하는 태도가 반영되었을 것이다. 국제적으로는 국가 간 시험 성적과 학업 성취도를 비교하고, 국내적으로는 정부가 성과에 따라 학교 순위를 매기고, 학교는 높은 점수를 얻기 위해 교사의 역량을 분석하고, 학부모는 높은 평가를 받은 학교에 입학시키기 위해 경쟁하며 입학 후에도 다른 아이들과 비교해 자녀의 수준이 어떤지 계속 확인한다.

안데르센의 동화 「벌거벗은 임금님」에서 왕은 어리석은 사람 눈에는 옷이 보이지 않는다는 사기꾼의 말에 속아서 옷을 입은 척하고, 신하들은 멋지다고 찬사를 늘어놓는다. 나는 교육을 통한 자격 취득에 이 이야기와 비슷한 면이 있다고 생각한다. 사람들은 다수의 의견에 편승하고 어리석은 사람으로 취급받고 싶지 않아서 남들이 중시하는 자격시험에 엄청난 의미를 부여한다. 초등학교 학업 성취도 평가부터 중등학교 졸업 과정인 GCSE와 대학 입학 과정인 A 레벨에 이르기까지 자격시험에 온통 관심이 쏠리고 있다. 온 나라에 히스테리 같은 열풍이 불고 있다.

그렇지만, 부모님들과 이야기를 나누면 시험 결과에는 관심이 없고 그저 아이가 행복하길 바란다고 말한다. 교사와 학교장들과 이야기하면 그들은 아이들이 잠재력을 발휘하기를 원하며 시험 결과는 아이들의 필요와 복지보다 덜 중요하다고 말한다. 정부는 사회가 잘 기능하기 위해서는 다양한 관심사와 성취 수준의 학생들이 필요하다는 것을 알면서도 실제로는 좋은 점수를 얻는 것이 미래의 기회를 얻는 유일한 길임을 암시한다. 학부모, 교사, 교육 당국은 휴일에 할 보충수업, 에세이 과제, 과외, 스터디 모임 등을 이야기하며 시험이 매우 중요하다는 메시지를 암묵적, 명시적으로 전달한다.

이런 분위기 속에서 어느 순간 학생들 당사자가 이 집단적 망상의 중심에 서서 이 광기에 세뇌되어 자신과 주변 학생들에게 엄청난 압박을 가한다. 좋은 점수와 명문대 입학이 행복으로 가는 길, 가치 있는 인간이 되는 길이라고 믿으며 마모되고 상처받는다. 많은 학생들이 학업 성취도가 자신의 가치를 좌우하는 가장 중요한 요소라고 믿는다.

그리고 그 믿음은 매우 해롭다. 때로는 치명적으로 해롭다.

하지만 다른 방법이 있다. 어른들에게 이 광기에 대해 솔직하게 이야기하는 것이다. 끊임없이 더 나은 것을 추구하는 어른들을 둘러보며, 왕이 벌거벗었다고 외치는 아이들처럼 "정말, 이게 그렇게 대단한 거라고요?"라고 질문하는 것이다.

프랭키는 GCSE 시험을 본 후 내게 찾아왔다. 그녀는 우울했고 공황과 불안 증세에 시달리고 있었다. 프랭키는 항상 열심히 공부했고 반에서 상위권을 유지해왔으며 좋은 성적을 예상했었다. 하지만 그녀는 GCSE 시험 기간 동안 거의 무너질 뻔했다. 잠을 거의 자지 못하고 집중할 수 없고 공부할 수 없는 날이 많았다. 온몸의 힘이 다 빠져나간 느낌이었다. 그녀는 시험을 망쳤다고 생각했고 방학 내내 긴장을 풀지 못했다. 그녀는 결과 발표일이 두려웠고, 그보다 더 두려운 것은 A 레벨 과정을 시작하는 것이었다. 그 모든 압박감과 걱정이 다시 시작된다고 생각하니 견딜 수 없었다.

교육과 정신 건강

오늘날 교육은 시험에서 어떤 성적을 거두는가 하는 결과의 관점에서 주로 논의되는 것 같다. 졸업장과 자격증이 점점 더 개인과 학교의 성공을 가늠하는 척도로 여겨지고 있다. 과거에는 그렇지 않았다. 한 초등학교 행정 직원과의 대화가 생각난다. 그녀는 40년 전에는 국가적 차원의 획일적인 교육과정이나 학업 성취도 평가가 없었고 교사들은 자신이 좋아하는 것을 가르칠 수 있었다고 했다. 그녀는 공식적으로는 음악을 가르치면서 하루의 절반을 기타를 치면서 보냈던 한 선생님을 애틋하게 떠올렸다. 기타만 배우는 것이 바람직하지 않을 수도 있겠지만, 결과에 치중하는 현재의 교육은 결과에 치중하는 양육 모델과 마찬가지로 정신 건강에 악영향을 끼친다. 그리고 정신 건강이 나빠지면 학업 성취도 나빠지므로 이는 정말 어리석은 일이다. 열한 살 때 전반적으로 행복하고 학교생활이 즐거운 아이들이 학업 성취에서도 더 나은 결과를 얻는다는 조사 결과[44]는 누구나 쉽게 수긍할 것이다.

이제 학업 성취도와 정신 건강 사이의 관계를 살펴보자.

학업에 어려움을 겪는다면?

어떤 학생들에게는 시험에 합격하기 위한 학습이 적성에 맞지 않을 수도 있다. 장기적으로 봤을 때 이것은 문제가 되지 않는다. 세상은 넓고 학업은 그중 일부일 뿐이다. 그러나 중등학교 과정까지는 학업이 중심이 되고 학생들은 늘 시험을 보고 그에 따라 평가받게 된다.

초등학교 시절을 떠올려보면 입학한 아이 중에는 키가 큰 아이도 있고 작은 아이도 있었다. 민첩한 아이와 느릿느릿한 아이도 있었다. 말을 잘하는 아이와 거의 말을 하지 않는 아이도 있었다. 시끄럽거나 외향적인 아이. 조용하거나 부끄러워하는 아이. 재미있는 아이와 진지한 아이. 배려심이 많은 아이와 그렇지 않은 아이. 창의적인 아이와 시키는 대로 하는 아이. 집중하는 아이와 공상에 자주 빠지는 아이. 구슬을 바닥에 쏟고 책을 거꾸로 뒤집어 머리에 얹는 아이, 셈을 할 줄 아는 아이와 스스로 글자를 깨치는 아이.

이러한 모든 특성이 인생에서 중요할 수 있지만, 학교에서는 오직 계산과 읽기에 초점을 맞춘다. 학교라는 새로운 세상에 들어간 아이들은 학업 성적이 그 세상에서 가치를 정하는 화폐이며, 자신을 평가하고 아이들을 구분하는 기준이라는 것을 금방 깨닫게 된다. 성적의 우열이 드러나지 않도록 어른들이 아무리 그럴듯하게 포장해도 아무도 속지 않으며 모든 아이는 거의 본능적으로 학업 능력에 따라 자신의 등급이 매겨진다는 것을 알게 된다.

프랭키는 지금까지 늘 성적이 좋았고 다른 사람들도 자신을 그렇게 생각한다고 내게 얘기했다. 지난 수년간 프랭키는 종종 성적 때문에 친구들에게 경쟁심을 느꼈고 1등이 되려고 열심히 노력했지만, 한편으론 그런 자신이 미웠다고 했다. 그들은 친구들이었다! 그녀는 친구들을 이기려고 애쓰는 건 좋지 않다고 생각했다. 그녀는 경쟁에 몰두할수록 삶의 다른 문들이 닫히고 있다고 느꼈다. 그녀는 친구들이 자신이 지루하다고 생각한다고 여겼다. 하지만 열심히 공부해서 좋은 성적을 받아야 자신의 가치를 증명할 수 있었기에 그럴수록 공부에 매달렸다.

장기적으로는 하고 싶은 일에 따라 다른 특성이 더 중요할 수도 있다. 농구 선수나 코미디언이 될 수도 있고, 홍보 분야에서 일하거나 사서가 될 수도 있다. 경찰이나 군대처럼 상하 관계가 뚜렷한 일을 할 수도 있고, 자신의 사업체를 운영하며 사장이 될 수도 있다. 정해진 일을 하는 게 아니라 창의적이고 혁신적인 일을 할 수도 있다. 배관공이나 재단사처럼 손으로 직접 뭔가를 만들거나 고치는 실용적인 일을 할 수도 있다. 돌봄노동을 직업으로 선택하거나, 아이들을 키우면서 부업을 할 수도 있다. 아이들의 미래에는 다양한 기술과 재능이 필요하지만, 학교 교육은 점점 더 범위를 좁혀 몇몇 과목에만 초점을 맞추고 있다.

그래서 사람들은 주요 과목 실력이 인생에서 성취해야 할 핵심 능력이라고 생각하게 된다. 나뿐만 아니라 많은 교육 전문가들은 이것이 근본적으로 잘못된 생각이라고 본다.[45] GCSE에서 배우는 내용은 기초적인 수준의 수학과 영어를 제외하면 대부분의 사람들이 직업이나 일상생활에서 필요로 하는 능력과 별로 관련이 없다.

학교에서 배운 모든 것이 중요하고 우리는 그것을 기억한다는 가정은 우리 사회에 만연해 있지만, 이는 사실과 다르다. 코로나19 팬데믹 기간에 '학습 결손'에 대한 우려의 목소리가 컸다. 일정 기간 교육이 제대로 이루어지지 않으면 지식의 결핍을 메꿀 수 없다는 가정이 깔려 있다. 나는 A 레벨에서 수학, 물리학, 화학을 배웠지만, 미분·역학·주기율표를 그때는 알았다는 사실 외에는 아무것도 기억나지 않는다. 반대로 지금은 일상 업무가 된 섭식 장애 아동·청소년 심리치료에 대해서는 박사 과정에서조차 단 한 번도 강의를 듣지 못했다. 일하면서 배워야 했다. 학교에서 배운 것 중 일부는 도움이 되었다. 예를 들어 약간의 수학 지식이 심리학 통계 작업에 도움이 되었다. 하지만 나머지 지식은 상당 부분 자격을 얻기 위해 거쳐야 하는 과정으로서만 의미가 있었던 것 같다.

그런데 학습에 어려움이 있다면 학교생활이 다소 비참할 수 있다. 수학과 국어 성적이 평균 이하거나 난독증이나 난산증이 있거나 어떤 과목에도 흥미를 느끼지 못한다면 어떨까? 학교가 불편하고 슬프거나 걱정에 휩싸일 수도 있고 자괴감이 들 수도 있다.

나쁜 부모님 때문에 삶이 비참하거나, 부모님이 좋은 분들이지만 건강이 나쁘거나 실직했거나, 가난 같은 사회적 불이익으로 이미 힘든 상황인데, 학교 공부를 따라가기 어렵다면 삶이 한층 더 어려워진다. '난 쓸모없는 존재야. 다들 나보다 똑똑해, 난 절대 잘할 수 없어'라는 생각이 들 수도 있다.

학교를 좋아하지 않거나 공부를 잘하지 못한다고 생각하면 여러 위험에 노출되는데, 가장 큰 위험은 학교가 자신의 삶과 무관해지고 박탈감을 느끼게 된다는 것이다. '학교에서 자존감을 느끼지 못하는' 젊은이들 상당수는 자신에 대해 좋은 감정을 느끼기 위해 다른 일을 찾는다. 이상적으로는 예술, 운동, 댄스, 스포츠, 봉사활동, 시민운동 등 친사회적이고 건설적인 일로 눈을 돌리는 것이 좋다.

그러나 청소년들은 학교에서 소외되었을 때 친사회적이지 못한 방법으로 대처하기 쉽다. 중등학교 이상이 되면 마약, 술, 담배로 고통을 잊거나 나름대로 사회적 지위를 얻으려고 범죄와 갱단에 휩쓸리게 되기도 한다.[46] 여학생들은 유행, 몸매, 외모 등 외형에 지나치게 집착하거나 자신의 성을 이용해 관심이나 지위를 얻으려 하거나 그렇게 하도록 강요당할 수 있다. 우리는 이를 '대상화'라고 부르는데, 이로 인해 젊은 여성들은 성격, 지성, 따뜻함, 유머, 전체적인 멋스러움보다는 외모가 자신의 모든 것이라고 생각하게 될 수 있다. 청소년들의 방황은 어느 정도까지는 허용되지만, 재미가 아닌 자존감을 위해, 학교가 싫어서, 또는 분노, 불안, 슬픔과 같은 어려운 감정에 대처하기 위해 일탈행위에 빠지면 문제가 심각해진다.

그러므로 공부를 잘하지 못하는 학생들에게 학교는 자격시험을 준비하는 곳이어서는 안 된다. 성적이 안 좋은 학생들을 소외시키면서 그들이 학교생활에 만족하길 기대할 수는 없다. 어른들이 이 점을 잊고 있다면 안타까운 일이다. 교육은 학생들에게 흥미와 열정을 불러일으키고 삶에 풍요와 깊이를 부여하는 것이어야 한다. 학생들이 사회를 이해하고 목적의식과 가치관을 잘 형성하게 하는 데 도움이 되어야 한다. 학교는 청소년이 한 사회의 합리적이고 행복한 성인 구성원이 되도록 이끌어주어야 한다. 그러나 자신이 다니는 학교가 그렇지 않더라도 학교에 마음 붙이기가 어렵더라도, 인생은 길고 얼마든지 성공할 수 있으니 부디 졸업할 때까지 잘 버텨내기 바란다.

공부를 잘한다면?

학교를 좋아하고 공부를 잘한다면 아무 문제 없는 것일까? 현

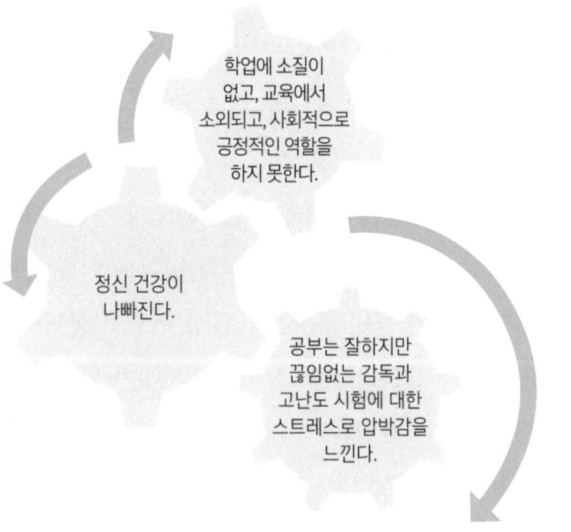

실은 그렇지 않은 것 같다. 성적이 좋은 학생들도 정신적으로 어려움을 겪는 경우가 많다는 것이 그 증거다.

소녀들의 불안과 자해가 증가하는 가운데 그들이 가장 불행하다고 평가하는 영역이 학교다.[47] 시험 불안은 남학생들보다 여학생들에게 훨씬 더 만연해 있다.[48]

교육은 지금의 즐거움을 놓치는 것이어야 할까?

우리가 학업을 통해 추구하는 자격을 구체적인 것에 비유해서 생각해 보자. GCSE 과정 전체를 자동차를 만드는 일에 비유해 보자. 엔진을 만들고, 금속을 용접하고, 차체에 페인트를 칠하는 법을 배워야 한다. 전문가들이 계속 와서 조언해 준다. 특정 작업을 수행하는 방법을 가르쳐주고 개선 방법을 알려준다. 하지만 단 한 번도 "이만하면 충분해요"라고 말하지 않는다. "인제 그만해도 돼요. 가서 쉬고 즐기세요!"라고 말하지 않는다. 대신 "잘했지만, 만일에 대비해 타이어에 공기를 더 주입하고 차체와 실내를 더 윤기 나게 닦아내세요"라고 말한다.

차를 만드는 작업은 내가 어떻게 일하든 상관없이 일괄적으로 검수하는 제출 기한이 되어야 완료된다. 두 달만 기다리면 합격 여부를 통보해 준다고 한다. 이 기간에는 축제에 가거나 긴장을 풀고 즐겁게 시간을 보낼 수 있다. 그러고 나면? 차가 완벽하지는 않더라도 평가를 통과하면 하루 정도는 신나게 차를 몰고 다닐 수 있을 것이다. 하지만 다음 순간, 그 차는 과거에는 충분했지만 이제 자동차 경주에 출전하기 위한 새로운 경주용 차, 즉

A 레벨이 필요하다는 말을 듣게 된다. 전문가는 "그 차는 놔두고 경주용 차를 만들러 오세요"라고 얘기한다. 그러고 보니 예전 차가 너무 느리고 단순하다는 것을 깨닫게 되고, 그 차를 만들 때 배운 기술을 경주용 차를 만들 때 가끔 사용하긴 하지만 기본적으로 별 소용이 없음을 알게 된다. 누구나 그때 배운 것들은 다 잊어버렸다.

그리고 그 작업이 완료되면 앞서 만든 자동차 두 대가 필요 없는 또 다른 상황으로 내몰린다. 아마도 쾌속선이나 비행기를 만들어야 할지도 모른다. 대학 졸업장, 전문직 자격증, 석사 · 박사 과정이 기다리고 있다. 이런 상황은 당연하게도 우울과 불안을 일으킬 수 있다.

우리는 때때로 과거를 돌아보거나 미래를 생각한다. 학창 시절 성적이 좋지 않았다면 과거를 돌아보며 '그때 왜 공부를 열심히 하지 않았을까? 더 열심히 할걸. 지금은 학교 공부를 따라잡기 너무 힘들어'라고 생각할 수 있다. 이런 생각은 우리를 의기소침하게 하고 기가 죽으면 공부할 의욕이 낮아진다. 자칫 잘못하면 학습된 무력감, 즉 뭘 해도 소용없을 거라는 무력감을 느끼며 부정적인 감정의 소용돌이에 빠질 수 있다. 자신이 부족한 사람이고 장래가 밝지 않을 것이라는 생각은 우울증을 유발할 수 있다.

반대로 지금까지 공부를 잘했다면 다음 시험에 대해서도 높은 기대를 하게 된다. 자신과 주변의 높은 기대에 부응하기 위해 끊임없이 따라잡아야 한다는 느낌과 경쟁의식에 사로잡히기 쉽다.

항상 더 많은 것을, 더 잘해야 하며, 하나의 시험이 끝나도 다음 시험을 위해 결코 긴장을 풀 수 없다고 느끼게 된다. 경쟁이 치열하거나 정상에 오르는 것에 집착하는 상황에서는 불안이 생겨나기 쉽다.

불안을 만들어내는 요리법은 다음과 같다. 끊임없는 압박과 경쟁 한 스푼, 시험 점수에 달린 막대한 판돈 한 스푼을 넣고 수년간 양조하면 불안이 생겨난다.

미래를 위해 현재를 끊임없이 희생하면 지금의 행복을 놓치게 된다. 마음챙김과 명상을 통해 정신적으로 현재에 집중하는 것이 웰빙의 핵심이다. 다음 과제, 다음 보고서, 다음 시험을 계속 생각하다 보면 우울해지거나 불안해지기 쉬울 뿐만 아니라 이 순간을 온전히 느끼고 진정한 내가 되는 정신적 웰빙을 놓치게 된다.

우리는 프랭키가 느끼는 압박감에 대해 함께 생각해 보고 이야기를 나누었다. 지난 수년간 부모님은 그녀를 자랑스러워했고 선생님들은 칭찬했으며, 친구들도 잘하고 있으니 걱정할 필요 없다고 말해주곤 했다. 하지만 그런 말들은 그녀를 안심시키기보다는 모두의 기대에 대한 무게감을 더욱 느끼게 했고, 그녀는 그들이 실망할까 봐 두려웠다. '낮은 점수를 받으면 어떡하지? 내가 열심히 하지 않았다고 생각할 수도 있잖아. 내가 게으름을 피웠다고 생각하면 어쩌지?' 좋은 점수를 받더라도 항상 또 다른 과제와 시험이 기다리고 있으므로 만족할 수 없었다. 이번에 시험을 잘 보면, 그만큼 다음 시험에 대한 기대가 클 테니까.

자격은 정체성이 아니다

많은 젊은이들은 자신에 관해 이야기할 때 주로 학교에서 잘하는 것 중심으로 설명한다. 그들은 학교에서의 성취가 자신을 설명하는 가장 중요한 요소라고 생각한다. 심한 경우 자신이 어떤 사람인지 드러내는 유일한 기준이라고 생각한다. 자신의 즐거움과 기쁨, 취향과 소망은 모두 좋은 성적을 추구하는 과정에서 묻혀버리고, 진정한 자신에 대한 감각을 잃어버리고 있다. 마치 등급을 매기거나 순위로 표시할 수 없는 것은 중요하지 않은 것처럼.

이런 식으로 교육 시스템은 아이들의 성장 과정 전체가 최종 성과에 초점을 맞추도록 유도한다. 학구적인 사람들은 어린 시절부터 남들이 '최고'로 여기는 임의적인 기준에 도달하기 위해 조립 라인에서 '나'라는 제품을 최상품으로 만들어내는 데 매진하는 것처럼 보인다. 부모님, 학교 선생님과 과외 선생님, 스포츠 코치, 음악 선생님은 여러분이 최선을 다하고 잠재력을 발휘하는 데 집중한다. 나중에는 학생들 스스로 이러한 사고방식을 완전히 내면화해 '최상의 나'라는 결과물을 만들어내는 데 집중하게 된다. 이것은 진정한 자아가 꽃피는 내면으로부터의 변화가 아니라 전적으로 사회에 만연한 무한한 기준을 충족하는 것, 즉 완벽이라는 개념을 좇는 일이다. 자신을 3인칭으로, 무수한 인적 자원 중 하나로 바라보도록 훈련받고 더 많은 것을 성취하기 위해 쉼 없이 전진한다.

오늘날 많은 젊은이들은 자기 자신을 하나의 제품으로 여긴다. 자신은 제품이자 동시에 그 제품의 생산자가 된다. 자신을 그렇게 물건처럼 생각하는 것은 완전히 미친 짓이다. 이런 사고방식은 인간관계와 정신 건강에 끔찍한 악영향을 끼친다.

대안을 찾아서 : 현실적인 기대치 설정

학습이 끊임없는 고행이 되어서는 안 된다. 지나친 부담에 짓눌려서는 안 된다. 학습이 결코 도달할 수 없는 정상을 향한 경주처럼 느껴져서는 안 된다.

현재의 교육이 그렇게 느껴진다면, 어떻게 해야 할까?

학생들이 학교와 교육 방식을 바꾸기 위해 할 수 있는 일들은

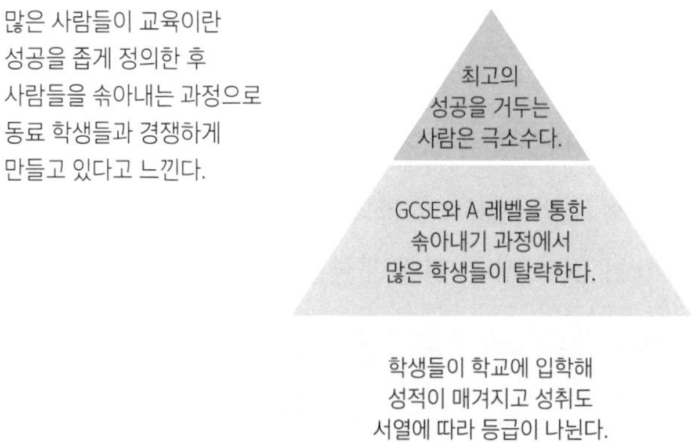

많지 않다. 교육 정책은 정부가, 학교 정책은 학교가, 부모님의 교육관은 부모님이 정한다.

하지만 여러분이 할 수 있는 일이 있다. 그러기 위해서 앞서 얘기했던 많은 내용도 다시 살펴볼 필요가 있다. 감정을 다룬 4장에서 설명한 수면과 식사의 중요성, 현재에 머무르는 법 등 전반적인 정신 건강을 증진하기 위해 할 수 있는 일들이 도움이 된다. 상쾌한 기분과 좋은 몸 상태를 유지하면 감정에 휩쓸리지 않고 학업과 관련된 전체 상황을 파악하면서 현명하게 대처하는 데 집중할 수 있다. "잠깐만요, 왕이 옷을 입고 있나요? 시험 성적이나 졸업장이 내 정신 건강을 희생할 만한 가치가 있는 걸까요?"

이런 질문을 제기하는 과정에서 여러 곳에서 쏟아지는 반대 압력의 쓰나미에 맞서야 할지도 모른다. 조금은 못되게 굴 수 있는 권리, 그동안 성취한 것들의 총합이 아닌 그 자체로 존엄한 인간이 될 권리를 위해 싸우려면 자신의 모든 에너지를 끌어내야 할지도 모른다.

불안을 다룬 5장에서 설명한 불안의 소용돌이도 머릿속에 떠올리면 좋다. 숙제나 시험은 그저 숙제나 시험일 뿐이다. 크게 보면 그 자체는 중요하지 않다. 물론 그것들을 해야 하지만 완벽하게 해낼 필요는 없다. 모든 일에 무한정 공을 들여야 하는 것은 아니며 제한된 시간과 조건 속에서 최선을 다했다면 미련을 버려야 인생을 잘 꾸려가고 정신적으로 건강하게 살 수 있다.

친구 관계를 다룬 3장의 사회적 불안, 즉 사람들이 나를 어떻게 생각하는지에 집착하는 문제에 관한 부분도 떠올려보자. 친구들뿐만 아니라 선생님들이 자신을 어떻게 생각하는지 생각하는 데 많은 시간을 보내는 학생들이 많다. 선생님들의 시선은 흔히 학생들의 마음속에서 큰 비중을 차지한다. 선생님들이 내게 실망하지 않았으면 좋겠다고 생각한다. 여기에는 선생님이 자신을 많이 생각할 것으로 가정하는 자기중심성이 내포되어 있다. 한 마디로, 실상은 그렇지 않다. 함께 수업할 때, 과제를 검토할 때, 학부모와의 대화에 참석할 때 선생님의 마음속에는 그 학생이 있다. 그렇지 않을 때도 우연한 계기로 어떤 학생을 머릿속에 떠올릴 수 있다.

그런데 학교에서 각 과목 선생님이 담당한 학생 수는 100~200명에 달한다. 그리고 그들에게는 어머니, 아버지, 아내, 남편, 남자친구, 여자친구, 친구, 자녀, 손주 등이 있다. 할 일도 많고 자신을 돌보는 데도 시간이 많이 든다. 학교 수업에 대해 고민하고 준비하는 시간에도 학생 한 명 한 명을 생각할 시간은 별로 없다. 그러므로 선생님들이 자신에게 실망할까 봐 걱정하는 것은 지나친 생각이라고 할 수 있다. 내가 성적이 오르거나 떨어진다면, 그들은 잠시 그 사실에 주목하고 기뻐하거나 실망할 것이다. 그것은 그들이 하루에 생각하는 수천 가지 일 중의 하나일 뿐이다. 그리고 그들이 실망한다 해도 아마도 그로 인해 나를 싫어하기보다는 나를 위해 걱정하고 있을 것이다.

선생님들은 학생 시절부터 그 과목을 잘했고 시험 점수가 현재의 직업을 얻는 데 필수적이었으므로, 그 과목에서 좋은 점수를 따는 것이 중요하다고 학생들에게 부담을 줄 수 있다. 선생님이 그렇게 말했다면 학생들 모두에게 그 과목 점수가 중요하다는 뜻이었을까? 아니면 수업에 집중하지 않는 아이들에게 동기를 부여해서 수업 분위기를 개선하려는 것이었을까?

프랭키는 시험 결과가 나온 후 다시 상담을 받으러 왔다. 예상보다 점수가 더 잘 나왔고 단 한 과목도 낙제하지 않았다.

"기분이 어떤가요?"

"안심했어요."

"기쁘지 않나요? 행복하지 않나요?"

"아니요, 그렇진 않아요. 안도감이 들고 좀 무감각한 느낌이에요."

시험 결과가 나온 날 저녁, 친구들과 외출해 즐겁게 시간을 보냈지만, 친구들이 결과를 축하해 주었을 때 다시금 약간의 단절감을 느꼈다고 했다. 마치 다른 사람 얘기를 하는 것처럼. 다음 날 아침, 잠에서 깬 후 그녀는 더 이상 안도감을 느끼지 못했다. 어제의 시험 결과가 무의미하게 느껴졌다. 다시 두려움과 공포를 느꼈다. 이 모든 것이 2주 후 다시 시작될 것이었다.

하지만 이제 그녀는 변화하고 싶었다.

"하지만 시험에 대해 걱정하지 않더라도, 선생님이 어떻게 생각할지 걱정하지 않더라도, 어쨌든 시험은 중요하잖아요." 이렇게 항변할지도 모른다. 길거리에 나앉는 일이 생기지 않더라

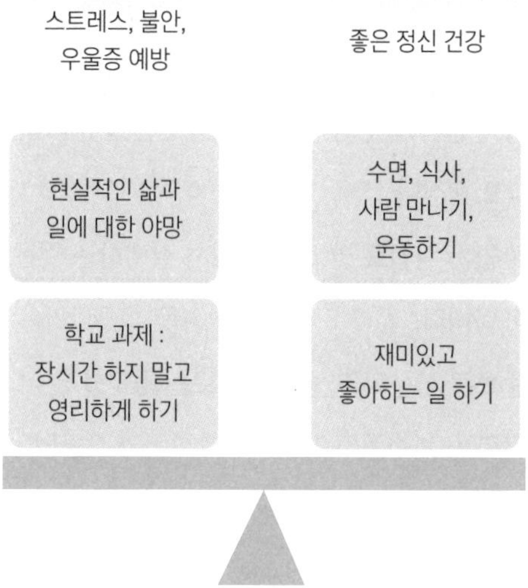

도 시험은 상당히 중요하다. 시험은 '상당히' 중요한 것일 뿐 인생의 전부가 아니다. 시험에 대한 걱정이 통제 불능 상태가 되면 시험을 망치는 것에서 끝나지 않고, 더 큰 어려움을 겪을 수 있다.

교육은 최악의 경우 시험 결과라는 결승선을 향해 달려가는 경주가 될 수 있다. 이러한 압박감을 극복하기 위해 알아두어야 할 교육에 관한 진실은 다음과 같다.

- 인생은 길고 중등학교에서 배운 것과 직접적으로 관련된 일을 하는 사람은 거의 없다.
- 굳이 경주에 비유하면, 경주에는 여러 가지 유형이 있다. 마라톤도 있고 단거리 달리기도 있다. 장애물 경주와 크로스컨트리(들판이나 언덕

등 자연 지형에서 이루어지는 경주)도 있다. 거북이처럼 달릴 수도 있고 토끼처럼 달릴 수도 있다. 모두 훌륭한 경주 방식이다.

- 시험은 특정 유형의 학문적 직업에 대한 관문일 뿐이며, 그런 직업을 원하지 않아도 괜찮다.
- 시험과 상관없는 직업도 많고, 시험에서 실패하는 것은 인생에서 실패하는 것이 아니다.
- 수입을 기준으로 삼는다면, 평균적으로는 공부를 많이 해야 얻을 수 있는 일자리의 급여 수준이 더 높지만[49] 학력과 상관없이 많은 수입을 올릴 수 있는 직업도 많고, 큰 성공을 거둔 사람 중에도 GCSE를 통과하지 못한 경우가 많다. 축구 선수나 팝스타뿐만 아니라 수많은 기업가, 건축업자, 미용사 등이 그런 경우다. 그들은 잘하는 분야에서 열심히 일하고 자신의 사업을 일으켜 공부를 잘했던 동창생들보다 돈을 더 잘 번다.
- 대학은 좋은 삶을 보장하는 길이 아니다. 영국에서는 젊은이들의 절반 정도가 대학에 진학하지만, 대학 학위에 맞는 일자리가 그만큼 있는지는 알 수 없다. 대학 졸업자들 상당수가 전공과 전혀 상관없는 직업에 종사하고 있다.

그러므로 학업에 대해 도전적인 목표를 세우더라도 정신적으로나 육체적으로 지치지 않는 수준인지 확인할 필요가 있다. 막연하게 최고라는 목표를 향해 선택의 폭을 좁히는 것이 아니라 좋은 기회를 잡기 위해 경험, 지식, 기술의 폭을 넓히는 것이다. 그러면 학교 교육을 자신의 삶을 위한 공부로 바꿀 수 있다.

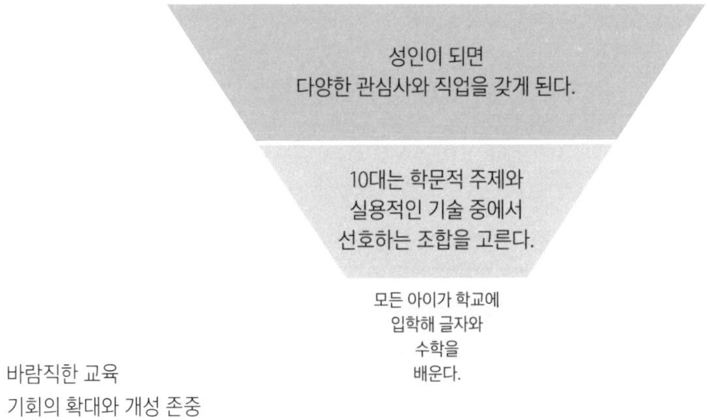

나는 프랭키와 함께 얘기하며 그녀의 부정적 자동 사고를 알아냈다. 그녀는 항상 선생님의 마음을 읽는 사고 오류를 범했다. 그녀는 이에 도전하는 법을 배웠다. 선생님들은 그녀에 대해 오래 생각할 시간이 없었다. 그녀 말고도 걱정해야 할 학생이 100명도 넘었다. 어쩌면 그녀의 점수를 기억하지 못할지도 몰랐다. 그녀가 열심히 공부하지 않았다는 생각이 선생님의 뇌리를 잠시 스쳤다 해도 그것은 그녀의 인생에 아무런 영향을 끼칠 수 없었다. 그녀는 사람들이 자신에 대해 깊이 생각할 시간이 없음을 이해했다. 또한 그들이 자신을 어떻게 생각하는지는 자신이 통제할 수 없는 문제임을 깨닫기 시작했다.

그녀는 또한 자신의 핵심 신념에 대해 생각하기 시작했고 높은 성취를 추구할 때 친구들과 협력하기보다는 경쟁심을 느꼈음을 떠올렸다. 성적에 집착할수록 친구들과는 거리가 생겼다. 그녀는 성적을 올리려고 애쓰기보다는 친구들과 더 많은 시간을 보내기로 했다. 마감일까지만 과제를 완료하면 되고 항상 열심히 할 필요는 없음을 받아들이면서 그녀는 마음 편히 친구들과 외출할 수 있었다. 친구들과의 관계가 더 돈독해졌으므로 수업 시간에도 안정감과 자신감을 느꼈다. 그녀는 자신을 채찍질하기보다는 사람들이 자신에 대해 뭐라고 하든 개의치 않는 평정심을 유지하려고 노력했다.

대학교의 진실

대학교 진학을 목표로 한다면, 현실적인 기대치를 설정하는 데 도움이 될 이야기를 들려주려 한다.

나는 그동안 젊은이들의 이야기를 들으면서 대학에 관한 기대치에 변화가 생겼음을 알게 되었다. 예전에 만난 젊은이들은 가고 싶은 대학을 물어보면, 캠퍼스가 멋지거나 대도시에 있거나 밤에 놀러 갈 곳이 많거나 집에서 가깝거나 특정 교육과정을 운영하는 대학을 원한다고 말하곤 했다. 하지만 지금은 '좋은' 대학에 가고 싶다고 말하는 경우가 많다. '좋은' 대학이 무엇을 의미하는지 물었을 때, 일반적으로 입시생들에게 최고의 성적을 요구하는 대학을 의미한다는 것을 알 수 있었다.

그들은 높은 A 레벨 성적을 요구하는 대학이 기준이 낮은 대학보다 더 낫다고 말했다. 어쨌든, 입학하기가 얼마나 어려운지로 측정할 수 있는, 눈에 보이지 않는 대학 순위가 그들의 머릿속에 각인되어 있었다. 그리고 누구나 당연히 최고를 원한다는 암묵적인 가정이 있다. 그 기준은 자신에게도 적용되어 낙오될 수 있는데도 말이다.

대학도 일종의 기업이며 확실한 근거 없이 최고임을 홍보하는 데 매우 능숙하다. 예를 들어 '러셀그룹'이나 '아이비리그' 대학이 객관적으로 무엇을 의미하는지 알고 있는가?

러셀그룹은 1994년 자신들의 이익을 대변하고 홍보하기 위해 런던 러셀호텔에서 모인 대학들의 모임을 뜻한다. 그 대학들은 많은 연구비를 받고 졸업생들이 좋은 일자리를 얻기도 한다. 그러나 그것은 닭이 먼저냐 달걀이 먼저냐의 상황이다.

러셀그룹 대학들에 대한 외부 검증은 없다. 어떤 대학도 퇴출당하지 않는다. 기숙사 상태나 학생들의 정신 건강뿐만 아니

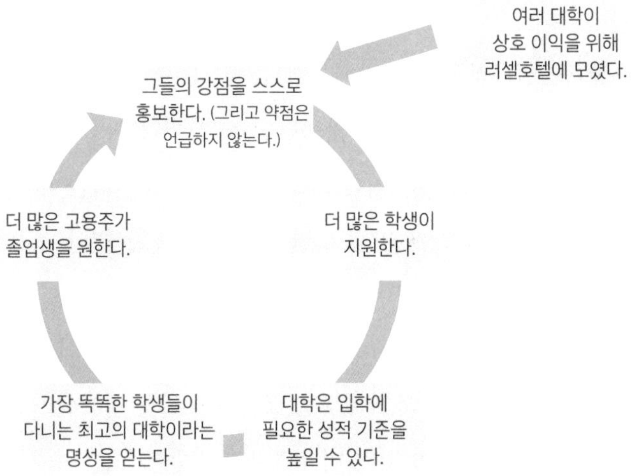

라 교육 수준에 대해서도 객관적인 검증이 없다. 실제로 정부의 독립적인 평가인 '교육 우수성 평가체계(Teaching Excellence Framework)[50]'에 따르면 러셀그룹 대학 중 절반 미만이 최적 기준을 통과했다.

미국 아이비리그는 운동 경기에서 서로 경쟁하던 오래된 대학들에서 출발했다. 식민지 시대의 전통이므로 백인, 남성, 금전적 특권에 기반하고 있다. 이것은 강자들이 스스로 최고라고 자처하는 사례다. 그러면 성적이 좋은 학생들이 지원하고 자금이 몰려들어 경쟁력이 우수한 대학이 된다.

1, 2점 차이는 인생에서 별로 중요하지 않다. 그러나 '최고'라고 불리는 대학에 합격하려면 1, 2점 차이가 결정적으로 작용하게 된다. 그런 상황에서 특정 대학에 반드시 입학해야 한다고 자신을 압박하는 것은 미국 코미디언 그루초 막스가 했던 말을 실천하는 일이 될 수 있다. "저를 받아주는 클럽의 회원은 되고 싶지 않습니다."

가장 중요한 것은 대학에서 무엇을 원하는지 결정하는 것이다. 그리고 대학에 진학하지 않는다면, 직장이나 직업에서 무엇을 원하는지 결정하는 것이다. 자신이 진정으로 원하는 바를 이해하고 결정해야 거기에 맞춰 대학이나 직업을 선택할 수 있다.

자신에게 가장 좋은 것이 무엇인지에 상관없이 최고를 추구하는 경향은 사회 전반에 스며들어 있어 유전적으로 타인의 시선에 매우 민감하게 반응하도록 프로그램되어 있는 청소년기에 이에 저항하기란 매우 어렵다. 비유하자면 마음에 드는 운동화를

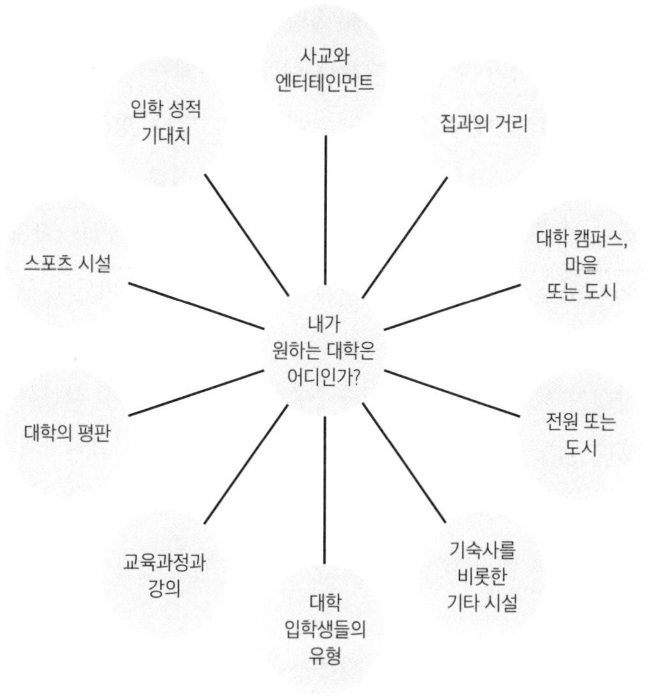

발견했는데 별로 싸지도 비싸지도 않은 것이었고, 그때 친구가 얼굴을 찡그리며 이렇게 말하는 것과 같다. "그딴 거 사지 마. 누가 그런 싸구려를 신니? 유명 브랜드의 운동화를 사. 멋지잖아. 그게 모두가 원하는 거잖아." 자신에게 어울리지 않더라도 비싼 운동화를 사려고 무리할 것인가? 아니면 자신이 좋아하고 감당할 수 있는 것을 살 것인가?

입학 성적 기준이 높은 대학이라고 해서 더 좋은 대학이거나 자신에게 더 나은 곳일 것이라고 가정하면 안 된다. 대학이 높은 성적을 요구하는 것은 많은 학생들이 그 대학 입학을 원한다는 사실을 반영하는 것일 뿐이다. 경매에서 같은 물건에 여러 명이 입찰하면 가격이 오른다. 다른 사람들은 내게는 전혀 중요하지 않은 이유로 그 대학 졸업장을 원했을 수도 있다. 영국의 보수당 총리가 되고 싶거나 전통, 오래된 건물, 뱃놀이를 좋아한다면 옥스퍼드 대학교에 입학하는 것이 좋다. 하지만 임상심리학자가 되고 싶고 도시 생활과 클럽을 좋아한다면 꼭 옥스퍼드에 갈 필요는 없을 것이다.

자신의 성적보다 더 높은 수준을 요구하는 대학에 간신히 합격했다 해도, 그것은 대학에서도 다른 학생들에게 뒤처지지 않게 자신을 계속 몰아붙여야 한다는 것을 의미한다. 그렇게 하지 못한다면, 그 대학에서 학업 능력 하위에 속하게 될 것이기 때문이다.

그러므로 다른 사람들이 원하는 것이 아니라 자신이 원하는 것을 기준으로 대학을 선택하라고 권하고 싶다. 현실적이고 합리적인 선택지는 무엇인지, 어떤 선택을 해야 과도한 스트레스에 시달리지 않고 학업과 삶의 균형을 잘 잡을 수 있을지 자기 자신에게 질문해야 한다.

대학을 선택해야 할 때가 되었을 때 프랭키는 최고의 대학을 기대하는 가족, 친구, 선생님들의 압력에 맞서 자신이 대학에서 얻고자 하는 것이 무엇인지 생각하려고 애썼다. 그녀의 가족은 런던에 살았지만, 그녀는 전원생활이 더 행복하다고 느꼈다. 그녀는 수의사가 되어 개들을 돌보고 싶었다. 그녀는 최고의 대학이 아니라 자신에게 가장 좋은 대학이 어디인지 열심히 고민했다.

오래 공부하기보다 영리하게 공부하기[51]

여기서는 공부 기술과 시험 준비에 관해 얘기하고자 한다. 나는 지나치게 학업에 시달려서 정신 건강을 해치는 일에는 반대하지만, 학업이 많은 이들에게 매우 중요한 문제임을 알고 있다. 정신 건강은 공부를 잘하기 위해서도 중요하다. 나는 모든 이들이 자신에 대해 현실적인 기대치를 설정하고 현명하게 공부하기를 바란다.

열한 살 때의 정신 건강 문제는 평균적으로 5년 후의 낮은 성적과 상관관계가 있다. 정신 건강이 나빠지면 해야 할 일을 미루거나 중단하거나 너무 오랜 시간이 걸리는 등, 효율적으로 영리하게 공부하기가 어려워진다.

니아는 대학에 입학한 첫 학기에 나를 만나러 왔다. 그녀는 항상 열심히 공부하고 최선을 다했으며 선생님과 부모님의 지원을 많이 받았다. 대학교에 입학한 후 속박에서 벗어난 그녀는 생애 처음으로 자유로움을 느꼈고, 첫 달에는 술과 파티, 낭만적인 연애를 즐기며 대학 생활을 만끽했다. 그리고 태어나서 처음으로 강의에 몇 번 결석했다. 그녀는 늦잠을 자게 되었고, 급기야 학업도 뒤처졌다. 그녀는 불안해졌다. 전에는 한 번도 이런 일이 없었다. 그녀는 혼자서 견디기 어려웠다. 그래서 친구들과 계속 어울리곤 했다. 시간이 지날수록 그녀는 해야 할 일이 쌓여가는 것을 보며 압도당하는 느낌이었다.

미루는 습관[52]

말이 안 되는 것 같지만, 완벽주의자라서 미루는 습관이 생긴 사람들도 있다. 완벽주의자들은 지나치게 열심히 공부에 매달리기도 하지만, 반대로 잘 해내지 못할까 봐 시작하지 못하거나 일단 시작하면 마감일까지 거기에 완전히 집착할 것임을 마음속으로 알고 있으므로 아예 시작하지 못한다. 그들이 자신에게 재미를 허용하는 유일한 방법은 해야 할 일을 미루고 딴전을 부리는 것이다. 그런데 사실은 즐기지도 못한다. 할 일을 미룬 데 대한 죄책감과 두려움으로 마음이 물들어 있기 때문이다. 그래서 친구를 만나거나 영화를 보러 가는 것처럼 진짜 재미있고 하고 싶은 일은 하지 않는다. 그러면 해야 할 일을 공식적으로 하지 않는 셈이 되기 때문이다. 그래서 곧 일을 시작하려고 하는 척한다. 그리고 결국 드라마 에피소드 전체를 다 시청하게 된다.

그만하면 충분하다

언제 시작해야 할지 아는 것은 언제 멈춰야 할지 아는 것과 본질적으로 연관되어 있다. 파레토 법칙을 들어보았는가? 80%의 결과가 20%의 원인으로 발생한다는 것이다. 노력의 20%가 성적의 80%를 좌우할 수 있다.[53] 이미 완성한 과제를 반복해서 계속 고치거나 시험 범위 중 어려운 부분만 집중적으로 많은 시간 복습하는 것은 성적을 크게 올릴 수 있는 방법이 아니다. 최고 점수를 받는 학생이라면 만점을 받기 위해 그렇게 공부할 수도 있겠지만, 평균적인 점수를 받는 학생이라면 전 과목, 전 범위를 핵심 내용 중심으로 공부하는 것이 전체 성적을 크게 올리는 방법이 될 것이다. 어려운 부분 위주로 지나치게 오래 공부하거나 똑같은 내용을 여러 번 반복해서 학습한다면 공부가 싫어지거나 포기하고 싶어질 수 있다.

학업은 수확체감의 법칙을 따른다. 공부한 시간에 비례해서 성적이 오르는 것이 아니라 일정 수준에 도달하면 공부 시간이 추가될수록 시간당 효율은 낮아진다. 그래서 전체 범위에 걸쳐 필수 사항만 빠르게 익히는 것이 공부 시간 대비 가장 큰 보상을 받는다. 세부적인 사항들까지 전부 마스터하려고 하면 심한 스트레스를 받고 탈진할 수도 있다. 그렇게 되면 아예 공부할 의욕조차 꺾일 수 있다.

지금까지 살펴보았듯, 현재의 교육 시스템에서 살아남는 방법은 공부와 웰빙의 균형을 맞출 수 있는 선에서 자신에 대해 현실적인 기대치를 설정하는 것이다. 그런 다음 적시에 합리적인 방법으로 공부를 시작하고 적시에 멈추는 법을 배워야 한다. 완벽보다 완성이 낫다(Done is better than perfect). 완벽을 추구하다 시작도 못 하는 것보다 즉각 시작해서 해치워 버리는 게 훨씬 낫다. 결코 100%를 목표로 삼아서는 안 된다. 완벽주의는 정신 질환과도 밀접한 관련이 있다.

제때 시작하지 못했더라도 제때 중지하는 것이 중요하다. 할 일이 엄청나게 쌓여 있어도 압도당하지 않도록 평정심을 유지해야 한다. 할 일이 너무 많다고 압도당하면 우리는 시작할 엄두도 못 내고 미루게 된다. 한 번에 한 시간 공부한다는 식으로 시간 제한을 설정해 보자. 한 시간이 아니라 45분이나 70분으로 설정할 수도 있다. 그 시간이 지나면 잠시 멈추고 휴식을 취한다. 이렇게 공부와 휴식을 계속 반복한다. 앞으로 살펴보겠지만, 이런 패턴을 통해 공부한 지식을 뇌에 통합할 수 있고, 자신이 효과적으로 학습하고 있는지 계속 확인할 수 있다.

너무 오랜 시간 공부하기

할 일을 미루면서 제대로 쉬지도 못하는 것이 아니라 일을 다 끝내고 진정한 휴식을 취하는 것이 정신 건강에 정말 중요하다. 노트 필기를 다시 예쁘게 정리하고 색깔로 구분된 복습 카드를 만드는 것과 시험에 합격하는 것은 다른 문제다. 가장 오랜 시간 공부한 학생이 최고 점수를 받는 것도 아니다. 오래 공부하지 말고 영리하게 공부해야 한다. 영리하게 효율적으로 공부하는 것은 정신 건강에 이롭다는 장점 외에도 기억력의 작동 방식에 유리하다는 장점이 있다. 기억력은 적절한 휴식을 취할 때 가장 잘 작동한다.

니아는 시험에 대비해 복습하느라 일요일 밤을 꼬박 새웠다.

그리고 일주일 뒤 나를 찾아왔다. 그녀는 일주일간 공포와 두려움이 점점 더 커졌다고 말했다. 그러나 시험에 대해 생각만 할 뿐 공부를 시작하지도 못하고 시험 주제를 쳐다보는 것조차 견디기 힘들었다. 이전에는 시험을 보기 전 완벽한 정리 노트와 복습 시간표, 깔끔한 플래시 카드를 준비했다. 이번에는 준비하지 못했다. 그녀는 이 모든 것 없이 어떻게 복습을 시작해야 할지 몰랐다. 결국 그녀는 토요일 점심을 먹고 나서 공부를 시작했고 제대로 쉬지도 못한 채 새벽 2시까지 계속했다. 일요일에는 아침 7시에 일어나 종일 공부하고 밤을 새웠다. 그렇게 공부하는 것이 별로 효과가 없음을 깨닫고 방향을 바꾸지 않았냐는 내 질문에 그녀는 아쉬운 듯 웃었다. 그녀는 일요일 늦은 밤이 되어서야 자신이 공부한 내용이 머릿속에 거의 남아 있지 않다는 사실을 깨달았지만 멈출 힘이 없었다고 했다. 우리는 단지 성실함을 입증하기 위해 효과 없는 공부를 계속하는 것이 어떻게 자기 처벌이 되었는지 이야기했다.

기억의 원리를 이해하기 위해 기억을 자신이 가진 모든 것을 보관하는 창고라고 생각해보자. 그 창고가 전부다. 우리에게는 다른 옷장이나 서랍, 가방 등 다른 어떤 것도 없다.

그렇다면 창고 문을 열면 바로 보이는 앞부분에는 무엇을 보관할 것인가? 아마 매일 사용하는 물건들일 것이다. 열쇠와 교통카드, 빗, 마스카라, 올해 배우는 교과서 등일 것이다. 그리고 매일 외출할 때마다 필요한 물건을 제외하고는 다시 모두 창고에 넣어두어야 한다. 그중에는 내일 당장 필요한 물건도 있고, 중요하지만 1년 동안은 필요 없는 물건도 있고, 필요한 물건인지 쓰레기인지 알 수 없는 물건도 있다. 이것은 우리 뇌의 단기 작업 기억과 같은 것으로, 새로운 정보나 지금 당장 또는 정기적으로 필요한 정보로 구성되어 있다.

하지만 갑자기 날씨가 너무 추워지고 눈이 내리면 부츠와 코트가 필요하다. 그것들은 창고 뒤쪽 어딘가에 있고, 우리는 당장 찾아야 한다. 이것이 우리 뇌의 장기 기억이다.

그렇다면 얼마나 쉽게 찾을 수 있을까? 몇 가지 조건에 따라 달라진다.

1. 자신이 그것들을 갖고 있는가?
2. 처음에 잘 정리해서 보관했는가?
3. 창고 문에서부터 보관한 위치까지 바로 가서 손쉽게 꺼낼 수 있는가?

자주 사용하지 않는 물건을 쉽게 찾으려면 새 물건이 생겼을 때 어떻게 해야 할까? 새 물건을 그냥 창고 앞부분에 계속 던져 놓고 너무 많이 쌓이면 전부 뒤로 밀어버리곤 했다면, 오래된 물건을 쉽게 찾아서 꺼낼 수 있을까? 사용 빈도와 용도별로 창고 안에 구역을 정해 놓고 새 물건을 넣어야 할 때마다 거기에 맞춰 보관하고 어떤 물건이든 바로 꺼낼 수 있게 통로를 확보해 놓았다면 어땠을까?

기억력도 마찬가지다. 수업 시간에 과제를 하거나 집에서 복습을 하는 것은 창고 앞쪽에 있는 물건을 사용하는 것과 같다. 단기 기억을 담당하는 창고 앞쪽에 있는, 한 시간 또는 하루 전에 가지고 있던 물건을 우리는 쉽게 찾을 수 있다. 앞쪽에 물건을 넣고 거기서 물건을 꺼내는 일이 반복되면 매우 효율적이고 열심히 사는 것처럼 느껴진다.

하지만 한 학기 동안, 또는 1년이나 수년간 배운 내용 전체가 시험 범위라면 이런 시험 대비를 위한 장기 학습은 다른 접근법이 필요하다.

1. 뒤쪽에 있는 물건을 정기적으로 사용해야만 그 물건을 내가 가졌는지 어디에 있는지 기억할 수 있다.
2. 새 물건을 넣을 때 정기적으로 휴식을 취해 적절하게 보관할 시간을 확보한다.
3. 물건을 넣고 빼기 쉽도록 넣고 빼는 경로를 명확히 해야 한다.

새 물건을 창고 앞쪽에 뒤죽박죽으로 쌓아두지 않고 효과적으로 보관하려면 휴식을 취하는 것이 가장 좋다. 이렇게 하면 뇌가 새로운 정보를 다른 지식과 통합할 시간을 확보할 수 있다. 그런 다음 종종 꺼내서 사용하다 보면 항상 어디에 있는지 알 수 있다. 그렇게 하면 훌륭한 기억이 형성된다.

따라서 공부를 몰아서 하는 것은 장기 기억에는 큰 도움이 되지 않는다. 휴식 시간 동안 뇌는 새로운 정보를 숙고하고 이미 저장된 다른 정보에 통합한다. 충분히 휴식을 취한 후 새로운 내

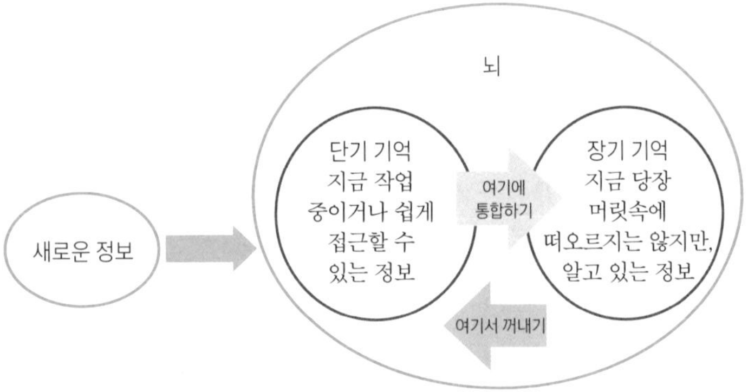

용을 공부하기 전에 앞서 공부한 내용을 다시 살펴본다면, 정보를 어디에 두었는지 어떻게 그곳에 도달했는지 떠올리며 기억을 강화하게 된다.

휴식 시간이 학습에 효과적인 또 다른 이유는 바로 초두효과(primacy effect)와 최신효과(recency effect) 때문이다. 우리 뇌는 학습이나 수업에서 처음 접한 정보와 마지막으로 접한 정보를 더 잘 기억한다. 공부를 몰아서 하지 않고 중간에 휴식을 취하며 여러 번으로, 여러 시간대로 나누어서 하면 이 현상을 활용해 학습 효과를 극대화할 수 있다. 학습 기간 중 첫 번째로 배운 내용과 마지막 내용은 기억의 창고에서 잘 찾을 수 있는 곳에 보관하게 될 가능성이 크다. 중간에 배운 내용은? 안타깝게도 어디 두었는지 잊어버리거나 바닥에 팽개쳐진 채 짓밟힐 수도 있다.

마지막으로, 재인(recognition)과 회상(recall)의 차이점을 이해하자. 재인은 뭔가 읽다가 '그래, 나는 이걸 기억해'라고 생각할 때 느끼는 친숙함이다. 예전에 어떤 걸 배웠다는 사실을 기억해도 그 기억으로는 시험을 잘 볼 수 없다. 반면에 회상은 예전에 기억한 것을 머릿속에서 빠르게 찾아서 재생하는 것을 뜻한다. 어떤 정보를 회상할 수 있으려면 기억의 창고에서 몇 번이고 꺼내서 사용함으로써 그것이 내게 있다는 사실과 용도를 기억해야 한다. 회상이 가능해야 시험을 잘 볼 수 있고, 그러려면 정보가 통합되기 위한 휴식 시간이 필요하다. 또한 뜸 들이지 않고 마음먹은 즉시 공부를 시작하고 내용을 다 익히지 않은 상태에서도 중단할 수 있어야 휴식을 취할 수 있다. '미루기'란 시작하지도 못하고 중단하지도 못하는 어정쩡한 상태에 갇혀 버리는 것이고, 그럴 때 효과적인 공부는 불가능하다.

니아는 간신히 시험을 통과하고 겨울 방학을 맞아 부모님 집으로 돌아갔다. 이번 시험 점수는 그녀가 지금까지 받은 점수 중 가장 낮은 점수였을 것이다. 치료 과정에서 우리는 니아의 독립, 가족과의 분리에 관해 이야기했다. 그녀는 부모님과 선생님들의 지원 체계 없이 스스로 동기를 부여하기 어려웠다. 오랜 세월 교육 컨베이어 벨트에서 살아온 그녀는 대학에 입학한 후 비로소 사춘기를 겪고 있는 것처럼 보였다. 그녀는 첫 학기에 스스로 설정한 완벽한 학업 기준이 자신을 도와주기는커녕 실제로는 방해가 된다는 것을 깨달았다. 예를 들어, 그녀는 지각을 용납할 수 없었으므로 강의에 지각할 것 같으면 그냥 가지 않는 식이었다.

니아는 부모님이 이번 학기 성적에 실망하지 않은 것 같아 놀랐다. 부모님은 미소 지으며 니아가 대학 생활을 즐기고 있는 것 같아 잘됐다고 말했다. 니아는 대학 전공이 자신에게 맞는지 궁금해졌다. 그녀는 자신이 노력하면 해낼 수 있을 것임을 알았지만 과연 지금 하는 공부가 정말 하고 싶었던 것인지 의문을 품었다. 남들이 칭찬하는 뭔가를 할 수 있다고 해서 반드시 해야 하는 것은 아니다. 그녀는 대신 무엇을 하고 싶은지 생각하기 시작했다.

조금 못되게 굴 권리

초등학교, 중등학교, 대학교에는 학생들에게 자격을 부여하는 것이 직업인 친절하고 지적인 선생님들과 교수님들이 가득하다. 초등학교에서는 열심히 진도를 나가며 학업 성취도 평가를 하는 중간중간 시간을 쪼개어 댄스와 요리 실습, 만들기 등을 통해 학생들이 학교와 수업에 마음을 붙일 수 있게 하려고 애쓴다. 중등학교에서는 정해진 시험 문제의 표준 답안을 미리 분석해 가르치는 중간중간 어렵게 짬을 내서 학생들이 좋아하는 것을 발표하는 시간, 좋아하는 책을 읽고 독후감을 쓰는 시간 등을 마련해서 학생들이 자아를 찾도록 돕는다.

사람들은 다른 교육 시스템을 원한다고 말하곤 한다. 스스로 생각하고 큰 꿈을 꾸도록 가르치는 시스템. 배관공이 될 아이와 의사가 될 아이를 동등하게 대하는 시스템. 획일적인 기준에 맞춰 줄을 서라고 강요하기보다는 서로의 차이를 인정하는 교육.

그러나 학생들은 지금 당장은 현재의 교육 시스템에서 살아남아야 한다. 달성 가능한 목표를 설정하고, 시간을 적게 들여 영리하게 공부하고, 공부하는 중간중간 재미있게 즐기고, 적시에 공부를 시작하고 적시에 중단하는 법을 배워야 한다. 무엇을 하든 감정을 너무 많이 투자하지 않는다. 목표를 이루기 위해 거치는 과정이 너무 불행해서 자살하고 싶거나 자해하고 싶거나 공황발작이 자주 일어나거나 공부한다는 핑계로 사실상 자신에게 벌을 주는 고된 일정에 집착하고 있다면 그만두는 편이 낫다.

그런 일들이 일어나고 있다면, 목표가 무엇이든 여러분과 맞지 않을 가능성이 크다. 여러분을 위한 다른 무언가가 있을 것이다. 인생은 길고 성공하는 방법은 다양하다. 더 중요한 것은 행복해지는 방법도 다양하다는 것이다.

제7장

외모와 식사

난 태피터 드레스를 입고 자랐고, 예쁘고 소중하다고 배웠고,

플라스틱 공주들과 놀면서 시간을 보냈죠.

모두 완전히 우스꽝스럽고 허리가 가늘고 가슴이 크고

젖꼭지도 없고 음모도 없고 주름도 없는 공주들이었어요.

특히 여섯 살 때는 꽤나 혼란스러웠죠.

팀 민친 '원 데이' 뮤지컬 〈그라운드호그 데이〉

내가 바꿀 수 없는 것들을 받아들일 평온과

내가 바꿀 수 있는 것들을 바꿀 용기,

그리고 그 차이를 아는 지혜를 허락하소서.

라인홀드 니부어 '평온의 기도'

음식과 몸매의 관계만큼 여성들에게 모순적인 메시지를 전달하는 주제는 없다고 생각한다. 예전에는 매력적이지만 유난히 마른 모델들의 사진, 크림과 설탕이 가득한 요리법, 새로운 다이어트 방법이 이어지는 잡지에서 이런 역설을 볼 수 있었다. 오늘날에는 인터넷이 이 광기를 더욱 키우고 있다. 소셜 미디어 콘텐츠를 분석한 결과 셀카, 운동자극제(fitspiration, 꾸준히 운동하도록 동기 부여하는 동영상이나 이미지), 패션 등 외모 중심의 콘텐츠가 지배적으로 나타났다.[54] 기름지고 달달한 음식들의 이미지, 새로 유행하는 다이어트 식단에 대한 콘텐츠와 함께 보정을 거쳐 비현실적인 모습으로 바뀐 마른 여성의 사진을 배치해 완벽한 몸매에 대한 환상을 팔고 있다. '날씬해져야 해' '내키는 대로 해.' '자신을 손님처럼 잘 대접해야 해.' '체중이 늘어나지 않도록 식단 관리를 철저히 해야 해.' 모순된 메시지를 받는 소녀들은 어떤 선택을 해도 패배할 수밖에 없다.

잔혹한 완벽주의 경쟁에 휘말린 여성들의 소리 없는 비명이 인터넷 세상에 가득하다. 왜 이렇게 되었을까? 어떻게 하면 여기서 벗어날 수 있을까?

건강한 식습관의 함정

오늘날 부모님, 학교, 사회 전반에서 아이들에게 건강한 식습관을 강조한다. 한편, 다른 많은 문제들과 마찬가지로 정보가 넘치고 선택의 폭이 대폭 확대되면서 음식과 관련된 문제도 매우 복잡해졌다.

부모님들은 보통 건강에 해로운 가공식품을 간식으로는 허용하더라도 너무 많이 먹지 말라고 한다. 건강한 식습관은 학교 교육과정에서도 강조한다.

나는 거식증 증상이 있는 올라를 8학년 때 만났다. 언제부터 시작되었는지 물어보니 초등학교 때부터 시작되었다고 했다. 그녀는 또래보다 항상 키가 컸고 6학년 때 사춘기가 시작되어 브래지어를 입고 생리를 관리해야 했다. 당시 학교에서는 건강한 식습관을 강조했고 그녀는 과자, 케이크, 초콜릿, 비스킷을 먹지 말고 하루에 한 시간씩 꾸준히 운동하라는 가르침을 실천했다. 그녀는 이러한 음식 섭취를 줄이기 시작했고 하루에 한 시간씩 트램펄린 운동을 했다.

청소년기에 접어들면서 친구들과 건강 인플루언서들이 얘기하는 '건강한 식습관'을 접하게 된다. 어떤 친구가 다이어트를 시작한다는 소식이나 새로운 다이어트 방법에 대한 정보가 늘 화제에 오른다. 케일, 치아시드, 견과류 등 특정 식품의 효능을 홍보하는 콘텐츠가 넘쳐난다. 탄수화물, 설탕, 지방 같은 특정 식품을 금지하기도 한다. 건강한 식습관에 대한 정보는 서로 모순되는 경우가 많다. 이러한 정보는 대체로 '내게 효과가 있었으니 여러분에게도 효과가 있을 것'이라는 식이다. 어떤 사람들은 생식, 채식, 그레인 프리, 글루텐 프리를 권장한다. 무지방, 무가공, 무설탕, 유기농을 권장하는 사람들도 많다.

어떤 이들은 '저칼로리'를 '건강'과 동의어처럼 사용하며 저당·저지방 식품을 추천한다. 10대 청소년에게 칼로리가 매우 중요하다는 사실은 외면당한다. 칼로리는 건강의 적이 아니다. 성장과 발달, 에너지, 체온 유지, 숙면, 집중력 유지에 필요하다. 또한 저당 식품에 트랜스지방이나 인공 당분이 가득하다면 건강에 좋지 않을 수 있고, 저당 식품이 건강에 어떤 이점이 있는지도 불확실하다.

지방도 매우 부정적으로 묘사된다. 이는 부분적으로는 '지방'이라는 단어에 복합적인 의미가 있기 때문이기도 하다. '지방'은 음식물의 영양소(지질), 완충 역할을 하고 체온을 유지하고 에너지를 저장하는 신체 부위(지방 조직), 과체중 상태(비만)를 가리킬 수 있다. 음식물의 지질은 건강에 가장 중요한 영양소인 동시에 가장 독성이 강한 영양소이며, 지방 조직은 피부나 뼈처럼 우리 몸을 이루는 필수적인 부분이다. 견과류, 생선, 아보카도 등 많은 고지방 식품은 실제로 건강에 매우 이롭다.

따라서 음식을 '건강에 좋다' '건강에 좋지 않다'로 단순하게 나눌 수는 없다. 또한 우리 몸은 음식에 대해 모두 똑같이 반응하지 않는다. 체중, 체형, 키, 생물학적 특성이 모두 다르기 때문이다. 혈액형과 혈압도 사람마다 다르다. 질병에 걸릴 위험도 유전적 소인에 따라 달라진다. 배고픔, 갈증, 포만감, 음식 선호, 알레르기도 각자 다르다.

사람마다 신체가 모두 다를 뿐만 아니라 식습관에 대한 심리와 사회 문화적 배경도 모두 다르다. 음식의 맛, 특정 음식이나 식사 패턴에 대한 선호는 문화권에 따라 개개인에 따라 다르다. 음식과 식사는 사회적 맥락에서 이루어진다. 모든 가족, 종교, 문화에서 음식은 배고픔을 채우는 것 이상의 의미가 있다. 우리가 서로 축하하고, 중요한 날을 기념하고, 인간관계를 돈독하게 하는 데 음식은 매우 중요한 역할을 한다. 10대가 되면서 스스로 음식을 만들어 먹으며 독립을 표현하기도 한다. 또래 친구들이 선호하는 음식을 함께 먹으며 무리의 일원이 되었다는 동질감을 느끼기도 한다. 그리고 음식에 대해 생각하고 이것저것 따지기보다는 그냥 그날그날의 생활을 위해 먹을 때도 많다.

올라에게 본격적으로 섭식 장애가 생긴 것은 중등학교에 진학한 후였다. 학교는 규모가 엄청나게 컸고 예전 친구들은 그녀와 같은 반이 아니었다. 그녀는 매점에 갈 때마다 다른 여자애들보다 덩치가 크고 어색하고 서투른 자신의 모습을 의식했다. 급우들이 자신과 가까워지고 싶은지 확신할 수 없었다. 그녀는 점심을 먹지 않았고, 다른 한편으로는 스포츠 클럽에 가입했다. 그녀는 다이어트에 성공했다고 느꼈다.

우리 사회에서는 음식에 관해 이야기할 때, 건강에 좋은 음식과 해로운 음식이라는 이분법으로 단순화하는 경향이 있다.

'건강한' 식습관은 도덕적으로도 우월한 것으로 여겨지고, 그런 식습관을 가진 사람은 더 나은 사람으로 평가받는다. '바람직해' '의지력이 대단해'라는 말을 듣는다. 그러나 이러한 식습관에는 대가가 따를 수 있다. 우리 몸은 '예쁘고 소중한 것'으로 조심조심 다루며 곱게 모셔놓을 수 없고 매일 부지런히 움직여야 한다. 기운이 없고 시간도 없을 때 단 음식은 에너지를 충전하는 데 효과적이다. 특히 활동량이 많은 10대 청소년에게 과자나 케이크는 완벽한 간식이다. 과일이나 채소는 충분한 에너지(칼로리)를 함유하고 있지 않다. 비만이 사회적으로 문제가 되고 있지만, 의학적인 관점에서 체중 감량이 필요한 10대는 많지 않다.

따라서 다른 사람들이 좋다고 얘기하는 식습관을 그대로 따르기보다는 내게 더 맛있고 이로운 음식이 무엇인지, 경제력과 시간의 제약이 있다면 저렴하고 간편하게 섭취할 수 있는 음식은 무엇인지 파악하는 것이 바람직하다. 어떤 음식은 포만감을 주고 어떤 음식은 가족과 연결해 주며 편안한 감정을 불러일으킨다. 때로는 음식이 공동체 의식을 느끼게 하거나 사교활동의 수단이 되기도 한다. 어떤 음식은 꼭 먹어야 한다, 어떤 음식은 해롭다, 이런 식으로 단정하는 것은 바람직하지 않다. 음식은 그렇게 단순한 것이 아니다.

음식이나 식사를 건강에 좋은 것과 건강에 나쁜 것으로 구분하는 것은 흑백논리다. 이러한 도식적인 사고방식이 음식과 식사에 대해 어떻게 혼란을 불러일으키고, 그 결과 어떻게 섭식 장애와 비만의 위험을 증폭하는지 살펴보자.

체형

어렸을 때는 부모님이 제공하는 음식을 주로 먹었지만, 청소년기가 되면 일정이 복잡해지면서 부모님이 예전만큼 음식 섭취를 좌우하지 못하게 될 수 있다. 이 시기에 여자아이들은 식단에 관심을 기울이며 음식과 체형 사이의 연관성에 대해 생각하기 시작한다.

사춘기가 시작되면서 몸의 곡선이 발달하고 지방 조직이 차지하는 비율이 증가한다. 그러면서 변화하는 신체를 의식하기 시작한다. 사춘기를 가장 먼저 겪은 사람이나 가장 늦게 겪은 사람, 가장 키가 크거나 작은 사람, 가장 몸집이 크거나 가장 마른 사람이라면 다른 사람과 자신을 비교하며 몸의 변화에 민감해지기 쉽다.

그런데 소녀들이 지금까지 본 수백만 개의 아름다운 여성의 이미지는 거의 모두 지방 조직 비율이 낮은 몸매였고, 사춘기의 신체 변화는 갑자기 소녀들 대부분을 사회적으로 '이상적인' 몸매에서 멀어지게 만든다. 마른 이상형에 대한 세뇌는 어려서부터 시작된다. 비현실적으로 날씬한 디즈니 공주들은 항상 아름답다고 정의되며, 그 아름다움은 착하고 친절하며 누군가의 사랑을 받는 것과 연결된다. 나이가 들수록 미디어를 통해 접하는 이상적인 몸매는 엄청나게 많아지고, 이러한 이미지의 대부분은 평균 체격의 여성보다는 사춘기가 되기 전의 소녀와 더 유사한 체형이다.

마른 몸매에 대한 이상화가 여성들이 자신의 신체에 만족하지 못하는 현상에 영향을 미친다는 것을 보여주는 연구 결과는 수백 건에 달한다.[55] 일부러 마른 여성들의 이미지를 찾아서 보지 않더라도 그런 이미지들을 스쳐 지나치기만 해도 자신의 신체에 대한 불만족도가 높아진다는 증거가 있다.[56] 이미지가 인스타그램에 있든 잡지에 있든 상관없다. 특히 일반적인 패션 사진이 아닌 #fitspiration 사진이라면 더 부적절하다. 내가 그런 몸매가 아닌 것은 운동을 열심히 하지 않았기 때문이라고 암시하기 때문이다. 실제 사진이 아닌 보정된 이미지임을 알아도 별 도움이 되지 않는다. 여성들은 그런 이미지를 보며 무의식적으로 '원래 허벅지는 저렇게 생겼는데 내 허벅지는 그렇지 않으니 뚱뚱한 게 분명해'라고 느낄 수 있다.

중등학교에서 올라는 자신의 가슴이 너무 크다고 생각하게 되었다. 몇몇 남학생들이 가슴에 대해 농담을 했다. 그녀는 부끄러워 얼굴이 빨개졌고 진정하기 위해 화장실로 달려갔다. 가슴을 감추기 위해 팔짱을 끼는 버릇이 생겼다. 그녀는 성인 여성의 몸매를 갖고 싶지 않았고, 남자애들이 그녀에게 장난으로 휘파람을 부는 것도 싫었다. 그녀는 그저 다른 여자애들처럼 되고 싶었다. 점심을 굶고 운동을 하면서 가슴 크기가 줄어들었지만, 여전히 다른 애들보다 가슴이 크다고 생각했다. 그녀는 더 작아지고 싶었고, 사람들의 눈에 띄지 않기를 원했다.

10대에는 신체가 점점 커지면서 사회적인 이상에서 멀어진다. 그러면서 스스로 생각하는 자신의 이미지와 다른 사람이 생각하는 자신의 이미지 사이의 불균형이 커진다. 이러한 상황에서 체형과 몸집은 눈이나 머리 색깔처럼 유전적이라서 바꾸기 어렵다는 것을 받아들이기란 쉽지 않다.

오늘날의 사회는 어디서나 끊임없이 몸을 바꿀 수 있다는 생각을 팔고 있다. 다이어트와 피트니스 산업 전체가 이에 의존하고 있다. 수많은 비현실적인 외모의 이미지를 제공하면서 여성들을 불안하게 만들어 솔루션을 판매하려는 메시지가 범람하고 있다.

사춘기에 변화하는 체형이 마음에 들지 않는다면, 멋진 모습의 인플루언서가 자신도 그녀처럼 될 수 있다는 믿음을 팔 때 거기 넘어가기 쉬울 것이다. 그런데 실제로는 그들 자신도 인스타그램에 올리는 이미지와 같지는 않다. 가장 잘 나온 사진을 보정을 거쳐 올렸을 뿐이다. 그들이 자신의 환상적인 이미지를 보여 줄 때, 소녀들은 자신의 최악의 모습을 그 이미지와 비교하면서 그들의 조언에 따르면 실제로 존재하지도 않는 이상적인 모습으로 바뀔 수 있으리라 기대한다.

환상적인 이미지는 조명, 메이크업, 무대, 의상이라는 인위적인 조건과 그 인플루언서의 유전자라는 타고난 조건이 결합해서 나타난다. 그녀가 식단과 운동을 통해 이룬 것은 일부분에 불과하다. 어떤 여성이 인플루언서의 조언에 따른 결과 원하는 체형이 되었다고 해도, 그것은 유전적 요인이 크게 작용한 결과이고 운동과 식단은 어느 정도만 도움이 되었을 뿐이다. 비만이나 지나치게 깡마른 경우처럼 건강에 문제가 있는 수준이라면 운동과 식단이 큰 변화를 일으킬 수 있지만, 건강한 사람들이 원래 타고난 체형을 인스타그램의 '이상적인 몸매'로 바꾸기는 어렵다. 한편, 외모를 바꾸려고 애쓰다 보면, 자신의 외모에서 마음에 들지 않는 부분에 늘 집중하게 되어 결코 만족하지 못하게 되기 쉽다.

내가 상담실에서 만난 많은 젊은이들은 신체의 특정 부위에 집착한다. "내 굵은 허벅지(또는 큰 가슴이나 불룩 튀어나온 배나 커다란 엉덩이)가 정말 싫어요." 그 부분에 너무 살이 쪄서 몸의 비율이 좋지 않다고 느낀다. 하지만 마음에 안 드는 부분에만 집착하다 보니 그렇게 느끼는 것일 뿐 실제로는 그렇지 않은 경우가 많다. 이 장의 뒷부분에서 왜 그런지 상세하게 설명한다.

하지만 몸의 비율이 거의 변하지 않는다는 것은 사실이다. 나는 거식증을 앓고 있거나, 병동에 입원해 있거나, 너무 적게 먹어서 춥고 기운이 없고 머리카락이 빠지는 소녀들을 많이 만났다. 그들은 여전히 자신의 허벅지(또는 배나 엉덩이)가 너무 살쪘다고 말한다. 저체중일 때 그렇게 생각하는 것은 정신적인 문제이긴 하지만, 한편으로는 중요한 사실을 알려준다. 즉, 그들이 실제로 불만족스러워하는 것은 몸의 다른 부위와 비교한 신체의 비율이다. 그들이 거울에 비친 자신의 몸을 샅샅이 살펴보면서 해당 부위가 다른 부위에 비해 지나치게 크다고 느낀다.

신체 비율은 유전적으로 정해져 있고 거의 바꿀 수 없다. 이 사실을 아는 지혜와 이를 받아들이는 평온함을 갖기 바란다. 기본적인 체형은 선택할 수도 바꿀 수도 없다. 허벅지가 너무 굵다고 생각한다면, 허벅지 자체가 굵다기보다는 다른 신체 부위보다 더 굵다고 판단하고 있을 가능성이 크다. 어렵게 체중을 감량했더라도 허벅지가 날씬해진 만큼 몸 전체가 날씬해졌으므로 여전히 비율상으로는 허벅지가 굵다고 느낄 수 있다.

부정확한 신체 이미지

하지만 좋은 소식이 있다. 우리는 정확한 신체 이미지를 가지고 있지 않다는 것이다. 즉, 스스로 생각하는 자신의 모습은 다른 사람들이 보는 자신의 모습이나 실제 크기와 다를 가능성이 크다.[57] 자신의 신체 이미지는 남들이 생각하는 이미지보다 더 과장되어 있을 가능성이 크다. 연구 결과가 이를 증명한다.

왜 이런 일이 일어날까? 자신에 대한 이미지는 감각을 통해 형성된다. 보고, 듣고, 맛을 느끼고, 만지고, 냄새 맡는 것은 기존의 범주와 이전 경험, 기대치를 담고 있는 뇌에서 처리 과정을 거친다. 우리의 뇌는 이미지를 조합할 때 많은 지름길을 택하고 많은 가정을 한다. 우리는 뇌의 이전 경험과 원근법 및 맥락에 따른 가정을 바탕으로 3D 현실을 2D인 사진이나 거울을 통해 '본다'. 따라서 사물의 실제 모습과 우리가 보는 것은 같지 않다.[58] 이와 관련된 연구 결과를 요약하면, 우리의 시각 시스템은 눈으로 받아들이는 모든 정보를 처리하기에는 여전히 한계가 있다는 것이다. 한 유명한 신경과학자는 '그러기 위해서는 우리의 뇌가 건물보다 더 커져야 하지만 그래도 여전히 충분하지 않을 것'이라고 말하기도 했다.[59]

내 몸에 대한 이미지 역시 뇌가 시각 정보를 처리하고 조합해서 만들어낸다. 우리는 몸을 내려다보거나 거울을 보거나 사진을 보는 세 가지 방식 중 하나로 바라보며, 이 세 가지 방식은 각각의 이유로 편향되기 쉬우므로 자신의 몸을 부정확하게 판단할 수 있다.

올리는 자신이 뚱뚱하다고 믿었다. 그녀는 항상 거울을 통해 몸을 자세히 관찰하면서 이를 증명할 증거를 찾았다. 그녀는 자신이 하루에도 몇 시간 동안 알몸으로, 서 있는 모습, 앉은 모습, 앞모습, 뒷모습, 옆모습을 샅샅이 살펴본다고 했다. 나는 보통 사람들은 그냥 옷차림과 얼굴 상태를 확인하기 위해 거울을 본다고 말해주었다. 그녀는 수시로 복부의 '지방'(실제로는 복부의 피부, 근육, 인대, 지방 조직)을 손으로 잡아보곤 했다.

나는 누구나 몸을 지탱하기 위해 각 부위가 잘 발달해야 한다고 설명했다. 발달한 상체에 비해 허리가 지나치게 가늘다면 똑바로 서기가 어려울 것이다. 그녀는 또래 여자애들이 자신보다 말랐다고(사실은 그녀보다 가슴이 작았다) 또는 자신보다 날씬하다고(사실은 그녀보다 체구가 왜소했다) 생각했다. 한편, 그녀는 자신의 다리에 비교적 만족했기 때문에 다른 사람의 다리와 자신의 다리를 비교하지는 않았다. 나는 그녀에게 자신을 바라볼 때 쓰는 부정적이고 불친절한 안경을 바꾸라고 조언했다. 올라는 나와 함께 왜소하고 가슴이 작은 여자애들뿐만 아니라 무작위로 뽑은 타인과 자신을 비교하는 연습을 했다. 그들이 스스로 자신의 신체에서 어느 부위가 문제라고 여길지 그녀가 생각해 보도록 했다.

먼저 자신의 몸을 내려다보는 방법을 살펴보자. 우리는 다른 사람의 몸을 이렇게 보지는 않는다. 원근법에 따라 자신의 몸이 다른 사람의 몸보다 더 크게 보일 수밖에 없다. 또한 우리는 다른 사람의 몸보다 자신의 몸을 훨씬 더 많이 보고 그것도 화장실에 가거나 다리를 면도할 때처럼 별로 남에게 보여주고 싶지 않은 상태일 때 주로 본다. 심지어 마음에 들지 않는 신체 부위를 집중적으로 계속 들여다보기 쉽다. 반면에 다른 사람의 몸은 그들이 나름대로 최선을 다해 보여주고 싶은 모습으로 꾸민 상태

에서 보게 된다. 우리는 항상 다른 사람의 몸을 볼 때와는 다른 각도와 맥락에서 자신의 신체를 바라보고 있다.

크기를 판단할 때는 맥락이 중요하다. 다음 그림, 에빙하우스 착시에서 볼 수 있듯이 우리는 주변 물체들과 비교한 상대적인 크기를 고려해 해당 물체의 크기를 판단한다. 그래서 실제로는 가운데 원의 크기가 두 그림 다 같지만 두 번째 그림 쪽이 더 커 보인다. 우리가 배나 허벅지를 내려다볼 때도 마찬가지다.

그렇다면, 거울에 비친 내 몸의 크기는 실제와 같을까?[60]

많은 사람들에게 질문했지만, 모두 실제 크기와 같다고 대답했다. 하지만 그렇지 않다. 거울에 비친 내 모습은 거울 뒤의 초점에서 바라본 모습이다. 거울의 이미지는 실제보다 작다. 또한 거울에서 가까우면 몸이 길어 보이고 멀리 있으면 짧아 보인다. 초점 거리에 따라 크기가 다르게 보인다.

내 몸이 거울에 비친 모습보다 실제로는 더 크다고 해서 낙담할 필요는 없다. 지금까지 살아오면서 왜 거울에 비치는 상보다 실제 내 몸이 더 크다는 것을 몰랐을까? 우리는 거울을 볼 때마다 그 이미지 자체가 아니라 뇌의 정보 처리 과정을 거친 이미지를 보았기 때문에 전혀 눈치챌 수 없었다. 우리 머릿속에는 그동안 수없이 보아온, 포토샵으로 수정한 이상적인 신체 이미지가 들어 있다. 한편, 우리 몸을 직접 내려다보며 실제보다 더 크다고 믿어 왔다. 그 결과 거울 이미지는 실제 우리 몸보다 작지만, 그 시각 정보가 뇌를 거치면 우리는 거울을 보면서도 우리 몸이 실제보다 더 크다고 믿게 된다. 그것이 바로 연구 결과가 보여주는 전형적인 현상이다.

어떤 날은 뚱뚱해 보이고 어떤 날은 날씬해 보일 수도 있다. 이는 뇌의 하향식 정보 처리 및 기대와 관련된 현상으로 놀랄 만한 일이 아니다. 연휴에 너무 많이 먹어서 뚱뚱해졌다고 생각한다면, 뇌는 그 기대에 부응하는 이미지를 만들어낸다. 사회가 여성의 신체에 대해 비현실적인 이미지를 심어주었기 때문에 자기 몸이나 특정 부분이 실제보다 더 크다고 생각하게 되고, 사회적 기준에 부합하지 않는 자신을 비판적이고 부정적인 시각으로 바라보게 되기 쉽다.

나는 체형에 관해 젊은이들과 이야기할 때 종종 그들이 '부정적이고 불친절한' 안경을 쓴 채 자신의 몸을 본다고 생각하곤 한다. 자신의 모습에서 최고가 아닌 최악을 찾는다. 반대로 친구들을 볼 때는 이 안경 대신 '긍정적이고 친절한' 안경을 쓰고 그들의 모습에서 최고를 찾는다.

특히 사진에서 이런 모순이 두드러진다. 스마트폰 카메라가 일반화되면서 사진을 많이 찍게 되었을 뿐만 아니라, 사진을 공유하기 전에 사진 편집 앱으로 손쉽게 이미지를 보정할 수 있게 되면서 자신을 부정적으로 보는 경향이 심해진 것 같다. 사람들은 자신의 멋진 모습을 간직하기 위해 사진을 찍지만, 예전에는 한두 장에 그쳤다. 이제 자신과 타인의 이미지가 담긴 무한한 인터넷 앨범에 즉각 접근할 수 있게 되면서 자신을 보기 좋게 연출하는 경향이 일반화되었고 외모에 대한 완벽주의가 만연해 있다.

우리는 형편없는 조명과 각도에서 찍은 최악의 2D 신체 이미지를 실제 모습으로 여긴다. 반면에 자신의 멋진 사진은 각도, 조명, 메이크업, 배경이 잘 맞아떨어져 우연히 찍은 것으로 무시한다. 내가 만난 수많은 젊은이들은 친구의 인스타그램 사진을 보며 그 친구가 얼마나 아름답게 보이는지에 집착하고, 인스타그램에 차마 올리지 못한 자신의 사진과 그 친구의 사진을 머릿속으로 비교한다. 즉, 친구의 최상의 모습과 자신의 최악의 모습을 비교하는 것이다. 이 문제는 인터넷을 다룬 다음 장에서 상세하게 살펴본다.

온라인에서나 실제 생활에서, 친구를 자신의 모습과 똑같이 아무 때나 가까이에서 볼 수는 없다. 다른 사람이 여드름을 짜거나 발톱을 깎는 모습을 보기는 어렵다. 화장실 양변기에 앉았을 때 펑퍼짐하게 퍼진 허벅지를 다른 사람이 볼 수는 없다. 우리는 긍정적인 색안경을 끼고 상대의 장점을 바라보고, 부정적인 색안경을 끼고 자신의 단점을 바라본다.

다이어트

수많은 여성들이 자신의 신체 이미지와 이상적인 이미지 사이의 불균형 때문에 자신이 너무 뚱뚱하고 심지어 비만하다고 여긴다. 여성들은 지나치게 자신의 몸을 의식하게 되었다. 그리고 이 사회 어디서나 다이어트가 답이라는 생각을 팔고 있다.

이 분야의 저명한 연구자인 마리카 티그먼의 말을 인용하자면, 미디어는 여성들에게 '대부분의 여성이 달성하기 거의 불가능한 극도로 마른 여성의 이상화된 이미지를 끊임없이 제시'하며, 이는 '과도한 다이어트 관행과 섭식 장애의 출현'과 관련이 있다고 한다.[61] 여성들은 지방이 없는 몸매를 위해 노력하지만, 이는 피부가 없는 몸매나 뼈가 없는 몸매를 추구하는 것만큼이나 말도 안 되는 왜곡된 개념이다.

21세기의 10대 여성들에게 "다이어트와 마약을 제외한 모든 것을 한 번쯤 시도해봐도 좋다"라고 말할 수 있을 정도로 다이어트는 해롭다. 내가 다이어트를 마약에 비유하는 이유는 마약과 마찬가지로 다이어트에 빠졌다가도 운 좋게 회복되는 사람들이 있지만, 나머지는 젊은 시절 한 번의 다이어트로 음식, 식사, 체중 및 몸매가 평생 영향을 받아 회복하기 어렵기 때문이다.

연구에 따르면 다이어트는 놀랄 일도 아니지만 섭식 장애를 예측하게 하는 요인이며, 놀랍게도 비만을 예측하게 하는 요인이기도 하다.[62] 사람들은 다이어트를 비만을 피하는 방법으로 여기지만 실제로는 그 반대다. 체중 감량을 위한 다이어트를 하면 음식과의 관계가 불안정해지고, 생리적, 심리적, 사회적 이유로 장기적으로는 체중이 지나치게 늘거나 지나치게 감소할 수 있다.

올리는 다이어트를 하면서 처음에는 몸이 편해졌을 뿐만 아니라 생활 관리도 더 잘할 수 있게 되었다. 항상 칼로리와 체중계의 숫자만 생각했기 때문에 학업이나 친구 관계 등 그 어떤 것도 걱정하지 않았다. 하지만 이제 그녀는 자제력을 잃고 있다고 느꼈고 멈출 수 없었다. 그녀는 모든 사람과 모든 것에서 단절된 느낌을 받았다. 에너지가 없고 항상 추위를 느끼며 다이어트와 몸매 외에는 아무 관심도 없었다. 그리고 여전히 자신이 너무 몸집이 크다고 생각했다.

다이어트의 생리학을 이해하는 가장 좋은 방법은 음식 제한이 동물에게 미치는 영향을 생각해 보는 것이다. 반려동물을 키운다면, 한 달 정도 매일 먹이를 절반으로 줄인다고 상상해 보자. 반려동물이 급격한 '다이어트'에 돌입했다면 어떤 일이 일어날까? 내가 반려견 수키에게 먹이를 저녁에만 준다고 가정해 보자. 수키는 어떻게 달라질까?

첫날 아침, 내가 시리얼을 먹을 때 수키는 애원하는 눈빛으로 나를 바라볼 것이다. 그래도 평소처럼 곧 먹이를 줄 거라고 기대할 것이다. 하지만 내가 외출을 준비하기 시작하면 수키는 밥그릇 주변을 이리저리 뛰어다니며 짖어댈 것이다. 그리고 저녁에 내가 들어오면 미친 듯이 뛰며 짖어대다가 먹이를 주면 반쯤 정신이 나간 채로 순식간에 먹어 치울 것이다.

다음 날 아침에는 더 고집스럽게 징징대며 뛰어다니고 심지어는 나를 친근하게 깨물어 주려고 할지도 모른다. 개의 언어로 "엄마, 가기 전에 밥 좀 줘요. 어제 배고팠어요"라고 말하는 것이다. 사흘째가 되면 나를 경계하는 눈빛으로 바라본다. 더 시간이 지나면 수키는 포기한다. 바로 자신이 뭘 해도 소용없다고 느끼는 '학습된 무기력' 상태가 되는 것이다. 수키는 종일 힘없이 누워 있기만 하고 내가 귀가해서 문을 열어도 나를 반기거나 꼬리를 흔들지 않는다.

앞서 설명한 '삼위일체 뇌'를 다시 떠올려보자. 식사는 이 세 가지 층 모두에 연결되어 있다. 식사의 생리적 기능은 동물의 뇌와 가장 유사한 부분인 핵심 뇌에서 이루어진다. 호흡이나 심장박동처럼 생존에 필요하기 때문이다. 하지만 먹는 것은 최상위 뇌, 즉 생각하는 뇌인 대뇌피질에서 제어할 수 있는 기능 중 하나다. 문명의 발달로 식사는 뇌에서 계획, 조직화를 담당한 부분에 확고하게 자리 잡았다.

따라서 우리의 핵심 뇌는 저혈당이나 공복감과 같은 배고픔 신호를 감지하고 대뇌피질은 무엇을 먹을지 계획을 세운다. 그러나 굶주릴 때는 핵심 뇌의 기능이 중심이 된다. 기근에 처한 사람들은 풀을 뜯어 먹거나 벌레를 잡아먹기도 한다. 1972년 안데스 설원에 추락한 비행기의 생존자들은 살아남기 위해 죽은 동료 승객의 시체를 먹었다. 그만큼 인간의 식욕과 생존 본능은 강하다.

핵심 뇌는 우리가 다이어트를 할 때 더 많이 먹게 하려고 한다. 핵심 뇌는 '다이어트'를 이해하지 못하기 때문이다. 핵심 뇌는 저혈당, 공복, 글리코겐 부족을 기근으로 이해하고 의식적인 뇌에 메시지를 보낸다. 먹어라! 이것은 우리의 모든 좋은 의도, 의지력, 자신과의 약속을 압도할 정도로 강한 동물적 욕구다. 핵심 뇌는 언어 능력이 없으므로 추리하거나 논쟁하지 않는다. 이렇게 더 먹고 싶은 강렬한 충동을 느끼는데 뇌의 다른 부분은 여기에 반대한다. 대뇌피질은 합리적인 계획과 논증을 통해 약간 저항한다. 그러나 굶주린 상태에서 그것은 어차피 지는 싸움이다.

그러므로 다이어트를 하는 사람들의 80% 이상은 2년간 의미 있는 체중 감량에 실패하고[63] 4년이 넘으면 오히려 체중이 증가한다. 핵심 뇌가 다음 기근에 대비하고 싶어 식욕이 하늘 높이 치솟기 때문이다. 포만감을 느끼는 호르몬 배출을 낮추고 배고픔을 느끼는 호르몬 배출을 높임으로써 신진대사가 더뎌지고 지방 조직에 다음 기근을 대비한 예비 에너지를 비축한다. 이렇게 해서 핵심 뇌와 대뇌피질의 대결은 1 : 0의 승부로 끝난다.

따라서 어떤 종류의 다이어트를 하든, 처음에는 체중이 조금 줄어들 수 있지만, 핵심 뇌가 '기근 경보'를 발동해 다이어트에 대한 강한 반발을 일으키므로 다이어트를 계속하기가 매우 어렵다.[64]

이제 다이어트의 심리학에 대해 생각해 보자. 우리는 생각하지 말라는 말을 들으면 생각하게 되고, 가질 수 없다는 말을 들으면 갖고 싶어진다.

뇌가 어떻게 작동하는지 생각해 보자. 특정 음식으로 주요 영양소를 공급받는 다이어트를 하고 있고 몇몇 음식은 절대로 먹으면 안 된다. 하지만 어떤 음식을 금지하면 그 음식을 생각하기만 해도 뉴런이 활성화된다. 무언가를 하지 않으려는 노력은 뇌에서 그것이 살아있게 만든다.

1950년대 안셀 키스는 6개월 동안 칼로리 섭취량을 절반으로 줄인 실험으로 건강한 젊은 남성에게 굶주림이 미치는 영향을 연구했다.[65] 그들은 음식과 먹는 일에 집착하게 되었다. 그들은 다양한 방식으로 집착했다. 그들은 항상 음식에 관해 이야기했다. 일부는 요리책을 읽기 시작했고, 일부는 식사의 세부 사항에, 일부는 조미료에 매우 집착했다. 어떤 이들은 음식을 아주 작게 잘라서 아주 천천히 먹었다. 그들은 슬프고 외롭고 불안했다. 사교활동이나 섹스, 외출을 할 의욕을 잃었다.

'다이어트 중이니 이건 먹어도 되고, 저건 먹으면 안 돼'라고 생각하는 것 자체가 음식을 마음속에 떠올리게 한다. 음식과 관련된 뉴런을 깨우고, 음식을 먹었을 때의 좋은 기억을 떠올리게 하며, 핵심 뇌와 대뇌피질이 충돌하게 한다. 이런 상태가 너무 오래 지속되면 거부하려는 바로 그 음식에 집착하게 될 수 있다. 특히 초콜릿이나 케이크는 설탕과 지질에 대한 인간의 욕구를 자극하도록 설계된 음식이라 핵심 뇌가 지배적일수록 거부하기 어렵다.

올라는 항상 음식과 식습관, 자신의 체형에 대해 생각했다. 그녀는 스마트폰에서 늘 신스피레이션(thinspiration, 체중을 감소해서 마른 몸이 되도록 자극하는 게시물) 콘텐츠를 스크롤했다. 인스타그램의 수많은 피트니스 인플루언서들을 팔로우하며 음식과 레시피를 살펴보았다. 피트니스 및 칼로리 계산 앱도 여러 개 사용했다. 음식에 관한 생각이 자꾸만 머릿속에 떠올랐고 그럴 때마다 스마트폰으로 찾아보았다. 그러자 모든 앱의 알고리즘이 더 많은 정보를 제공했기 때문에 스마트폰을 볼 때마다 음식, 식사, 체중, 몸매와 관련된 내용이 SNS 피드를 가득 채웠고, 그러면 다시 음식을 머릿속에 떠올리게 되었다.

올라는 24시간 내내 음식에 대해 생각하고 싶었을까? 음식, 식사, 체중, 몸매에 대한 집착 때문에 그녀의 머릿속에서 밀려난 다른 관심사는 무엇이었을까? 그녀는 정신 건강을 악화시키는 사회적 압력으로부터 어떻게 자신을 보호할 수 있을까?

다이어트의 효과를 방해하는 사회적 요인도 있다. TV 프로그램, 틱톡, 유튜브 동영상, 잡지는 음식에 관해 상반된 메시지를 전달한다. 우리 사회는 한편에서는 다이어트와 피트니스를 강조하는 문화, 다른 한편에서는 식탐을 자극하는 먹음직스러운 요리와 맛집 이미지로 우리를 혼란스럽게 한다.

다이어트 문화와 폭식 문화의 공존은 완벽한 비즈니스 모델이다. 고지방, 고당분 식품을 대량으로 판매해서 사람들의 체중을 늘린다. 그런 다음 이를 해결하기 위해 다이어트 처방을 판매한다. 음식에 대한 모순된 이미지는 우리 사회에 만연해 있다. 한 소녀가 울면서 욕조에서 아이스크림을 먹는 모습을 보면 그녀가 이별을 겪었고 자신을 '치유'하고 있다고 간주한다. 고칼로리 음식은 정서적 고통에 대한 해결책처럼 제시된다.

배고플 때 먹고 필수 영양소의 균형을 유지해야 한다는 생각, 규칙적으로 충분히 먹어야 한다는 생각을 파는 사람은 거의 없다.

다이어트는 어떻게 폭식으로 이어지는가?

야스민은 폭식증이 있다고 걱정하며 나를 찾아왔다. 그녀의 엄마는 항상 새로운 다이어트나 피트니스 계획을 세웠다. 엄마에게 한 번도 말하지 않았지만, 야스민은 그 어떤 방법도 체중 감량에 효과적이지 않음을 알 수 있었다. 엄마는 야스민이 기억하는 한 거의 변화가 없었다. 야스민의 체형은 엄마와 비슷했다. 한편 남동생은 키가 크고 늘씬했다. 엄마의 다이어트는 음식에 대한 야스민의 사고에 영향을 미쳤다. 하지만 야스민은 엄마처럼 되고 싶지는 않았다.

다이어트가 어떻게 실패하는지는 폴리비와 허먼의 고전적인 실험을 통해 가장 잘 설명할 수 있다.[66] 다이어트를 하는 사람과 하지 않는 사람의 두 그룹으로 나누어 미각 테스트를 할 거라고 말한다. 그런 다음 미각 테스트 전에 먹을 수 있도록 간식을 제공하는데 모든 참가자에게 같은 간식을 제공하지는 않았다. 두 그룹에서 각각 절반에게는 '건강에 좋지 않은' 포만감을 주는 간식을, 나머지 절반에게는 크래커를 주었다. 그렇게 실험 참가자 그룹은 네 그룹으로 나뉘었다. 사실 이 테스트는 미각을 테스트하는 것이 아니었다. 대신 참가자들이 얼마나 많이 먹었는지 몰래 측정했다.

다이어트하지 않는 그룹은 열량이 적은 간식을 먹었을 때 나중에 미각 테스트에서 더 많이 먹었고 열량이 많은 간식을 먹었을 때 미각 테스트에서 덜 먹는 것으로 나타났다. 배가 부르지 않으면 조금 더 먹고, 배가 부르면 조금 덜 먹는다는 것은 당연해 보인다.

이 실험에서 흥미로운 점은 다이어트를 하는 사람들의 반응이었다. 그들은 열량이 적은 간식을 먹은 후 미각 테스트에서 조금만 먹었고, '건강에 좋지 않은' 열량이 많은 간식을 먹었을 때는 미각 테스트에서 모든 그룹 중 가장 많이 먹었다. 그들은 극단적으로 먹었다.

다이어트하는 사람의 뇌는 '안 돼, 안 돼, 배고파도 적게 먹어'라고 말하다가 어느 순간 '이제 망했어. 어쩌라고. 그냥 먹고 싶은 대로 먹자'로 바뀌는 것 같다. 어차피 다이어트가 다시 시작될 것이고 늘 배고프고 허기질 테니 기회가 있을 때 비축해 두는 게 낫다고 자신에게 속삭이는 것 같다.

야스민은 체중을 감량했다가도 다시 살이 찌는 요요 현상을 두 눈으로 직접 목격했기 때문에 엄마와는 다른 식습관을 추구했다. 그렇지만 오랫동안 주입된 다이어트와 건강 식단에 대한

	미각 테스트 전	미각 테스트에서
다이어트를 하지 않는 그룹	열량이 적은 간식	더 많이 먹음
	열량이 많은 간식	덜 먹음
다이어트 그룹	열량이 적은 간식	가장 적게 먹음
	열량이 많은 간식	가장 많이 먹음

고정관념을 극복하기 어려웠다. 그녀는 거기서 벗어나기 위해 고군분투했다. 당시 엄마는 탄수화물을 먹지 않았지만, 야스민과 남동생에게는 저녁 식사에서 탄수화물을 제공했다. 야스민은 탄수화물에 대한 부정적인 인식에서 벗어나려고 애썼다.

평소에는 아침을 거의 먹지 않았지만 생일 같은 핑계가 있으면 크루아상이나 머핀 몇 개를 기꺼이 먹곤 했다. 낮에는 샐러드를 먹는 등 친구들의 기준에 맞춰 식사했다. 학교에서 돌아오면 배고픔을 참을 수 없어 집에 있는 비스킷과 과자를 모두 먹어 치우는 경우가 많았다. 그러면 그녀는 자신이 못생기고, 뚱뚱하고, 멍청하다는 비참한 기분이 들었다.

다이어트를 하는 사람들이 극단적인 식사를 하는 이유는 좋은 음식과 나쁜 음식, 건강한 식단과 건강하지 않은 식단으로 음식을 대하는 이분법적인 태도와 관련이 있다. 삶의 다른 영역도 마찬가지지만, 음식과 식사도 선명한 이분법으로 나누기 어렵고 양극단 사이 넓은 회색지대가 있다. 음식의 지방 함량, 섬유질 함량, 화학 성분, 당 함량, 포만감, 선호도는 정도의 문제이다. 전부 아니면 전무를 선택해야 하는 문제가 아니다.

또한 음식과 식사의 효과는 점진적이고 장기적이다. 아무리 좋은 식단이라도 지속하지 못하고 내키는 대로 먹다가 다시 그 식단으로 되돌아오는 것을 반복하면 별 제한이 없는 평범한 식단이 더 낫다. 이를 돈에 비유해서 생각해 보자.

여행을 위해 돈을 모으고 있다고 가정해 보자. 몇 주 동안 시내에 놀러 가지 않는다. 옷도 사지 않고 음료수를 사서 마시지도 않는다. 집안일을 해서 용돈을 추가로 받고 아르바이트도 한다. 그렇게 돈을 모으는 자신이 대견하지만, 재미도 없고 지루하다. 그러다가 갖고 싶었던 신발을 할인판매 하는 것을 보고 순간적으로 마음이 약해져 구매했다가 신발이 발에 꽉 끼고, 뒤늦게 신발장을 보니 다른 신발이 너무 많아서 별로 필요하지 않았다는 생각에 기분이 나빠진다.

이제 어떻게 할까? '저축을 망쳤어, 이미 망했으니 오늘은 포기하고 지금까지 모은 돈을 펑펑 써야지. 내일부터 다시 시작하지 뭐'라고 생각할까?

물론 이것은 어리석은 일이다. 신발 하나 잘못 샀다고 지금까지 열심히 모은 돈을 아무렇게나 써버리다니.

돈 문제라면 말도 안 되는 일이지만, 전부 아니면 전무의 태도는 사람들의 식생활에 항상 영향을 미친다. 회색지대를 상상할 수 없으면 건강 식단에서 벗어났을 때 바로 금지된 나쁜 식단으로 넘어가게 된다. 그러면 결국 내일 다시 금지되기 전에 '나쁜'

음식을 최대한 먹어야 한다는 강박에 사로잡힐 수 있다.

퍼펙트 스톰 : 의지력과 다이어트

바우마이스터와 티어니는 『의지력의 재발견 Willpower』에서 다이어트를 '영양학적 난제'로 표현했다.[67]

1. 먹지 않으려면 의지력이 필요하다.
2. 의지력을 키우려면 먹어야 한다.

의지력은 한정된 자원이다. 매일 아침 그날 사용할 의지력을 한 냄비씩 가지고 일어난다고 생각해 보자. 자신의 욕구를 통제하고 해야 할 일을 할 때마다 우리는 의지력을 사용한다. 학교에 지각하지 않으려고 억지로 아침에 일어나거나, 소파에 누워 있지 않고 책상에 앉아 숙제할 때, 학교나 친구 무리에서 자신의 감정을 숨길 때, 의지력이 소모된다.

다이어트를 시작하자마자 머릿속에 떠오르는 좋아하는 음식을 먹지 않으려고 매일 한정된 의지력을 모두 소진하게 된다. 의지력은 피곤함과 배고픔이라는 두 가지 다른 요인에 의해서도 파괴된다. 아침부터 밤까지 시간이 흐를수록 의지력이 줄어드는 이유는 한정된 의지력을 써버렸기 때문이기도 하지만, 몸이 피곤해지고 다이어트로 혈당이 낮아졌기 때문이기도 하다. 따라서 의지력이 가장 필요한 순간에 혈당이 낮고 피곤하므로 의지력을 발휘할 수 없다.

내 의지력이 원래 부족해서가 아니다. 의지력을 대부분 써버렸고 나머지는 배고픔 때문에 파괴된 것이다. 의지력이 바닥난 상태에서 금지된 음식을 먹고 '어쩌라고! 어차피 다이어트는 망했는걸' 하는 생각에 마음껏 폭식하는 현상이 나타난다.

의지력이 작동하려면 혈당이 필요하다. 뇌는 활동하지 않을 때도 1일 칼로리 섭취량의 약 20%를 사용한다. 달걀흰자 오믈렛만 먹었거나 점심을 거른 경우, 뇌가 제대로 기능하지 못해 특정 인지 작업을 수행할 수 없게 된다. 우리의 뇌는 기억력, 단어 유창성 등 모든 종류의 기능을 위해 혈당이 필요하며, 아이들은 음식을 먹지 않으면 작업 수행 능력이 떨어진다.

'초콜릿을 먹지 않기'를 규칙으로 정했다면, 이는 의지력이 필요한 일이 된다. 오히려 초콜릿에 대한 규칙이 없다면 초콜릿을 거부하는 것이 어렵지 않다. 초콜릿을 좋아한다면 먹을 수도 있고 그렇지 않을 수도 있다. 만약 초콜릿을 먹었다면 충분히 먹었다는 느낌이 들 때 멈추게 될 것이다. 의식적으로 생각하지 않아도 되고 뇌에 부담을 주지도 않는다.

나는 먼저 야스민이 규칙적인 식사를 하도록 노력했다. 나는 규칙적인 식사가 폭식을 유발하는 박탈감과 굶주림을 피하는 데 어떻게 도움이 되는지 설명했다. 하지만 야스민은 아침을 먹지 않으면 날씬해진다는 등 세뇌된 다이어트 사고방식에 물들어 있어 처음에는 규칙적인 식사를 하기 어려웠다. 시간이 지나면서 그녀는 식사를 거르거나 너무 적게 먹으면 과식하거나 폭식할 가능성이 커진다는 것을 알게 되었다. 또한 남동생은 먹고 싶은 것을 먹고 배가 부르면 멈추기 때문에 체중이 늘지 않는다는 사실도 알게 되었다.

혈당이 낮으면 의지력을 발휘하기 어려운데 거식증 환자들은 어떻게 마른 체형을 유지하는 걸까? 이것은 의지력의 문제가 아니라 질병의 문제다. 날씬함에 대한 강박관념 때문에 더 많이 먹는 것이 육체적으로 거의 불가능하다고 느낀다. 이들은 깨어 있는 시간의 거의 3분의 1은 음식과 먹는 것에 대해 생각하고, 나머지 3분의 1은 체중과 몸매에 대해 생각한다. 그리고 나머지 시간 동안 학업이나 업무에 대해 생각한다.

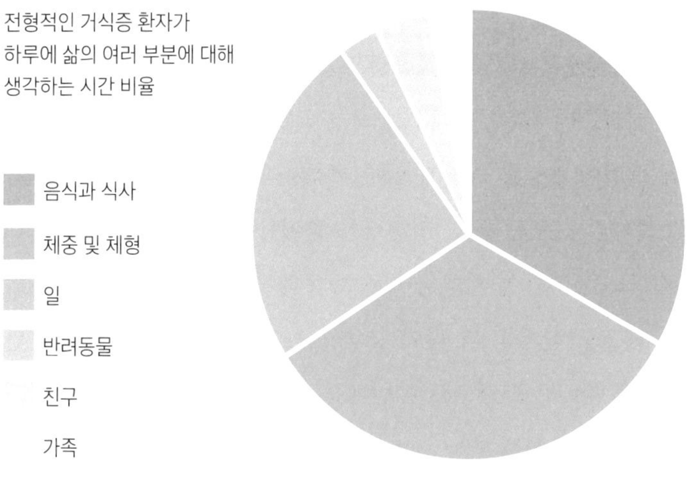

나는 20년 넘게 거식증 환자들에게 질문하곤 했다. "음식과 먹는 것에 대해 얼마나 많은 시간 생각하나요?" "체중과 몸매는요?" "친구를 얼마나 생각하나요? 가족은? 다른 관심사는?" 원래 마른 체형을 타고나지 않은 사람이 아주 마른 사람이 되는 유일한 방법은 다른 관심사, 재미, 가족, 친구를 희생하면서 음식, 식사, 체중, 외모에 대해서만 생각하며 하루를 보내는 것이다. 나머지 모든 것을 포기해야 한다. 젊은 거식증 환자들과 함께 차트를 그려보면 그들도 그만한 가치가 있다고 생각하지 않는다. 그들은 자신이 친구, 가족, 다른 관심사와 연결되어 있지 않다는 사실에 슬퍼하며, 날씬해지는 것이 다른 모든 것을 희생할 만큼의 가치가 없음을 깨닫는다.

전부 아니면 전무 다이어트와 요요 현상

다이어트를 한 후 과식이나 폭식을 하는 것은 많은 사람이 평생 과체중이 되는 경로다. 실제로 비만인 사람의 약 1/3은 폭식이 원인인 것으로 알려져 있다. 다이어트를 하는 동안 체중은 감소하지만 신체는 음식 섭취량이 줄어드는 것에 적응한다. 핵심 뇌는 마치 기근에 처한 것처럼 반응해 칼로리를 더 적게 소모하고 배고픔 신호를 더 많이 보내는 등 신체를 더 효율적으로 만든다.[68] 따라서 다이어트가 실패하거나 종료된 후에는 살이 찌기 쉬운 상태가 된다.

안셀 키스의 실험은 다이어트의 후유증도 보여주는데, 6개월간 굶주린 남성들이 다시 정상적으로 식사하기 시작했을 때 '많은 참가자가 정상보다 높은 체중을 유지했고 수개월, 심지어 수 년 동안 비정상적인 식습관을 보이다가 '정상' 상태로 돌아갔다'고 보고했다.[69] 다이어트 후 우리의 뇌는 더 많이 먹고 덜 움직이기를 원하며, 다이어트가 유발한 심리적 강박관념은 쉽게 사라지지 않는다.

다이어트는 일반적으로 건강 문제가 있는 고령의 과체중인 사람들을 위해 설계된 것으로, 그들은 1일 필요 칼로리가 청소년보다 훨씬 적다. 젊은 나이에 다이어트를 시작하면 평생 다이어트에 얽매여 비만의 위험에 빠질 수 있다.

치료의 두 번째 부분은 배고픔과 포만감, 선호도 및 선택을 조율하는 데 초점을 맞추었다. 야스민은 탄수화물, 단 음식, 피자 등 '금지 음식'을 먹으면 과식을 하고 구토하게 될까 봐 염려했다. 우선 초콜릿을 하루에 한 개만 먹어보았다. 그녀는 적절한 양으로 시작했으므로 통제할 수 있다고 느꼈다. 그런 다음 매일 학교 매점에서 '좋아하는' 음식을 먹는 연습을 했다. 다른 사람의 시선을 의식하기보다는 자신의 배고픔, 포만감, 음식에 대한 만족감에 주의를 기울였다.

신체 만족도

키가 작고 가슴이 큰 사람, 키가 크고 엉덩이가 큰 사람, 가슴이 크고 엉덩이가 작거나 가슴이 작고 엉덩이가 큰 사람, 전체적으로 곡선이 발달한 사람 등 체형은 대체로 미리 정해져 있다. 자신의 몸이 사회가 규정한 이상형에 맞지 않는다고 해서 더 열심히 노력해야 한다는 것은 사실이 아니다. 이는 뭔가를 팔려는 사람들이 부추기는 신화다. 바로 날씬함이라는 신화다.

자신의 몸을 받아들이고 만족하는 것이 왜 그렇게 어려울까? 나는 젊은이들과 대화할 때 항상 그들이 신체를 제외한 자신의 모든 측면에 대해 '그게 바로 나'라고 말하는 것을 듣는다. 그들은 남과 다른 자신의 개성, 심지어 긍정적으로만 볼 수 없는 특성도 받아들인다.

"나는 아침형 인간이 아니야." "나는 수학을 잘 못 해." "나는 고양이를 좋아해." 우리는 흔히 이런 말을 하면서 개인적 차이를 드러낸다. 일찍 일어나려고, 수학을 열심히 공부하려고 노력할 수도 있지만, 자신에게 특별히 문제가 있다고 생각하지는 않을 것이다. 수학을 잘하는 사람이 전반적으로 자신보다 더 나은 사람이라고 생각하지 않고 단지 자신보다 수학을 잘할 뿐이라고 생각할 것이다. 고양이 애호가라면 왜 나는 개를 좋아하지 않을까 하고 안타까워하지는 않을 것이다.

그런데 우리는 저마다 다른 체형은 받아들이지 못하고 왜 자신에게 그토록 획일적인 기준을 들이댈까? 이 사회가 특정 체형이 사회적으로 더 바람직하고 도덕적으로 우월하다고 규정하고, 누구나 노력하면 이를 달성할 수 있다는 믿음을 팔기 때문이다.

자신이 아닌 다른 사람이 되려고 노력하는 사람들이 겪는 불행은 이루 말할 수 없다.

야스민은 밝고 영리하고 재미있고 친절하고 옷을 잘 입었지만, 또래 친구들보다 덩치가 커서 아무도 자신을 매력적으로 여기지 않을 것으로 생각했다. 그녀는 남자애들에게 관심이 없는 척했다. 그녀는 자신의 외모가 부끄러워 인스타그램에 사진을 올린 적이 없었다. 우리는 그녀가 어떻게 변화해야 하는지, 어떻게 하면 친구들의 시선을 의식하지 않고 자신이 원하는 대로 옷을 입고, 스스로 음식을 선택하고, 자신의 몸을 소중하게 다루면서 최고의 삶을 살 수 있을지 고민했다. 그녀는 소셜 미디어에서 몸매와 상관없이 긍정적이고 건강하게 사는 방법을 찾아보았다.

리조, 빌리 아일리시, 카밀라 카베요와 같은 스타들을 통해 다음 세대는 뭔가 다를 것이라는 희망의 빛을 본다. 이들은 체형에 의해 정의되기를 거부한다. 이들은 자신에 대해 가장 중요한 것은 주어진 신체가 아니라 자신이 어떤 사람이 되었는가임을 알고 있다. 인터넷에는 모든 사이즈의 건강(health at every size) 운동, 자기 몸 긍정주의(body positivity) 운동이 활발하다.[70]

몸매는 외모의 한 측면일 뿐이지만 10대 소녀들이 가장 중요하게 여기는 부분이다. 그래서 피부, 얼굴, 머리카락, 눈 등 외모의 다른 부분에는 상대적으로 덜 관심을 기울인다. 그러나 몸매는 외모 중 한 측면이고, 전체적인 외모도 성격, 지능, 성취(업적)와 함께 자신을 이루는 하나의 요소일 뿐이다. 우리의 삶 전체에서 그 이상으로 더 중요한 가치를 부여할 필요는 없다. 우리는 가족이나 친구를 몸매나 외모로 판단하거나 선택하지 않는다. 우리는 가족이나 친구가 믿을 수 있고 유머 감각이 있고 친절하고 함께 있을 때 즐거운 사람이기를 바란다. 자기 자신에게만 다른 기준을 적용할 이유는 없다.

어떻게 먹을 것인가?

다이어트를 신체 기능의 관점에서 생각하면 이상한 개념임을 알 수 있다. 화장실에 되도록 적게 가려고 하거나 숨을 덜 쉬려고 노력하는가? 이런 일을 하면 음식 섭취를 제한할 때처럼 핵심 뇌가 주도권을 쥐고 바지를 적시게 될지도 모른다. 요요를 겪은 다이어트 경험자 중 한 명인 오프라 윈프리는 이렇게 말했다. "우리 대부분에게 다이어트는 기껏해야 일시적인 해결책일 뿐이에요. 우리의 의지력이 버티는 동안만 계속할 수 있죠. 하지만 숨쉬기를 얼마나 오래 참을 수 있을까요?"

나는 음식과 식습관에 대해 학교에서 가르쳐야 한다고 생각한다. 건강에 좋은 음식과 그렇지 않은 음식이라는 이분법이 아닌 전반적인 지식을 가르쳐야 한다. 식사 시간에 포만감을 제대로 느낄 수 있도록 천천히 먹는 법, 먹는 것이 더 이상 즐겁지 않은 티핑포인트를 알아차리는 법, 포만감에 가까워질 때 식사를 멈추는 법을 배워야 한다. 다이어트가 왜 위험한지 뇌의 작용과 우리 몸의 생리학을 가르쳐야 한다. 이 모든 것은 음식과 편안한 관계를 맺고 비만이나 섭식 장애의 위험에 빠지지 않는 데 도움이 되는 지식이다. 무엇보다도 학교는 음식, 식사, 체중 및 체형에 대해 장기적인 접근 방식을 가르치되, 단기적인 동기와 충동을 인정해야 한다.

자신의 몸에 맞춰 배고플 때 먹는 직관적 식습관의 개념은 로라 토머스의 『그냥 먹자Just Eat It』, 릭 카우스먼의 『다이어트가 아니라면, 무엇을 할 것인가?If Not Dieting, Then What?』를 참고하면 좋다.[71] 카우스먼은 식습관을 직관과 영양이라는 두 개의 노가 있는 배에 비유한다. 한쪽 노만 저으면 어떻게 될까? 배가 빙글빙글 돌게 된다. 마찬가지로 직관과 영양 중 하나에만 치중하면 우리 몸이 제대로 기능하기 어렵다. 두 개의 노를 다 저어야 한다.

영양은 단순히 어떤 음식이 좋은지에 관한 것이 아니다. 생활을 잘해나가기 위해 어떤 음식이 얼마나 필요한지에 관한 것이다. 아침에 뭘 먹으면 점심까지 필요한 에너지를 얻을 수 있는지, 점심에 뭘 먹으면 방과 후에 배고픔을 느끼지 않을 수 있는지에 관한 것이다. 탄수화물, 단백질, 지방, 과일과 채소의 영양소를 알고, 한 끼나 하루가 아니라 일주일 또는 한 달 단위로 적절한 양을 섭취했는지 확인한다. 내 몸, 배고픔의 신호, 포만감, 에너지 수준에 귀를 기울이고 이를 종합하는 것이다.

한편, 직관은 어떤 음식을 먹고 싶은지, 무엇이 나를 만족시킬 수 있는지에 대해 생각하는 것이다. 점심으로 파스타 샐러드가 정말 먹고 싶지만, 양상추와 단백질만 먹고 탄수화물은 먹지 않기로 했다면, 직관을 만족시키지 못하는 것이다. 이렇게 직관을 거스르는 선택을 많이 하다 보면 나중에 음식에 집착하고 과식할 가능성이 커진다. 직관은 음식의 다른 의미에도 적용된다. 금요일 밤의 테이크아웃, 생일 케이크, 첫 데이트 때 즐기는 외식, 사람들과 함께 식사하거나 직접 만든 음식을 서로 나누는 것은 사람들과 연결될 좋은 기회가 된다.

거식증 환자들은 음식의 영양소와 칼로리에 집착하고 직관을 무시한다. 이렇듯 문제는 우리가 한쪽 노만 열심히 저을 때 발생한다. 반대로 직관에만 충실한 사람들은 식습관을 제대로 형성하지 못하고 자극적인 음식을 너무 많이 먹어 과체중이 되기 쉽다.

야스민은 직관적인 식사를 연습해보고 싶었다. 그녀는 먹는 것을 옷에 비유해서 설명했다. 아침에 일어나면 날씨를 보고 그날 무엇을 할 것인지(학교에 가는 날인가? 방과 후 할머니를 만나러 갈까, 아니면 친구들을 만날까?) 생각한 다음 무엇을 입고 싶은지 생각한다고 말했다. 때로는 레깅스를, 때로는 원피스를, 때로는 청바지를 입고 싶었다. 그녀는 지나치게 고민하지 않고 실용성(무엇을 할 것인가? 누구와 함께할 것인가? 날씨는 어떤가?)을 우선 고려한 후, 그다음에는 자신이 좋아하는 것을 골랐다.

그녀는 음식도 마찬가지로 자신이 평소 하는 일과 그날 무엇을 할지 생각하고 에너지, 시간, 가용성을 먼저 고려한 다음 가능한 선택지 중 자신이 먹고 싶은 것을 생각했다. 어떤 날은 따뜻하고 든든한 스튜를, 어떤 날은 시원한 아이스크림을 먹고 싶었다. 때로는 샐러드를, 때로는 햄치즈 샌드위치를 먹었다. 이렇게 해서 야스민은 자신에게 필요한 영양을 섭취하고 자신이 좋아하는 음식도 먹을 수 있었다. 옷과 마찬가지로 그녀는 음식에서도 현실적 필요와 좋아하는 것을 조합하는 법을 배웠다.

미친 세상에서 제정신으로 사는 법

수십 년간 임상심리사로서 수백 명의 소녀들과 함께 이야기하며 음식, 식사, 체중, 체형에 대해 얻은 결론은 다음과 같다.

1. 체중과 체형은 우리가 통제할 수 있는 범위가 제한되어 있는데 체중을 줄이기보다는 늘리기가 훨씬 더 쉽다. 신체의 생리와 뇌의 강한 생존본능 때문에 체중은 쉽게 늘어나고 뺄 때는 고통스럽다. 그리고 체형은 상당 부분 유전적으로 결정되어 있다.
2. 그러므로 자신의 기본적인 체형을 받아들이는 것이 현명하다. 어차피 내 몸을 객관적으로 정확하게 보는 것은 불가능하므로 자신의 체형을 확인하는 데 집착하지 않는 것이 좋다. 하루에 10분 이상 거울을 본다면 너무 많은 시간을 거울 앞에서 보내는 것은 아닌지 생각해 본다. 이유 없이 너무 오랫동안 자신의 몸을 바라보게 되면 왜곡된 자기 이미지를 갖게 되기 쉽다.
3. 자신의 이미지를 보기 전에 '긍정적이고 친절한' 안경을 쓴다. 이 안경

을 다른 사람을 위해서만 쓰지 말자. 외모는 나를 이루는 여러 요소 중 가장 중요한 것은 아니다. 우리가 어떤 사람을 외모 때문에 좋아하지 않듯, 진심으로 나를 좋아하는 사람들은 내 외모가 아니라 나 자체를 좋아한다. 외모가 아니라 자신이 원하는 사람이 되는 데 집중한다.

4. 여성의 몸을 획일적으로 표현하는 것에 반대하고 이상화된 체형을 홍보하는 소셜 미디어를 비판적으로 바라본다. 다른 사람의 외모나 체형에 대해 품평하지 않는다. 마찬가지로 자신에 대해서도 품평하지 않는다.
5. 자칭 건강 전문가가 아닌 의학계의 일반적인 조언을 따르되, 최상의 건강에 집착하지 말고 일반적인 건강 유지를 기준으로 음식을 섭취한다. 자신의 몸에 귀를 기울이고 어떤 음식이 맞는지 파악한다. 그러면서 소통과 연결의 수단인 음식의 사회적 역할도 고려한다. 자신의 취향만 고집하면 음식이 인간관계에 도움이 되기보다 오히려 자신을 고립시킬 수도 있다.
6. 직관적으로 먹기. 카우스먼은 '정말로 정말로 원한다면, 원하는 것은 무엇이든 먹어도 좋다'고 했다. 초콜릿, 감자칩을 항상 먹고 싶다면 영양을 좀 더 고려해서 그런 음식 섭취를 조금 줄이거나, 아니면 체중 증가를 받아들여야 한다. 어쨌든 먹고 싶은 욕구 자체를 무시해서는 안 된다.
7. 좋아하는 방식으로 규칙적인 운동이나 그에 상응하는 활동을 한다.

음식, 식사, 체중, 체형에 대해 우리가 알아야 할 것은 여기서 제시한 일곱 가지 지침이면 충분하다고 생각한다.

제8장

스마트폰과 인터넷

충분하지 않아. 난 충분히 해 봤어. 난 충분하지 않아.

팀 민친 '충분하지 않아' 뮤지컬 〈그라운드호그 데이〉

기술과 노예 제도의 차이점은

노예는 자신이 자유롭지 않다는 것을 잘 알고 있다는 것이다.

나심 니콜라스 탈레브 『프로크루스테스의 침대』

인터넷은 『오즈의 마법사』를 떠올리게 한다. 도로시의 집은 회오리바람에 휩쓸려 오즈의 나라에 추락했다. 캔자스에서는 모든 것이 회색빛으로 칙칙했지만, 이곳은 밝고 환했다. 오즈는 인터넷처럼 때로는 신나고 재미있지만 때로는 무서운 곳이다. 그리고 도로시처럼 여러분은 지도나 사전 지식 없이 이 새로운 땅을 탐험하고 있다. 어른들은 캔자스에 갇혀 있고, 온라인에서는 온갖 새로운 사람들을 만날 수 있다.

스마트폰이 이 세상에 나온 지 이제 겨우 20년이 지났다. 스마트폰은 미지의 영역이며 여러분에게 어떤 영향을 미칠지 아무도 모른다. 이것은 거대한 사회적 실험이다. 여러분은 디지털 세상에서 태어난 디지털 네이티브[72] 세대이며, 여러분의 부모님과 나는 디지털 이민자다. 아날로그 세상에 살다가 어른이 되어서야 외국어처럼 디지털을 배워야 했다. 나 같은 성인들은 새로운 세상의 자유와 혜택을 충분히 누리면서도 구시대의 문화와 미덕에 집착한다.

인터넷 이전의 삶은 이제 조금 흐릿해 보인다. 옛날에는 어떻게 모임을 만들었을까? 친구들과 어떻게 연락을 주고받았을까? 사진은 어떻게 찍었을까? 필요한 정보를 어떻게 찾았을까? 인터넷의 등장은 생활방식을 근본적으로 바꿔놓았다.

젊은이들과 함께 일하면서 디지털 혁명에는 좋은 점도 많지만[73] 심리적 위험도 있음을 알게 되었다. 도로시는 노란 벽돌길을 지나가며 새로운 친구를 만난다는 설렘을 느꼈지만, 거기에는 예상치 못한 위험과 문제도 있었다. 이 시대의 위험은 무엇일까? 누가 다칠까? 아직은 이 거대한 실험의 결과를 확실하게 정리할 수 없다. 그러나 지금까지의 연구 결과와 나를 찾아온 내담자들의 이야기를 통해 여러분이 인터넷 세상에서 안전하게 자신의 길을 찾는 데 도움이 되고자 한다.

나는 디지털 혁명의 정점에 있던 1997년 심리학자 자격을 취득했으므로 지금까지 젊은이들이 겪은 변화를 가장 가까이에서 지켜볼 수 있었다. 그동안 관찰한 결과 젊은이들의 고민과 고통의 내용은 변하지 않았다. 지난 수십 년간 내가 만난 모든 젊은이들은 소속감, 미래, 친구, 외모, 학업에 대해 걱정했다. 하지만 디지털 혁명 이후 젊은이들의 고민과 고통은 더욱 심해졌다. 점점 더 많은 젊은이들이 정상적인 불안과 정신 질환 사이를 넘나들게 되었다.

이러한 고통의 심화는 디지털 혁명과 동시에 일어났지만, 사회에는 다른 변화도 많았고 상관관계와 인과관계를 구분하기란 쉽지 않다. 인터넷과 스마트폰의 확산이 청소년과 젊은 여성들의 정신 건강 위기를 초래했다고 단정하지는 않지만, 영향을 미쳤을 것으로 생각한다. 우정과 마찬가지로 스마트폰도 좋은 영향을 미칠 수도 있고 독이 될 수도 있다.

인터넷 보안, 사이버 괴롭힘(Cyber Bullying), 신원 사기 등에 관해서는 학교나 정부에서 늘 경각심을 고취하고 있다. 이 장은 스마트폰과 인터넷이 개인적, 심리적으로 어떤 영향을 미치는지, 그리고 평범한 일상의 감정을 어떻게 정신적 고통의 소용돌이로 몰아넣는지 설명한다. 여러분이 인터넷이라는 미지의 세계에서 맞닥뜨릴 것들에 대비하기를 바란다.

마리아는 10대 후반에 우울증 증상을 보였다. 마리아의 부모님은 딸을 보살폈지만, 매우 실용적이고 형식적인 방식이었다. 부모님은 그녀를 따뜻하게 대하지 않았고 장시간 일했으며 저녁에는 거의 곁에 있지 않았다. 애정을 갈망하는 마리아와 부모님은 좀 맞지 않았다. 다행히도 그녀에게는 친밀한 친구들이 있었고, 그들은 그녀에게 필요한 애정을 제공했으며, 그녀는 친구들로부터 이해받고 있다고 느꼈다. 집이 따뜻하게 느껴지지 않고 함께할 사람이 없는 상황에서 마리아는 저녁에 외로움을 달래기 위해 스마트폰과 소셜 미디어로 시간을 보냈다. 그녀는 스마트폰에 너무 의존하게 된 나머지 언제부터 스마트폰이 더 이상 도움이 되지 않고 스트레스를 주기 시작했는지 알아차리지 못했다.

연중무휴 24시간 연결된 문화

최근 젊은이들과 함께 일하면서 느낀 커다란 변화 중 하나는 인터넷과 스마트폰이 만들어낸 연중무휴 24시간 문화다. 이러한 문화는 정신적 고통에 어떤 영향을 주었을까?

전화와 인터넷은 한밤중에 외로움과 불안감을 느끼는 사람들이 다른 사람들과 소통하고 외로움을 느끼지 않도록 도와주는 역할을 한다고 확신한다. 특히 소외된 사람들이나 어려운 상황에 있는 젊은이들에게는 더욱 그러할 것이다.

나는 진심으로 그렇게 생각하지만, 솔직하게 말하면 젊은이들과 이야기할 때 그런 긍정적인 이야기는 많이 듣지 못했다.

내가 그들과 대화하며 알게 된 것은 24시간 내내 스마트폰을 가지고 있으면 여러 가지 부정적인 사회적 상황과 감정이 과장되거나 악화될 수 있다는 것이다. 즉, 어린 시절에는 괴롭힘에서 벗어날 수 없고 자신이 소외되거나 배제되고 있음을 너무 잘 알게 되고 항상 의식하게 된다는 뜻이다. 자신을 다른 사람과 비교하며 부정적으로 생각할 기회가 늘 생긴다는 의미이기도 하다.

디지털 시대 이전에는 10대들의 드라마나 갈등이 하룻밤 사이에 해결되거나 다음 수업 전까지는 사라질 시간이 있었지만, 지금은 청소년들이 진정하거나 잠을 자거나 한 발 떨어져서 생각할 기회가 없는 경우가 많음을 알게 되었다. 디지털 환경에서는 직접 얼굴을 마주하고 있을 때보다 비열한 말을 하기가 더 쉽고, 늦은 밤 피곤함과 부정적인 감정이 결합하면 비열함이 더욱 증폭하는 퍼펙트 스톰 상태가 될 수 있다. 스마트폰은 문제의 볼륨과 빈도를 높여 결과적으로 고통을 가중한다.

불안하거나 슬플 때는 머릿속이 복잡하고 잠들기 어려울 수 있다. 그럴 때 온라인에 접속하는 것이 도움이 될까? 부정적인 감정은 몸이 피곤하면 악화된다. 말이 많아지고, 상처가 깊어지고, 잘못된 결정을 내리게 된다. 일단 소셜 미디어에 올린 게시물이나 댓글이 퍼지면 되돌리기가 매우 어렵다.

무엇보다도 내가 가장 우려하는 것은 연중무휴 24시간 문화가 우정에 대한 비현실적인 기대치를 조장하고 있다는 것이다. 휴대전화가 등장하기 전에는 부모님과 함께 사는 집의 거실에서 유선전화로 친구와 이야기를 나누었다. 새벽 1시는 말할 것도 없고 밤 10시에도 친구와 전화하는 것이 제한되는 가정이 많았다.

스마트폰이 있으면 '좋은 친구'가 되는 것에 대한 기대치가 높아지고, 그 기대치를 충족하기가 점점 더 어려워진다. 스마트폰은 이전에는 존재하지 않았던, 늦은 밤 친구에게 전화하거나 SNS로 소통할 수 있는 상황을 만들어내고, 불가능한 기준을 충족하지 못할 때 부정적 자동 사고가 작동하게 된다. 친구가 힘들다고 시도 때도 없이 연락할 때, 24시간 친구를 위해 대기하는 것은 불가능한데도 자신이 '좋은 친구'의 기준을 충족하지 못한다고 느끼는 것이다.

우리는 먹고 자고 쉬고 운동하고 자기만의 생각을 할 시간이 필요하다. 친구가 불행하거나 걱정이 많거나 상처받는 일이 생기면 당연히 도와주고 싶지만, 우선 자신의 정서적 생존을 위한 시간이 필요하다. 마더 테레사나 달라이 라마처럼 성녀, 성자라 불리던 사람들도 재충전을 위해 식사나 수면, 기도나 명상 등 자신만의 시간을 확보했다. 나는 직업 심리치료사지만, 사람들의 고통을 들으며 함께 괴로워하고 나면 나 자신의 회복을 위해 휴식이 필요하다.

휴대전화 이전에 내가 만난 소녀들이 친구에게 기대하는 것은 친구를 위해 곁에 있어 주는 것이었는데, 지금은 친구를 위해 '항상' 곁에 있어 주는 것으로 바뀐 것 같다. 좋은 친구라면 슬픈 친구와 밤새도록 메시지를 주고받거나, 심한 불안을 느끼는 친구를 안심시켜주거나, 몇 시간이고 하소연과 불평을 들어주거나, 최악의 경우 자해나 자살 시도를 말릴 수 있다는 기대. 그것은 비현실적이고 자신이나 친구에게 도움이 되지 않는다. 결국 모두 함께 나빠지는 길이다. 부정적인 감정을 나누면서 압도당하고 죄책감을 느끼며, 피곤한 상태에서 감정이 더욱 고조되고 불안감이 높아지면서 정신 건강 문제가 친구들 사이에 전염될 수 있다.

앞서 언급했듯, 나는 소녀들에게 비행기에서 비상 상황이 발생했을 때 친구가 산소마스크를 쓰는 것을 도와주기 전에 먼저 자신의 산소마스크를 착용해야 한다고 비유하곤 한다. 때로는 친구의 사연을 들어주기보다는 스마트폰을 치우고 잠시 휴식을 취하는 것이 필요하다.

마리아의 여러 친구들도 우울한 기분과 불안으로 고통받고 있었고, 그중 일부는 자해, 술, 약물로 도피했다. 마리아는 친구들에게 깊이 의존했으므로 그들의 우울한 기분이 그녀를 더욱 불안정하게 만들었다. 기분이 좋지 않은 어느 날 저녁, 그녀는 친구들의 괴로움을 더 이상 들어주기가 힘들었다. 그녀는 진퇴양난 상황에 빠졌다. 전화를 받으면 자신도 우울해져 자해할 것 같다는 생각이 들었고, 전화를 피하면 자신을 필요로 하는 친구를 외면하는 이기적이고 나쁜 친구가 된다는 생각에 죄책감을 느꼈다. 어느 쪽이든 기분이 우울해지고 불안감이 커졌다. 밤새도록 친구들과 전화한 다음 날에는 정신이 혼미했다. 그녀는 친구들처럼 아무 때나 누워서 잠드는 성격이 아니었으므로 새벽까지 통화하는 것이 그들보다 두 배로 힘들었다.

다른 사람을 구하고 싶은 충동에 굴복하지 않는 것은 어려운 일이다. 이기적으로 느껴질 수도 있지만 그렇게 하지 않으면 둘

다 살아남지 못한다. 산소마스크를 쓰지 않으면 내가 먼저 쓰러지고, 그러면 옆 사람을 도와줄 수도 없다. 4장에서 살펴본 것처럼 감정이 항상 정확한 지침이 되지는 않는다. 이기적으로 느껴지는 것과 실제로 이기적인 것은 다른 문제다. 친구는 항상 서로를 위해 곁에 있어 주어야 한다는 비현실적인 기대는 누구도 그렇게 해줄 수 없으므로 결국 '아무도 나를 돌봐주지 않는다'는 부정적 자동 사고에 빠지게 하기 쉽다. 이러한 기대는 외로움을 더욱 심화시킨다.

누구나 상대방이 나를 좋아하지 않는다거나, 아무도 나를 좋아하지 않는다거나, 나는 비호감이라거나, 내가 없어도 아무도 나를 그리워하지 않을 거라는 생각에 빠질 수 있다. 이러한 생각은 근거도 없고 사실이 아닐 가능성이 크다. 친구들은 숙제, 샤워, 가족과의 시간, 식사, 친척 방문 등 다른 할 일이 많다. 내가 전화하거나 SNS로 연락할 때 항상 대기하지 않는다고 해서, 전화를 안 받거나 메시지에 답글을 바로 달지 않는다고 해서, 그들이 나를 좋아하지 않고 나와 대화하기를 원치 않는다는 의미는 아니다. 친구들과 서로 "이제 잘 시간이야" 또는 "엄마가 전화를 끊으라고 했어" 같은 말을 자주 한다면, 늦은 밤에는 서로에게 연락하지 않는다는 경계나 기대치를 설정하게 되어 실망할 일이 줄어든다.

친구를 치유한다는 환상은 청소년들이 부모님, 선생님, 청소년 활동가, 친척, 정신 건강 전문가 등에게 도움을 구하는 것을 막아 문제를 더 악화시키기 쉽다. 경계를 설정하는 것이 친구에게도 최선이다. 해결해야 할 문제가 있는 친구는 실제로 자신을 도와줄 수 있는 사람에게 도움을 요청해야 한다.

자극이 정신 건강에 미치는 영향

잘 자는 것은 정신 건강의 핵심이다. 피곤하면 감정이 고조되고 일상적인 고민이 정신 질환으로 비화할 수 있다. 내가 만나는 대부분의 젊은이들은 스마트폰에 블루라이트 필터를 장착해 화면의 빛이 생체리듬을 방해하지 않도록 할 만큼 똑똑하지만, 압도적인 양의 정보에 노출되는 것이 뇌와 수면에 미치는 영향에 대해서는 별로 걱정하지 않는 것 같다.

여러분은 아마도 100년 전 사람들이 1년 동안 접했던 것보다 더 많은 이미지, 더 많은 정보, 더 많은 사람, 더 많은 이야기를 하루에 접하고 있을 것이다. 하지만 우리의 뇌는 디지털 시대에 인터넷이 쏟아내는 엄청난 양의 아이디어, 대화, 상호작용, 동영상을 처리할 수 있을 만큼 진화하지 않았다. 아직 우리의 뇌는 24시간 내내 작동하도록, 그렇게 많은 정보를 빠른 속도로 처리하도록 진화하지는 않았다.

6장에서 나는 뇌를 우리의 모든 기억을 보관하는 창고에 비유했다. 스마트폰 화면을 오랜 시간 스크롤하다 보면 창고 문 앞에 잡동사니가 가득 쌓여 있는 상황이 된다. 몸은 피곤하지만, 하루 동안 일어난 일들이 머릿속을 맴돌고 있는 느낌을 받은 적이 있는가? 그것은 뇌가 종료되기 전에 모든 것을 정리하려고 하는 것이다. 뇌는 그것을 보관해야 할지 버려도 될지 판단하려고 한다.

인스타그램, 틱톡, 유튜브 등에서 필요한 정보나 관심사, 또래 집단에서 뒤처지지 않기 위해 알아야 할 인기 콘텐츠나 유명 인플루언서 게시물을 스크롤하다 보면 금새 엄청난 양의 정보에 노출된다. 컴퓨터도 너무 많은 정보가 너무 빨리 들어오면 과부하가 걸린다. 사람의 뇌는 컴퓨터가 아니기 때문에 훨씬 더 쉽게 과부하가 걸리고 재충전이 필요하다.

과부하에 걸린 뇌는 불안하고 초조해져서 더 많은 정보를 갈망하게 되는데, 정보는 멈추지 않고 계속 새로운 정보로 이어지고, 보고 싶은 충동은 결코 충족되지 않는다. 스마트폰의 앱들은 새로운 사항이 업데이트되었을 때마다 지속적인 푸시 알림으로 온라인 정보의 홍수가 끝나지 않았음을 알려준다. 그러다 보면 온라인에 접속하지 않았을 때 뭔가 놓치고 있는 기분이 들어 오히려 더 신경이 예민해지거나 불안해지기도 한다. 그럴 때 끊임없이 쏟아지는 게시물과 좋아요, 각종 메시지들은 타인과 연결해 주는 수단이 아니라 우리를 지배하는 독재자가 될 수 있다.

마리아는 친구들과 통화하느라 수면 시간을 놓치는 경우가 많았고 몸이 피곤해도 잠들기 어려웠다. 그녀는 잠이 안 올 때 틱톡을 스크롤하거나 넷플릭스를 시청했다. 그녀는 불규칙하게 자고 생생한 꿈을 꾸고 피곤한 상태로 깨어나곤 했다.

인터넷은 결코 끝나지 않으므로 '이제 다 끝났다'고 생각하며 스마트폰을 치워버릴 수는 없다. 끝내지 못했다는 미진한 느낌이 들어도 중단해야 휴식을 취할 수 있지만, 많은 이들이 그렇게 하기를 어려워한다. 계속 업데이트되는 정보를 확인해야 한다는 강박이 생겨, 왜 온라인에 접속해야 하는지 자신과 타인에게 변명하면서 스마트폰을 내려놓지 못하는 자신을 발견하게 되기 쉽다.

스마트폰 중독일까?

3장에서 언급한 온/오프 친구처럼, 스마트폰, 게임 등은 부분 강화 계획을 제공한다. 부분 강화 계획은 중독에 대한 심리학 이론으로, 긍정적인 보상(칭찬, 돈, 기쁨, 흥분)을 주지만, 보상이 매번 주어지지 않고 예측할 수 없을 때 우리는 그 대상에 중독되기 쉽다는 것이다. 단짝처럼 대하다가 거리를 두다가 다시 친하게 지내기를 반복하는 온/오프 친구의 마음을 다시 얻기 위해 노력하는 것처럼, 이따금 받는 보상 때문에 스마트폰을 손에서 내려놓지 못하고 끊임없이 뭔가를 찾거나 보게 되기 쉽다.

도박 중독자들은 손해를 보기도 하지만 이따금 받는 보상의 쾌감에 중독되어 도박에서 헤어나지 못한다. 카지노는 도박꾼들이 계속 매료될 수 있을 만큼 자주 보상을 받도록 배당률을 매우 신중하게 관리한다. 언제 보상을 받을지 모르므로 도박꾼들은 도박을 멈출 수 없다.

스마트폰을 사용할 때 뇌의 '중독성 신경전달물질' 중 하나인 도파민이 분비된다. 스마트폰을 보며 친구나 좋아하는 사람이 보낸 메시지, 누군가 내 게시물에 '좋아요'를 눌렀을 때 느끼는 유대감이나 뿌듯함, 게임의 다음 레벨에 도달했을 때 느끼는 성취감 등 작은 쾌감을 느낄 때가 많다. 이런 작은 즐거움 때문에 수시로 화면을 들여다보게 되기 쉽다. 불안하고 우울할 때 가까운 사람이 메시지를 보내지는 않았는지 새로운 소식은 없는지 반복해서 스마트폰을 들여다보는 것도 중독성이 있다.

이러한 중독성은 우연히 생긴 것이 아니다. 실리콘밸리의 가장 뛰어난 인재들이 앱, 게임, 인터넷 사이트에 부분 강화 계획을 적용해 사용자들이 오랜 시간 플랫폼에 머물도록 설계한다. 이들은 사용 시간, 콘텐츠 유형, 행동 심리 등 플랫폼 사용 데이터를 지속해서 분석하고 중독성이 강한 사용자 환경을 조성한다. 그렇게 최대한 자성이 강한 플랫폼을 만들어 사용자를 끌어들이고 오랫동안 머물게 하는 것이 그들이 돈을 버는 방식이다. 이런 환경에서 사용자는 지나친 자극을 받으며 인터넷 태풍(internet typhoon)에 휩쓸리게 될 수 있다.

온라인 게임에 대해 좀 더 자세히 살펴보자. 통계에 따르면 평균적으로 스마트폰 사용은 성별에 따라 약간 차이가 있으며[74] 여학생이 남학생보다 게임을 덜 하는 것으로 나타났다. 하지만 여학생들의 게임 시간도 증가하고 있다. 많은 컴퓨터 게임은 끝이 없는 구조로 되어 있고, 우리의 뇌는 미완성된 것을 다시 찾는 경향이 있으므로 우리는 미진한 느낌을 해소하고 더 많은 것을 성취하기 위해 계속 게임으로 돌아오게 된다. 게임에는 더 많은 보상이 따르는 더 높은 레벨이 항상 존재한다. 이런 특성은 우리를 정신 건강에 매우 해로운 '더 많이, 더 잘'이라는 사고 패턴에 빠뜨릴 수 있다.

인터넷 태풍

인터넷의 강력한 중독성 때문에 인스타그램을 스크롤하고 링크를 한두 번 클릭하는 것만으로도 탈출구가 보이지 않는 온라인 세계에 깊숙이 파묻히기 쉽다. 점점 더 많은 링크에 휩쓸려 시간을 허비하고, 결국 처음 시작했던 곳이나 계획했던 곳과는 전혀 다른 곳에 도달하기 쉽다. 마찬가지로 게임도 항상 한 단계만 더 올라가면 된다고 생각하다 그 세계에서 빠져나오기 어렵다.

SNS 스크롤이나 게임이 끝난 후 무엇이 남았을까? 그 시간이 좋았을까? 즐거웠을까? 내 삶에 도움이 되었을까?

그 게임이나 SNS 게시물은 극단적인 입장, 문화를 반영하는가? 잔인한가? 내가 되고 싶은 사람, 내가 좋아하는 것과 거리가 먼가? 개운치 않은 느낌인가?

오늘날 많은 젊은이들은 환경과 미래를 걱정하며 자신이 먹는 음식이 유기농인지 윤리적으로 생산되고 유통되었는지 고려한다. 이전 세대만큼 술을 많이 마시거나 담배를 피우지도 않는다. 그런데 자신의 뇌에 무엇을 넣는지에 대해 걱정하는 젊은이는 단 한 명도 보지 못했다. 그들이 노출되는 콘텐츠의 내용, 양, 속도에 대해. 인터넷에 떠도는 많은 정보는 검증되지 않은 형편없는 내용을 담은 쓰레기다. 선별되지 않은 인터넷 정보는 정신 건강을 해치는 정크 푸드라고 할 수 있다.

가치관과 인터넷

우정에 관한 3장에서 『행복 전환 연습The Happiness Trap』의 저자 러스 해리스의 가치관에 관한 연구를 소개했다. 가치관은 무엇을 성취하는가가 아니라 어떻게 살아가고자 하는지에 중점을 두는 것으로 결과 중심 사고에 반대되는 개념이다. 가치란 목적지가 아니라 여정에 관한 것이다. 러스 해리스의 가치 목록을 살펴보고 자신에게 매우 중요한 것과 덜 중요한 것을 선택하면 자신을 이해하는 데 도움이 될 것이다.

해리스는 자신의 책에서 가치의 개념과 의미를 이렇게 소개했다.

> 가치란 인간으로서 어떻게 행동하고 싶은지에 대한 마음속 깊은 욕망이다. 가치란 무엇을 얻거나 성취하고자 하는 것이 아니라 자신과 타인, 주변 세계를 어떻게 대하고 싶은지에 관한 것이

다. (중략) 가치는 수백 가지에 달하겠지만, 가장 일반적인 것들만 정리했다. 아마도 이 목록이 모두 여러분과 관련이 있는 것은 아닐 것이다. '올바른 가치' 또는 '잘못된 가치' 같은 것은 존재하지 않는다. 피자에 대한 취향과 비슷하다. 여러분은 햄과 파인애플을 선호하지만 나는 살라미와 올리브를 선호한다고 해서 피자에 대한 내 취향이 옳고 여러분의 취향이 틀렸다는 의미는 아니다. 단지 서로의 취향이 다르다는 뜻일 뿐이다. 마찬가지로 가치관도 다를 수 있다. 개선하고 싶은 삶의 영역을 하나 골라 아래 목록을 읽고 각 가치 옆에 알파벳으로 표시해보자. (V=매우 중요, Q=상당히 중요, N=별로 중요하지 않음)

1. 수용(Acceptance) 나 자신, 타인, 삶 등에 마음을 열고 받아들이는 것
2. 모험(Adventure) 모험심을 갖고 새롭거나 자극적인 경험을 적극적으로 추구, 창조, 탐구하는 것
3. 자기주장(Assertiveness) 나의 권리를 정중하게 주장하고 내가 원하는 것을 요구한다.
4. 진정성(Authenticity) 진정성, 진실성, 현실성. 나 자신에게 진실하다.
5. 아름다움(Beauty) 나 자신, 타인, 환경 등에서 아름다움을 찾아 감상하고 창조하고 키우고 가꾸는 것
6. 돌봄(Caring) 나 자신, 타인, 환경 등을 돌보는 것
7. 도전(Challenge) 성장하고 학습하고 향상하기 위해 계속 도전

하는 것

8. 연민(Compassion) 고통받는 사람들에게 친절하게 행동하는 것
9. 연결(Connection) 내가 하는 모든 일에 온전히 참여하고 다른 사람들과 온전히 함께한다.
10. 공헌(Contribution) 나 자신이나 타인을 돕고 지원하고 긍정적인 변화를 이루는 것
11. 준법(Conformity) 규칙과 의무를 존중하고 준수하는 것
12. 협력(Cooperation) 다른 사람들과 협력하는 것
13. 용기(Courage) 두려움, 위협, 어려움에 맞닥뜨려도 끈기 있게 추진한다.
14. 창의성(Creativity) 창의적이거나 혁신적이다.
15. 호기심(Curiosity) 호기심, 열린 마음, 관심. 탐구하고 발견한다.
16. 격려(Encouragement) 나 자신이나 다른 사람의 가치 있는 행동을 장려하고 보상한다.
17. 평등(Equality) 다른 사람을 나와 동등하게 대한다.
18. 흥분(Excitement) 흥미롭고 자극적이거나 스릴 있는 활동을 찾고 창조하고 참여한다.
19. 공정(Fairness) 나 자신과 타인을 공정하게 대하는 것
20. 건강(Fitness) 체력을 유지하고 향상시키기 위해 노력한다. 신체적, 정신적 건강과 웰빙을 돌본다.
21. 유연성(Flexibility) 변화하는 상황에 쉽게 적응하고 조정할 수 있는 능력

22. 자유(Freedom) 내가 어떻게 살고 행동할지 선택하고 다른 사람들도 그렇게 할 수 있도록 돕는 것
23. 친근함(Friendliness) 다른 사람을 친근하게 대하며 맞춰 주는 것
24. 용서(Forgiveness) 나 자신이나 다른 사람을 용서하는 것
25. 재미(Fun) 재미있는 활동을 찾고 만들고 참여한다.
26. 관대함(Generosity) 나 자신이나 타인에게 관대하고 나누고 베푸는 것
27. 감사(Gratitude) 나 자신, 타인, 삶의 긍정적인 측면에 감사하는 것
28. 정직(Honesty) 나 자신과 타인에게 정직하고 진실하며 성실하게 대하는 것
29. 유머(Humour) 삶의 유머러스한 면을 보고 감사하는 것
30. 겸손(Humility) 스스로 나를 내세우지 않고 내가 이룬 것들로 나를 증명하는 것
31. 근면(Industry) 부지런하고 근면하며 헌신적으로 일한다.
32. 독립(Independence) 자립하고 자신의 방식을 선택한다.
33. 친밀감(Intimacy) 친밀한 인간관계에서 나를 개방하고 드러내고 공유하는 것
34. 정의(Justice) 정의와 공정성을 지키는 것
35. 친절(Kindness) 나 자신이나 타인에게 친절하고 동정심을 갖고 육성하고 돌보는 것
36. 사랑(Love) 나 자신이나 타인에게 사랑스럽고 다정하게 행동

한다.

37. 마음챙김(Mindfulness) 지금 여기 나의 경험을 의식하고 개방적이며 호기심을 갖는 것
38. 질서(Order) 질서 있고 체계적인 것
39. 열린 마음(Open-mindedness) 사물을 충분히 생각하고, 다른 사람의 관점에서 사물을 바라보며, 증거를 공정하게 평가한다.
40. 인내(Patience) 원하는 것을 차분하게 기다리는 것
41. 끈기(Persistence) 문제나 어려움이 있어도 결연하게 계속하는 것
42. 즐거움(Pleasure) 즐거움을 창조하고 스스로 또는 다른 사람들과 즐거움을 누리는 것
43. 힘(Power) 다른 사람에게 강한 영향을 미치거나 권위를 행사하는 것. 예를 들어 책임지고 이끌고 조직하는 것
44. 호혜성(Reciprocity) 주고받는 것이 공정한 균형 잡힌 관계를 만드는 것
45. 존중(Respect) 나 자신이나 다른 사람을 존중하는 것. 즉, 예의 바르고 배려하며 긍정적인 태도를 보이는 것
46. 책임감(Responsibility) 내 행동을 책임지고 의무를 다하는 것
47. 로맨스(Romance) 사랑이나 강한 애정을 나타내고 표현한다.
48. 안전(Safety) 나 자신이나 타인의 안전을 확보하고 보호하고 보장한다.
49. 자기 인식(Self-awareness) 자신의 생각, 감정, 행동을 인식하는 것

50. 자기 돌봄(Self-care) 나의 건강과 웰빙을 돌보고 내 필요를 충족하는 것
51. 자기 계발(Self-development) 지식, 기술, 인성, 인생 경험 면에서 계속 성장하고 발전하고 향상하는 것
52. 자제력(Self-control) 자신의 이상에 맞춰 행동하는 것
53. 관능(Sensuality) 오감을 자극하는 경험을 창조하고 탐색하고 즐기는 것
54. 성생활(Sexuality) 자신의 성을 탐색하고 표현하는 것
55. 영성(Spirituality) 나보다 더 큰 존재와 연결되는 것
56. 숙련(Skilfulness) 지속적으로 연습하고 기술을 향상시키며, 기술을 사용할 때 완전히 적용한다.
57. 지원(Supportiveness) 나 자신이나 다른 사람들을 지지하고 돕고 격려하는 것
58. 신뢰(Trust) 충성스럽고 충실하고 성실하고 신뢰할 수 있다.
59. 목록에 없는 자신의 가치 :
60. 목록에 없는 자신의 가치 :

각 가치에 V, Q, N(V=매우 중요, Q=상당히 중요, N=별로 중요하지 않음)으로 표시한 후에는 모든 V를 살펴보고 지금 이 시점에서 가장 중요한 상위 세 가지를 선택한다. 다음 단계는 실천으로, 이러한 가치에 따라 말하고 행동할 방법을 찾아본다.

_러스 해리스, www.actmindfully.com.au에서

이 목록으로 내담자들의 가치를 탐색하는 작업을 해보면, 처음에는 모든 가치를 전부 매우 중요하게 받아들여야 한다고 생각하는 사람들이 있다. 그들은 또다시 완벽의 신화에 빠진다. 이 목록을 자신을 채찍질하는 또 다른 채찍으로 사용해서는 안 된다. 모든 가치를 따르는 것은 거의 불가능하고, 종종 서로 양립하기 어려운 가치들도 있다. 예를 들어 '질서'라는 가치와 '유연성'이라는 가치를 동등하게 추구하기는 어렵고, 마찬가지로 '재미'와 '책임감', '유머'와 '존중'은 공존하기 어려울 수 있다. 책임을 다하는 것은 재미와는 거리가 멀고, 유머는 빈틈을 찾아내는 데서 나오는데 어떤 사람의 빈틈을 드러내는 것은 존중하는 태도와는 거리가 있기 때문이다. 또한 이 목록은 성인을 대상으로 한 것으로 책임, 존중과 관련된 가치를 지나치게 강조했다. 청소년이 대상이라면 자발성, 흥미와 관련된 가치를 더 많이 포함해야 한다고 생각한다.

이 목록을 살펴보고 정말 공감이 가는 가치를 대여섯 개 찾아본다. 어떤 가치가 자신을 가장 잘 표현하는가? 지금은 아닌 것 같지만, 앞으로 어떤 가치로 자신을 소개하고 싶은가?

이 부분에서 요점은 인터넷을 사용할 때 자신의 가치관에 맞는지, 도움이 되는지 생각해 보는 것이다. 이 목록에서 책임, 질서, 근면처럼 의무와 관련된 가치에 치중하는 것은 권장하지 않는다. 많은 내담자들이 친근함, 재미, 유머를 희생한 채 이러한 가치들을 과대평가하면서 자신이 왜 불행하고 불안한지 궁금해 한다!

자신에게 가장 중요한 가치가 무엇인지 파악했다면, 스마트폰에서 접하는 정보, 자신이 스마트폰으로 하는 일들이 얼마나 자신의 가치에 부합하는지 생각해 본다. SNS에 올리는 게시물과 댓글은 '존중'이라는 가치에 부합하는가? 주로 보는 콘텐츠는 '근면' '숙련'이라는 내 가치를 실현하는 데 도움이 되는 내용인가? 내 스마트폰 사용 시간과 사용 방식은 '친근함'이라는 가치와 '책임감'이라는 가치를 실현하는 데 도움이 될까, 적절할까?

자극적인 정보로 정신을 혼란하게 하는 온라인 세상에서 중간중간 정신을 차리고 돌아보아야 한다. 음원 사이트에 가입하고 친구의 재생 목록을 팔로우해서 어떤 가수의 음악을 좋아하게 되었는데, 뉴스피드에 그 가수가 사진작가에게 주먹을 휘두른 사건으로 여자친구와 헤어졌다는 소식이 뜬다. 관련 소식을 따라가다가 문득 자신이 왜 그런 뉴스를 보고 있는지 자문한다. 인터넷 태풍에 휩쓸린 것이다. 유튜브에서 지구 온난화에 대한 TED 강연을 보다가 흥미로운 콘텐츠 몇 개를 거치고 나면 메이크업 동영상과 고양이 동영상이 끝없이 반복되기도 한다. 숙제를 하기 전 30분만 머리를 식히려고 게임을 한다. 막상 시작하자 다음 레벨에 도달하는 데만 몰두한다. 이대로 멈출 수는 없다. 결국 엄마가 저녁 식사를 하라고 부르거나 화장실 가는 것을 도저히 참을 수 없는 순간까지 자리에서 일어나지 못한다.

우리는 마리아의 가치관이 무엇인지 생각해 보았고, 그녀는 자신이 부모님과 다른 가치관을 가져도 괜찮다는 것을 깨달았다. 그녀는 애정과 유대감을 중시했고, 부모님은 순응과 질서를 더 중요하게 여기는 것 같았다. 그녀는 부모님이 바뀌기는 어려우므로 친구들과 일종의 가족 같은 공동체를 만들어야 할지도 모른다는 사실도 깨달았다.

하지만 우리는 또한 '나는 항상 친구들이 필요할 때 함께 있어야 한다'와 같이 그녀가 스스로 설정한 비현실적인 기준을 돌아보고 우정에 대한 경계를 설정할 수 있도록 노력했다. 스마트폰 사용 시간을 미리 설정해 게임이나 SNS에 아무 때나 빠져들지 못하도록 했다. 밤에는 오디오북을 듣거나 종이책만 보기로 했다. 친구들은 그녀의 방식을 받아들였고 일찍 잠자리에 드는 그녀를 놀리기도 했지만, 친구 관계에는 아무 지장이 없었다.

인터넷에는 자연스러운 시작과 끝이 없을 뿐만 아니라 경계와 구조, 규칙이나 지침도 없다. 제한이나 규칙이 거의 없는 세상은 흥미진진할 수 있지만, 스스로 경계를 설정하거나 규칙을 만드는 데 익숙하지 않은 사람들에게는 독이 될 수 있다.

거대하고 무질서한 인터넷 세상은 우리가 추구하는 가치와 정반대로 우리를 이끌 수 있다. 인터넷은 우리를 감시, 경쟁, 비교, 질투, 시기, 게으름, 탐욕으로 유혹한다. 그 후에는 술에 취해 잠든 다음 날 불쾌감을 느끼듯 '스마트폰 숙취'를 느낄 수 있다. 자신이 본 콘텐츠가 별로임을 알면서도 여러 시간을 보낸 것에 대해 개운치 않은 느낌이고 낭비한 시간이 아까워 분개하게 된다. 스마트폰을 하느라 못한 일들을 떠올리며 걱정되기도 한다. 가족들과 이 문제로 다투며 자신이 잘못했음을 알면서도 억지로 합리화하기도 하고 자신에게 짜증을 내기도 한다. 하지만 스마트폰 앱의 알고리즘은 다음에 접속할 때도 비슷한 내용으로 계속 나를 유혹할 것이다.

이 끝없는 중독성 강한 온라인 소용돌이는 우리를 끌어당기고, 계속 머물게 하며, 때로는 이상한 일이 벌어지는 다른 세계로 우리를 데려가기도 한다. 온라인에 머무는 시간이 길어지면 접근하기 쉽지 않거나 즉각적인 즐거움을 주지는 않지만, 중장기적으로 정신 건강에 도움이 되는 사회 활동, 바깥 활동, 신체 운동을 할 시간이 줄어든다. 가족과 함께 보내는 시간은 물론 가장 중요한 수면 시간도 줄어들기 쉽다. 안락의자에 몸을 기대고 30분간 스마트폰을 스크롤하는 것만큼 쉽게 즉각적인 즐거움을 얻을 수 있는 일은 없겠지만, 그건 정말 우리에게 좋지 않다.

비교와 완벽주의

인터넷과 스크린은 장벽과 외로움을 허무는 훌륭한 도구가 될 수 있다. 친사회적인 사람들과 주변적인 관심사를 가진 사람들이 서로 만날 수 있게 해준다. 멀리 떨어져 있는 가족과 친구들이 기쁜 소식과 농담을 나누고 끊임없이 대화를 나눌 수 있다.

또한 정신 건강에 매우 중요한 소속감을 고취할 수 있다. 특별한 관심사, 좋아하는 밴드, 좋아하는 스타일이 무엇이든, 우리는 인터넷에서 자신의 부족을 찾을 수 있다.

하지만 인터넷으로 연결된 세상에는 나와 비교할 사람들이 무한히 많다는 단점이 있다. 청소년기에는 또래 집단과 더 넓은 사회적 맥락을 통해 자신에 대해 생각하면서 부모로부터 분리되기 시작하므로 비교는 정상적인 현상이다. 그런데 오프라인 세상에서도 형제자매나 친구와 자신을 비교하며 좌절할 수 있지만, 온라인에서는 비교 대상이 불특정 다수로 확장되어 비교 불안을 한층 심화시킨다.

파티마는 항상 깔끔한 이슬람식 복장에 세련되게 화장한 단정한 모습이었다. 그녀는 영국에서 태어나지 않았고, 고국에서 트라우마를 겪은 후 이곳으로 이주해야 했다. 그녀는 자신을 지지해 주는 부모님이 있었고 공부도 잘했다. 남자친구가 있었지만 종교적, 문화적 이유로 단둘이 만나지는 못했다. 두 사람은 같은 식스 폼 칼리지에 다녔고, 전화로 대화를 나누었다. 그녀는 수수한 옷차림과 확고한 가치관을 고수했지만, 비키니를 입은 자유로운 라이프스타일의 여성 이미지가 주로 나오는 '건강한' 음식, 패션, 피트니스 관련 인스타그램에 거의 중독에 가까울 정도로 빠져들었다.

그녀는 인플루언서나 친구들을 자신과 비교하며 자신의 사진을 세세하게 살펴보았다. 얼굴이 잘 나오지 않은 사진이나 각도나 원근감으로 인해 다른 사람보다 더 커 보이는 사진에 집착했다. 다른 사람이 멀리 떨어져 있거나 각도가 기울어져 약간 옆으로 서 있고 자신이 카메라를 정면으로 바라보고 있으면 '이거 봐, 저 사람들은 나보다 날씬해'라고 생각하곤 했다.

다른 사람과 자신을 비교할 때, 자신의 내면과 다른 사람의 외면을 비교하게 된다. 자신의 내면은 자신의 불완전함, 못되게 굴고 실수했던 일들을 예민하게 인식하고 있다. 청소년기에는 자신의 가치관을 제대로 파악하지 못한 데다 호르몬 수치가 높고 위험을 감수하는 성향이 강해서 실수할 가능성이 한층 더 크다. 사춘기의 묘미라고나 할까. 사춘기 때는 정말 감추고 싶은 실수였지만, 지나고 보면 우스꽝스러운 추억이 되는 해프닝들은 세월이 흘러도 계속 재미있는 이야깃거리로 남는다.

청소년기에는 친구나 동료를 보면서 그들이 나보다 낫다고 생각하기 쉽다. 우리가 보는 것은 그들의 가장 훌륭하고 용감한 모습이다. 일반적으로 우리는 친구나 동료를 보며 그들의 단점, 취약성, 실수를 찾지 않고, 그들도 우리처럼 부정적인 면을 숨기려 애쓰므로, 우리는 그런 모습을 보기 어렵다. 따라서 자신의 최악의 모습을 다른 사람의 최고의 모습과 비교하게 되고, 자신이 남보다 부족하다고 생각하게 되기 쉽다. 항상 그랬지만, 인터넷은 이러한 심리를 증폭했다.

나는 내담자들에게 빙산에 비유해서 설명하곤 한다. 빙산은 10%만 보이고 90%는 수면 아래 있다. 우리는 가장 보여주고 싶은 부분만 세상에 보여주고 부끄러운 부분은 수면 아래에 숨기는 경향이 있다. 자신의 사랑스러운 면도 많이 감춰져 있긴 하지만 말이다. 어쨌든 이런 이유로 다른 사람들이 보여주는 모습과 내가 그들에게서 발견하는 모습은 빙산의 일각일 때가 많다.

우리는 친구의 허벅지가 얼마나 굵은지 살피지 않고, 그날 아침 친구가 엄마한테 소리 질렀다는 사실을 알지 못한다. 친구와 엄마와의 싸움을 알게 되더라도 친구를 두둔하고 넘어간다. "맞아, 그럴 만했어. 너희 어머니가 너무했어." 10대 시절에는 자신의 숨겨진 90% 중 최악의 모습과 다른 사람들이 외부에 보여주는 10% 중 가장 좋은 모습을 비교하는 경우가 많다. 이런 불공평한 비교는 슬픔이나 걱정으로 이어지기 쉽다.

지난 20년간 소셜 미디어에서 화려한 이미지와 엄선된 삶의 이야기가 폭발적으로 증가하면서 왜곡된 비교의 폐해가 더욱 심

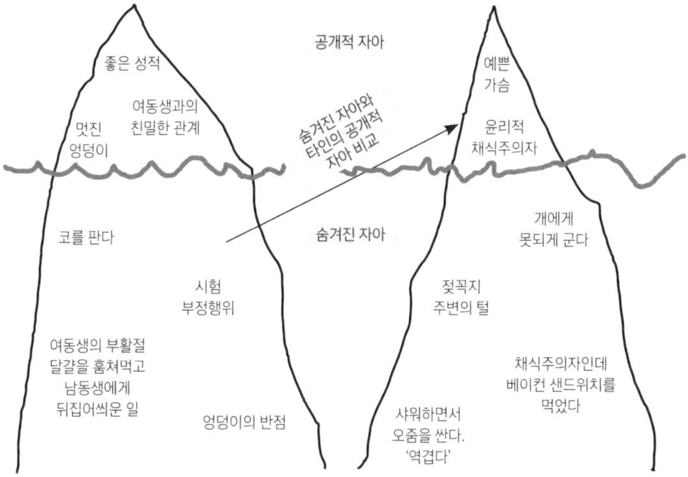

해졌다. 멋진 모습을 즉각 찍어 편집하고 SNS에 업로드하는 일이 일반화하면서 대중이 '완벽함'을 훨씬 더 많이, 훨씬 더 자주 접하게 되었다. 그리고 다른 사람들의 완벽한 삶은 우울한 기분이 들 때 더욱 매력적으로 다가와 '모두가 나보다 낫다'는 비교 불안으로 이어지기 쉽다. 예전에는 소녀들이 같은 수업을 듣는 여학생에 비해 자신이 부족하다고 느꼈다면, 이제는 24시간 내내 스마트폰을 통해 전 세계 사람들과 자신을 비교할 수 있다. 인터넷은 무한한 비교의 거울을 제공하고 비교 불안을 키우는 배양 접시다.

인터넷 콘텐츠와 알고리즘은 우리가 서로에게 절대적인 기준을 강요하도록 부추긴다. 이걸 가져야 행복하다, 이렇게 해야 소속감을 느낄 수 있다는 믿음을 부추기고, 모두가 뭔가를 하고 있는데 자신은 못 하고 있다는 생각을 부추기고, 무엇 무엇을 해야 한다는 끝없는 목록을 제공한다. 교활한 방식으로 무한한 기준을 제시하며 시각적으로 우리의 마음을 공략한다.

- 교활하다. 그것이 우리에게 주는 압박을 알아차리지 못한 채 즐기게 되기 때문이다.
- 무한하다. 항상 자신을 판단하는 또 다른 기준과 기대치가 있으므로 결코 만족할 수 없다.
- 시각적이다. 무한한 완벽의 이미지들이 우리를 둘러싸고 있다. 공들여 만든 이미지가 사람들의 일상으로 둔갑하고 성취 가능한 것으로 제시된다.

파티마는 자신이 예쁘지도 영리하지도 호감을 주지도 않는다고 생각했다. 친구들의 게시물을 보며 자신보다 더 멋지고 더 유행에 민감하고 더 재미있고 더 인기 있다고 생각했다. 파티마는 인스타그램에 어떤 사진을 올릴지 고민을 거듭하곤 했다. 게시물을 올렸다가 바로 삭제하는 일도 자주 있었다. 그녀는 친구들이 자신의 게시물에 남긴 긍정적인 댓글을 믿지 않았고 "뭐, 당연한 거잖아"라며 무시하곤 했다.

그녀의 이성적인 마음은 사람들이 사진을 찍을 때 각도, 조명, 표정, 메이크업, 머리, 의상 등을 잘 연출해서 완벽한 사진을 찍기 위해 노력한다는 것을 잘 알았다. 하지만 자신을 평가할 때는 화장을 하지 않고 아무렇게나 입은 자신의 모습을, 완벽하게 연출한 다른 사람의 모습과 비교하며 감정적인 마음으로 평가했다.

모든 사람과 모든 것을 비교하면 자신이 충분하지 않다고 생각하게 될 수밖에 없다. 외모에 자신이 있어도 공부 잘하는 학생과 자신을 비교하면 초라해진다. 시험에서 최고 점수를 받았더라도 파티에 초대받지 못한 자신이 못나 보이기도 한다.

영국 대학보건센터의 전직 일반의였던 도미니크 톰슨은 2021년 TED 강연에서 자신이 평생 학생들과 상담한 약 7만 8000건의 사례들을 회상했다. 그녀는 시간이 흐를수록 대학생들의 압박감과 경쟁의식이 증가했음을 관찰했다. 그들은 1학년 1학기 때 벌써 어떤 등급의 학위(영국 대학은 성적에 따라 학사 학위에 등급이 있음)를 받을지 걱정했다.

동호회 가입은 취미를 위한 것이 아니라 스펙을 쌓기 위한 기회가 되었다. 경쟁에 몰두하는 경향이 모든 종류의 활동에 만연한 결과, SNS 사진 게시는 '좋아요' 경쟁이 되고, 케이크 만들기는 대회 우승을 위한 경쟁이 되어버렸다. 톰슨 박사는 이런 종류의 경쟁이 완벽주의를 부추긴다고 주장했다.

많은 젊은이들은 인생 전반에서 최고의 사람이 되기 위해 경쟁하고 있다. 경쟁에서 이기지 못하면 자신을 패배자로 여긴다. 그런데 이 경쟁은 스포츠나 게임처럼 승패가 금세 결정되고 리스크도 적은 경쟁이 아니라, 시작도 끝도 불분명하고 평가 영역은 전방위적이며 평가 기준은 모호하다.

온라인 세계는 완벽함에 대한 논쟁을 불러일으켰다. 완벽하다는 것은 환상이므로 결코 달성할 수 없는 목표다. 이에 대한 보편적 기준은 존재하지 않는다. 대부분의 완벽주의자들은 자신이 끔찍하고 형편없다고 생각하지만, 사실은 '더 잘, 더 많이' 하도록 자신을 몰아세우는 욕구가 자신을 망치고 있다. 완벽주의야말로 정신 건강에는 독이 된다.

파티마는 완벽하고 단정한 가면 뒤에 불안한 자아를 감추고 있었다. 하지만 시간이 흐르면서 그녀는 끊임없는 비교가 사람들과 소통하는 데 방해가 된다는 것을 깨달았다. 그녀는 친구들과 자신을 끊임없이 비교하지 않고 자신과 친구들에게 진정으로 공감하기 위해 자기 자신을 받아들여야 했다.

우리는 파티마의 가치관을 살펴보았다. 그녀가 지향하는 것은 강인하고 독립적인 여성이 되는 것, 공부를 잘하는 것, 자신을 부양할 수 있는 경제력을 갖추는 것, 가족에 대한 책임을 다하는 것 등이었다. 그녀는 여성을 위한 호신술을 배우기도 했다.

우리는 그녀가 인터넷에서 외모 중심의 콘텐츠를 스크롤하며 보내는 시간이 그녀의 가치관에 부합하는지 이야기를 나누었다. 파티마는 다이어트에 대한 압박감 때문에 가족과 함께 식사하지 않고, 자주 배고픔을 느꼈으며 이로 인해 공부에도 지장이 있었다. 그녀는 팔로우하던 인플루언서들을 하나씩 삭제하고 자신의 가치관에 더 부합하는 다른 콘텐츠에 '좋아요'를 누르기 시작했다. 그녀는 동물들과 아이들을 좋아했다. 그녀는 교사가 되고 싶었고 방과 후 활동으로 아이들을 돌보는 일을 시작했다.

외로움과 취약성

어떤 젊은이들은 영리하고 예쁘고 날씬하고 윤리적이고 지성적인 사람이 되어야 한다는 강박관념에 사로잡혀 다른 사람들과 공감하는 능력을 키우지 못한다. 수면 아래 숨겨진 90%의 취약한 부분, 즉 자신과 타인의 약점, 인간의 복합적인 모습을 받아들일 수 있을 때, 자신에게도 타인에게도 편안한 사람이 될 수 있다.

사람들은 서로의 취약성에 공감하게 마련이고 여성들의 우정은 취약성에 기반하는 경우가 흔하다. 하지만 취약성은 상대적이고 다소 억지스러울 때도 있다. 나는 자신감이 없고 끊임없이 자기 비하를 하는 젊은이들을 많이 만난다. "나 그 시험 망쳤어." "넌 나보다 훨씬 예쁘고 날씬하잖아." 그들은 나중에 상대방이 실망하게 하지 않으려고 이런 말을 해서 기대치를 미리 낮춘다. 어떤 젊은이들은 "시험공부 전혀 안 했는데, 큰일이네. 기억이 하나도 안 나"라고 말한 후, 막상 시험을 보면 높은 점수를 받는다. 다른 사람들이 얼마나 열심히 하는지 모르는 상태에서 자신과 타인을 실망시키지 않으려고 자신을 미리 깎아내리는 것은 취약성이라기보다는 자신을 보호하기 위해 취약성을 가장하는 것이며 서로를 위축시키고 경쟁을 심화시킨다.

진정한 취약성은 자신을 업적의 총합인 상품으로 보는 것을 포기하는 것이다. 우리는 친구를 선택할 때 그들이 성취한 것이 무엇인지가 아니라, 그들이 어떤 사람인지 그들과 함께 있을 때 어떤 기분인지를 고려한다. 그런데 최고가 되기 위해 다른 모든 것을 희생하는 태도는 사람들을 불편하게 만들기 쉽다. 늘 더 많은 것을 위해, 더 나아지기 위해 노력하면서도 자신의 노력을 깎아내리면 다른 사람들은 위화감을 느끼고 비교의식을 느끼게 된다.

진정한 취약성은 끝없는 개선과 완벽을 향한 시도를 내려놓고 사람들이 있는 그대로의 나를 볼 수 있도록 허용하는 것이다. 실수를 저지른 자신을 용서함으로써 다른 사람에게도 그렇게 할 수 있는 관대함이다. 자신의 잘못을 받아들이되 그것이 자신을 규정하지 않는다고 생각하는 것이다. 타인에게도 마찬가지다. 취약성은 연결을 가능하게 하고 비교는 연결을 방해한다.

인터넷은 우리가 취약성으로 연결되는 것을 방해하고 우리를 더욱 외롭게 하는 것은 아닐까? 나는 내담자들에게 가상의 친구 해나의 이야기를 들려주곤 한다.

해나와 나는 같은 동네에 살고 있었고 나이도 비슷했다. 우리는 서로를 아는 친구의 소개로 만났다. 해나는 만날 때마다 완벽하게 화장하고 멋지게 차려입고 있었다. 같은 동네에 살았지만, 머리를 질끈 묶고 편한 옷을 걸친 그녀를 동네 가게에서 마주친 적은 한 번도 없었다. 안부를 물으면 항상 잘 지낸다는 답이 돌아왔다. 그녀는 파트너와 다툰 적도 없었고, 어떤 일에 지친 적도 없었으며, 늘 즐겁게 일하는 것 같았다.

그러던 어느 날, 그녀는 작은 해변 마을로 일주일간 여행을 떠났다. 바로 그 주에 그 해변 마을의 해안가가 폭풍우에 휩싸인 사진이 뉴스피드에 떴다. 나는 '불쌍한 해나, 온 가족이 별장에 갇혀 서로를 미치게 하고 있겠구나'라고 생각했다. 다음에 해나를 만났을 때 "세상에, 괜찮았어? 날씨가 미쳤어. 별장에서 정말 힘들었지?"라고 물었더니 "아니, 우린 정말 즐거웠어. 날씨도 좋았고, 정말 편안했어"라고 답했다. 그 말을 들으며 '난 절대 너와 친구가 될 수 없어'라고 생각했다.

진짜가 될 수 없는 사람과는 절대 친구가 될 수 없다. 쇼가 펼쳐지는 무대 뒤로 나를 들여보내지 못하는 사람, 항상 완벽해지려는 사람, 자신의 취약성을 공유하지 않는 사람과는 절대 친구가 될 수 없다.

난 아직 충분하지 않아

많은 젊은 여성들은 자신이 가족, 학교, 인터넷, 사회가 만든 엄격한 기준에 부합하지 않는다고 느끼는 것 같다. 가장 걱정스러운 부분은 스스로 내면화한 기준이다. 자신의 가치관을 인식하고 다른 사람들이 나를 좋아하지 않을 수도 있다는 것을 받아들여야 한다. 그들은 다른 가치관, 다른 관심사, 다른 존재 방식이 있다.

어린 시절 조립 라인에서 품질 테스트를 거치며 우리는 자신을 3인칭 시점으로, 시장에 내놓을 상품으로 바라보도록 권장하는 환경에서 성장해 왔다. 인터넷에 기반한 비교는 이러한 상황을 더욱 악화시킬 수 있다. 특히 소셜 미디어는 콘텐츠를 게시하고 외부의 평가에 자신을 개방하도록 부추긴다. 이런 활동을 통해 우리는 프로듀서이자 제품이 된다. 인플루언서가 된다는 것은 말 그대로 자신을 상품으로 판매하는 것이다.

젊은 세대의 병폐와 정신 질환 증가의 책임을 소셜 미디어에 돌릴 수는 없다고 생각한다. 그보다는 결과 중심 교육 시스템, 과잉육아, '더 좋은 것'을 추구하는 소비주의에 소셜 미디어가 가세함으로써 퍼펙트 스톰을 만들어냈다고 본다. 이 모든 것이 합쳐져 젊은 여성들은 자신이 충분히 똑똑하고 착하고 예쁘지 않다고 내면화했다. 할 만큼 했으나 벽에 부딪힌 여성들 일부는 음식을 먹지 않고 자신을 해치게 되었다.

스크린의 주인이 될 것인가, 노예가 될 것인가?

인터넷의 즐거움과 위험은 너무나 많지만 나는 그중 몇 가지만 다루었다. 지난 몇 년간 내가 아는 젊은이들은 인터넷 사기를 당하고, 인터넷 포르노에 중독되고, 인터넷을 통해 마약을 사고 복용하다가 체포되기도 했다. 요청하지 않은 자해 사진을 전송받기도 하고, 친구의 유서를 발견하기도 했다. 어떤 젊은이는 가장 독하고 상처받은 사람들을 찾아서 함께 어울렸다. 실제로 존재하지 않는 가상의 친구를 만들어내고 친구들에게 줄곧 거짓말을 한 사례도 있었다.

인터넷의 노란 벽돌길을 따라가는 것은 미친 짓이 될 때도 있다. 이상한 일들이 일어난다.

물론 많은 것을 배우고, 사람들과 소통하고, 관심사를 계발하고, 새로운 재미를 찾는 등 놀라운 일들도 일어난다. 다만 자신이 스크린을 통제하고 있는지, 스크린이 자신을 통제하고 있는지 확인해야 한다. 인터넷이 우리를 강력하게 유혹할 때 균형을 유지하는 것이 중요하다. 이 책 전체의 주제는 균형이며, 균형이란 여러 가지 힘이 나를 잡아당길 때 중심을 잡고 넘어지지 않는 것이다. 인터넷은 강력하고 어디에나 존재하며 항상 우리 곁에 있다. 인터넷은 잠들지 않는다. 이 강력한 자성에 빨려들지 않고 균형을 유지할 수 있는가?

피자와 초콜릿을 주식으로 삼지 않고 피자는 일주일에 한 번 초콜릿은 매일 하나 먹는 것처럼, 스마트폰 사용의 적절한 균형점을 찾아야 한다. 가족과 함께 시간을 보내고, 사람들과 직접 만나 대화하고, 몸을 움직이고, 반려동물과 함께 산책하고, 책을 읽는 등 2D가 아닌 3D의 삶을 충분히 누리면서 스마트폰의 적정 사용 시간을 조정한다.

게임이나 틱톡을 즐기는 것도 좋지만, 무엇보다도 유쾌하게 즐기다가 어느 순간 불쾌하고 소모적으로 느끼는 순간 바로 알아차리는 것이 중요하다. 더 이상 즐겁지 않고 멍해지고 강박적으로 바뀌기 시작하는 순간. 사례들에 따르면 바로 그 지점에서 중독이 시작되고 멈추기가 가장 어렵다고 한다.

우리 모두 이런 문제를 조금씩 알아가고 있다. 문명화된 사회에는 구조와 경계가 필요하지만, 인터넷에는 아직 그런 것들이 확립되지 않았다. 다음 세대에는 훨씬 더 규제가 강화될 것이라고 단언한다. 지금은 우리 스스로 규칙을 만들어야 한다. 아동과 청소년에게 인터넷은 너무나 중독성이 강해서, 규칙이나 제한 없이 의지력으로 사용을 자제하기는 어렵다.

스마트폰 사용이 수면에 방해가 되고 있는가? 지나치게 자극을 받고 있는가? 다른 사람과 끊임없이 자신을 비교하고 있는가? 현실의 삶을 놓치고 있는가? 어떤 행동을 바꿀 때는 의지력이나 선한 의도보다는 규칙, 구조, 경계가 더 효과적이다. 수많은 부모님들과 젊은이들이 밤새 스마트폰을 침실이 아닌 별도의 공간에 보관하거나 스마트폰 사용 시간을 제한한다. 숙제를 하기 전에는 스마트폰을 치우거나 일정 기간 인스타그램을 사용하지 않는 등 스스로 규칙을 정하기도 한다.

인터넷과 스크린은 사라지지 않을 것이며, 노예가 되지 않고 최선을 끌어내기 위해 주도권을 쥐는 법을 배워야 한다. 나는 젊은이들이 오즈에서 돌아와서 자신을 붙잡고 있던 인터넷의 굴레에서 벗어나는 것을 보았다. 그들은 친구와 함께하기 위해 24시간 온라인에 접속하고 싶은 충동을 거부하고, 자극으로부터 뇌를 쉬게 하고, 끊임없는 비교로부터 자유로워졌다.

제9장

매력, 관계, 사랑과 섹스

사랑은 일시적인 광기다.

루이스 드 베르니에 『코렐리의 만돌린』

언젠가 언젠가 내 왕자님이 올 거라고 동화는 말했어.

30년이 지난 지금도 내 머릿속엔 개구리랑 자면

공주 침대에서 깨어난다는 말이 떠올라.

팀 민친 '원 데이' 뮤지컬 〈그라운드호그 데이〉

인터넷과 마찬가지로 연애와 관계의 변화는 새로운 세대에게 격변을 일으켰다. 이전 세대보다 더 많은 지식, 더 많은 선택권, 더 많은 자유를 누리고 있으며 이는 대단한 일이다. 하지만 선택의 폭이 넓어지면 그만큼 복잡해진다. 그리고 복잡함에는 심리적 불안이 따른다.

하지만 우리는 여전히 낭만적인 사랑에 대한 꿈을 꾼다. 소년과 소녀가 만나고, 갈등과 불확실성으로 딜레마에 빠지고, 결국 소년이 소녀에게 사랑을 고백하고, 소녀가 그의 사랑을 감사히 받아들이고, 두 사람이 손을 잡고 석양 속으로 함께 걸어가며 막이 내리는 이야기는 시공을 초월해 널리 퍼져 있다. 책, 노래, 영화, 연극은 서로에게 충실하고 헌신하는 연인들의 서사를 영속화한다. 나는 낭만적 사랑의 신화가 젊은 시절에 경험하는 압도적인 사랑과 욕망의 감정을 권력과 불평등으로 연결된 젠더 고정관념에 묶어두는 역할을 한다고 생각한다.

이제 우리는 이러한 고정관념에서 벗어날 수 있는 시점에 와 있다. 비교적 최근까지만 해도 대다수 여성에게는 결혼 또는 독신이라는 사회적으로 인정받는 두 가지 선택지만 있었다. 과거에는 자신의 성 정체성에 의문을 품을 수 없었고, 다양한 파트너를 사귈 수 없었고, 스스로 생계를 꾸리거나 스스로 선택할 기회도 많지 않았다. 이제 연애와 성에서 자신을 표현할 수 있는 다양한 방법과 기회가 생겼다. 이 얼마나 멋진가? 또한 이 얼마나 복잡한가?

보는 대학교 1학년 때 나를 찾아왔다. 그녀는 매일 기분이 나쁘고 불안한 상태였다. 이유를 알 수 없었다. 전에는 자신감이 넘쳤다. 대학 입학 전 식스 폼 칼리지에서 여러 학교를 아우르는 대규모 사교 모임의 중심에 있었기 때문에 대학에서 소외감을 느낀다는 것은 그녀에게 충격이었다. 그녀는 자신이 사춘기를 일찍 겪었고 또래 친구들보다 일찍부터 성에 관심이 있었다고 했다. 그녀는 파티와 클럽에서 항상 여자애들과 남자애들을 사귀었는데 자신의 유동적인 성적 취향이 전혀 어색하지 않았다. 부모님은 자유롭고 쿨한 사람들이었고, 그녀가 애인을 집에 데려오는 것을 허락했다. 부모님과 그녀의 삶 사이에는 경계가 없었고 그들은 매우 가까웠다.

LGBTQ+

LGBTQ+[75]는 성적 다양성을 가리키는 말로, 동성애자, 양성애자, 성전환자, 성 정체성에 관해 갈등하는 사람들을 포함한다. 서구에서는 젊은이들이 역사상 그 어느 때보다 자신의 성 정체성을 자유롭게 표현할 수 있다. 내가 사는 런던 북부에서는 친구 관계, 가족, 학교, 지역 사회에서 개개인의 다양한 성적 정체성을 받아들인다.

여성에게 매력을 느끼는 소녀들이 억압과 죄책감 대신 자유와 해방감을 느끼는 것은 정말 멋진 일이다. 하지만 사회에는 이성애 규범적 가정과 동성애 혐오가 여전히 존재하고, 자신의 성적 취향이 내키지 않거나 남들에게 알리는 것을 꺼리기도 한다. 생물학적 성별과 심리적인 성별이 일치하는 시스젠더 여성 치료사로서 나는 이러한 요인들이 나를 찾아오는 젊은이들의 정신 건강과 웰빙에 미치는 영향을 이해하려고 노력할 수밖에 없다.

성적 취향과 성 정체성은 성별 불쾌감(gender dysphoria, 태어날 때 부여받은 성별에 대해 불편함을 느끼는 것)과는 별개의 문제다. 나는 사람들이 자신의 성별을 잘못 인식하고 있다는 생각에 겁에 질리고 혼란스러워하는 사춘기 청소년을 머릿속에 떠올린다. 그 아이는 어떻게 해야 할까? 누구에게 말해야 할까? 마치 깊고 어두운 숲속에서 길을 잃은 것처럼 두렵고 막막하다.

이 깊은 숲속에서 어디로 가야 할까? 어떤 사람들은 다른 성으로 전환해야만 숲에서 빠져나올 수 있다고 생각한다. 그들은 그 길을 찾기 위해 많은 시간을 보냈을 것이고, 그 과정에서 많은 학대와 편견을 경험했을 것이다. 그들은 더 일찍 성전환을 했다면 좋았을 수도 있고 그렇지 않았을 수도 있다. 성전환 후 그들이 원하는 곳으로 나가지 못해 다시 숲으로 돌아가서 재전환을 하기도 한다.

숲속에서 어느 길이 자신을 위한 길인지 아이 자신도 판단하기 어렵다. 아이를 도와주고 싶어도 답을 모른다. 다만 아이가 슬프고 외로울 때, 더 이상 슬프고 외롭지 않을 때까지 함께 앉아 있고 싶다. 어두운 숲속이 불편하고 무섭더라도 길을 찾기 전에는 참고 견뎌보자고 권하고 싶다. 서두르지 말고 완전히 자신에게 맞는 길을 찾을 때까지 내가 곁에 있겠다고 말하고 싶다.

성별 불쾌감을 겪고 있는 모든 사람들을 응원한다. 각자의 경험과 해법은 다르다. 자신만의 길을 찾아야 한다. 안타깝게도 간단하거나 빠른 답은 없다. 우리의 성은 복잡하고 고민에 빠졌을 때 단순한 해답은 매력적일 수 있지만 '정답'이라기보다는 '쉬운 탈출구'일 가능성이 크다.

사랑과 현명한 마음

누군가에게 매력을 느끼고 사랑에 빠지는 것은 현명한 마음에 가장 큰 위협이 된다. 사랑은 놀랍고, 설레고, 짜릿하고, 강력한 감정이므로 이성적인 마음을 압도하기 쉽다. 사랑에 빠진다는 것은 일시적인 광기다. 연구에 따르면 사람들이 사랑에 빠질 때 정신 질환이 마음을 지배하는 것과 같은 방식으로 사랑하는 사람에 의해 지배받는다. 사랑은 모든 사람에게 놀랍고 압도적이며 삶을 바꿀 수 있는 감정이다.

그러므로 사랑에 빠졌을 때는 그 어느 때보다 감정과 이성 모두에 귀를 기울여야 한다. 누군가에게 성적 매력을 느끼기 전에 현명한 마음의 근육을 단련하는 것이 좋다. 현명한 마음에 도전하는 것이 바로 그것이므로.

보는 독립적이었으므로 대학에 진학하며 집을 떠나도 괜찮을 것으로 생각했다. 그리고 처음 몇 달은 괜찮았다. 그녀는 정말 빠르게 많은 친구를 사귀었고 클럽에서 또는 틴더 앱을 통해 사람들을 만나면서 부담 없는 연애를 이어갔다. 그러다가 한 사람과 연인이자 좋은 친구가 되었다. 어느 날 밤 누군가 보를 그 사람의 여자친구라고 불렀다. 보는 즉시 여자친구가 아니며 그냥 가

벼운 만남이었다고 말했지만, 옆에 있던 그 친구의 표정이 무너지는 것을 보았다. 그녀는 정말 불편하고 불안한 기분이었다. 그녀는 그 친구에 대한 감정이 정말 강했지만, 이제는 피하고 싶었다. 그들은 가끔 술에 취했을 때 만나는 관계를 이어나갔다.

누군가에게 끌리는 이유

청소년기는 모든 것이 변하는 시기다. 신체가 발달하기 시작하고 새로운 학교에 진학하며 집을 떠나야 하는 시기가 다가온다. 분리와 개별화는 필연적으로 부모님과 의견 충돌이 많아진다는 것을 의미한다. 때때로 의심이 들고 자신에 대해 확신이 서지 않는 것은 정상이다. 친구 무리를 바꾸거나 별로 좋아하지 않는 친구들에게 휩쓸리거나 나와 잘 맞지 않는 친구들과 시간을 보내게 될 수도 있다.

그때 누군가가 나를 좋아한다고 말한다. 내가 하는 농담에 웃고, 나를 오래 주시하면서, 내가 예쁘다고 말한다. 이 사람은 내가 수면 아래에 숨겨둔 모습은 전혀 보지 않고 겉으로 드러난 빙산의 일각에 집중한다. 내게 성적으로 끌린 사람과 함께 있다는 것은 나의 가장 좋은 부분을 비추는 거울을 보는 것과 같다.

많은 젊은이들은 자신의 결점, 빙산의 밑바닥을 잘 알고 있으므로 자신이 사랑받을 수 없는 존재가 될까 봐 두려워한다. 다른 사람에게도 결점이 있다. 그 사람에게도 수면 아래에는 자신에 대해 싫어하는 점과 불안이 있을 것이다. 이상한 발가락 모양, 코를 후비는 습관 같은 것들이 있을 것이다.

아무도 나를 좋아하지 않을 거라는 생각은 자신에게 어울리지 않거나 나쁜 의도가 있더라도 내게 다가와 관심을 보이는 사람을 거절하지 못할 수도 있다는 점에서 위험하다. 상대방이 나를 좋아한다는 사실에 사로잡혀 내가 진정으로 그 사람을 좋아하는지 생각하지 못할 수도 있다.

나를 칭찬하거나 긍정적인 관심을 보이는 사람을 만나면 기분이 좋아진다. 특히 불안감을 느끼고 있을 때는 거의 중독될 수 있다. 잠재적인 파트너가 내게 달콤한 말을 속삭이는 이유는 무엇일까? 날 사랑하기 때문일 수도 있지만, 내가 원하는 것과 상관없이 성관계를 하려고 조종하는 것일 수도 있다. 물론 대부분의 경우는 나를 사랑하거나 나와 성관계를 하고 싶어 하는 양극단 사이 어딘가에 답이 있을 것이다.

연인 관계는 언제든 마음이 바뀔 수 있다. 우리는 경고 없이, 설명 없이, 상의 없이, 상대방이 어떻게 느끼든 상관없이 언제든 그 관계에서 빠져나올 수 있다. 이것이 이 책의 또 다른 핵심 메시지 중 하나다.

매력과 애착

누군가에게 연애 감정을 느끼기 시작하면 기존에 부모님, 가족, 친구와 맺었던 관계의 그림자인 애착의 청사진을 떠올린다. 이를 연애 지도라고도 한다. 첫 장에서 설명한 애착과 마찬가지로, 낭만적 또는 성적 관계는 서로 밀고 당기는 복잡한 춤이며, 서로 호흡을 맞춰 스텝을 밟아야 한다. 섹스와 사랑에서는 은유적으로나 물리적으로 다른 사람의 품에 안기게 되며, 이 춤을 제대로 추려면 상호성이 필요하다.

누군가와 연애 관계를 맺을 때는 자신을 드러내야 하는데, 이때 자신의 취약성도 드러나므로 위험하다. 이러한 취약성은 애착의 청사진과 초기 관계, 커뮤니티·종교·사회의 가치 및 기대와 관련된 것이다. 특정 유형의 애착이 특정 유형의 연애 관계로 이어지는 단순한 구조가 아니다. 특정한 맥락에서 독특한 개인이 어떤 경험을 했는가에 따라 각기 달라진다.

치료 과정에서 우리는 보가 왜 그렇게 친밀감을 불편해하는지 생각해 보았다. 친밀하지만 경계가 없는 부모님과의 관계에서 단서를 찾았다. 그녀는 친구나 연인과 친밀감을 느끼는 것이 아니라 부모님과 친밀감을 느꼈다. 그녀는 새로운 사람들을 만났을 때 친근하고 개방적이며 물건을 공유하는 데 익숙한 연애 지도를 갖고 있었다. 그러나 사람들이 그녀에게 감정적으로 마음을 열면 그녀는 부담스러워서 멀어졌다. 부모님을 지극히 사랑했지만, 때때로 그들이 간섭한다고 느꼈고, 이로 인해 관계에서 헌신하고 싶은 마음이 사라졌다. 보는 부모님과 너무 가까이 지내다 보니 자신이 누구인지 제대로 파악하지 못하고 자신만의 길을 찾지 못했다는 사실을 깨달았다.

2장에서 일부 부모가 자녀의 일상을 세세하게 관리하며 강렬한 관계를 형성하는 과잉 양육을 살펴보았다. 형제자매라 하더라도 각자의 타고난 성격에 따라 이에 대한 반응이 다를 수 있다. 이러한 양육 방식을 좋아했다면 연애 관계에서도 강렬함을 추구하고 서두르는 경향이 있을 수 있다. 반대로 싫어하고 질식할 것 같은 느낌을 받았을 수도 있다. 그런 경우라면 연애 관계에서 친밀감을 느끼는 데에 거부감을 느낄 수 있다. 누군가와 가까워지면 구속받는 느낌이 들 수도 있다.

애착이 정반대인 경우에도 비슷한 패턴이 나타날 수 있다. 부모님이 따뜻하게 적극적으로 양육하지 않았던 사람들은 연애에서 따뜻함이나 헌신을 표현하는 데 어려움을 겪을 수 있다. 친밀감을 두려워할 수 있다. 누군가와 가까워진다는 느낌에 익숙하지 않아 상대방을 신뢰하지 못하고 밀어낼 수 있다. 또는 깊은 외로움 때문에 과잉 애정을 쏟고, 그것이 상대방을 불편하게 하거나 부담을 줄 수도 있다.

나의 연애 지도는 무엇일까? 나는 상대방의 어떤 점에 매력을 느끼며 거기에는 어떤 함정이 있을까?

보의 자연스러운 성향은 친구와의 관계가 너무 가까워지면 멀어지는 것이었다. 하지만 한편으론 그들과 함께 어울리고 싶었고 함께 있지 않을 때는 그들을 그리워했다. 보는 여자친구가 아니라고 부정했던 그 친구에게 강한 감정이 있음을 인정할 수밖에 없었고, 결국 그 친구와 관계를 시작했다. 그녀는 취약한 자신을 보여주고 마음을 열었다. 그리고 그 친구와 헤어졌을 때 그녀는 마음이 상했고 내 탓이라고 농담을 하기도 했다. 하지만 우리 둘 다 그것이 진전이라고 생각했다. 친밀감에 대한 욕구를 부모로부터 또래 친구들에게로 옮긴 것도 진전이었고, 자신의 취약성을 받아들여 타인과 연결될 수 있었던 것도 중요한 진전이었다.

매력과 권력

중등학교에서 연애가 시작되면 인기가 있다는 것은 예쁘거나 매력적이라는 것과 연결되기 시작한다. 또래 그룹에서 나를 예쁘고 매력적이라고 생각하면 모든 관계에서 권력을 갖게 될 수 있다. 그러나 외모가 자신의 가장 중요한 부분이라고 생각하게 만들 수 있으므로 주의해야 한다.

한편, 많은 여성들이 10대 시절 자신과 또래 친구들이 판단한 자아상에서 벗어나지 못해, 오랫동안 그 인식이 자신에 대한 판단을 흐리게 하기도 한다.

매력의 유형은 다양하다. 아름다움은 보는 사람의 눈에 달려 있다. 사춘기에는 그렇게 느끼지 못할 수도 있지만, 나이가 들수록 분명해진다. 10대 청소년들이 자신과 타인을 매력적이라고 판단하는 기준은 유행이나 당시의 시대정신을 따르는 경우가 많다.

자신의 외모와 매력이 또래 집단의 기준에 잘 들어맞지 않는다고 해도 그들의 기준과 정의를 받아들일 필요는 없다. 시간이 흘러 청소년기의 협소한 세계에서 벗어나 훨씬 더 넓은 세계로 나아가면 자신의 가치와 매력을 알아줄 사람들을 얼마든지 만날 수 있다. 특히 열세 살 소년의 미적 감각을 자신의 판단 기준으로 삼을 필요는 없다. 열세 살 소년은 호르몬이 넘쳐나기 때문에 자신이 어떤 사람에게 매력을 느끼는지 섬세하게 감지하기 어렵다. 다른 아이들처럼 막연하게 여자친구가 있었으면 좋겠다고 생각하고, 일반적인 기준, 특히 또래 남자애들의 기준을 따르는 경향이 있다.

밀고 당기는 짜릿한 긴장감

누군가에게 끌리면 서로 밀고 당기는 짜릿한 긴장감, 상대방이라는 거울에 반사되는 나의 긍정적인 이미지, 로맨스, 또래 그룹에서 얻을 수 있는 지위, 그 사람을 알아내고 싶은 호기심 등에 압도될 수 있다. 매력에 빠지는 과정에는 정말 멋진 요소가 많다. 그러나 매력을 느끼는 대상이 매력에 빠지는 과정만큼 멋질 것으로 혼동해서는 안 된다. 많은 개구리에게 키스해야 할 수도 있다. 밀고 당기는 짜릿한 긴장감과 그 대상의 가치를 혼동하면 안 된다. 그리고 개구리가 왕자로 판명되더라도 나에게는 영 맞지 않을 수 있다. 서로가 잘 맞는지 아닌지 알아보는 것이 바로 연애의 목적이다.

식스 폼 칼리지에 재학 중인 클로이는 슬픔과 불안감으로 힘들어하고 있었다. 조부모님이 그녀를 키웠고 이따금 자신만의 문제가 있는 엄마를 만났으며 아빠는 전혀 알지 못했다. 조부모님과 그녀는 서로를 사랑하고 따뜻하게 대했다. 조부모님은 그녀의 일상과 학업, 친구 관계에 깊이 관여했다. 하지만 10대가 되면서 그녀는 조부모님과 친밀감을 느끼지 못했고, 서로 연락하지 않았고 대화도 나누지 못했다. 조부모님은 그녀가 엄마처럼 되지 않게 하려고 엄격하게 통제했으므로, 그녀는 친구 무리에서 유일하게 일찍 집에 돌아와야 했고, GCSE 시험 후의 단체 여행도 허용되지 않았다.

친구들의 부모님은 좀 더 관대한 편이었다. 이제 그녀는 친구들 사이에서 자신감이 없었고, 그 그룹은 우정을 켰다가 껐다가 하는 온/오프 우정 성격이 있었다. 외모에 대해서도 자신감이 없었다. 클로이는 남자애들 몇 명과 사귀었지만 진지한 관계는 아니었다. 그러던 중 클로이는 친구 무리의 중심에 있는 한 남학생을 사귀기 시작했다. 그는 클로이를 정말 좋아하는 것 같았다. 둘은 금세 가까워졌다. 그는 가정생활에서 어려움을 겪고 있었다. 그는 자신의 가족에 대해 그녀에게 이야기했고, 그녀는 그를 걱정했다. 단둘이 있을 때 그녀는 항상 갈망하던 친밀감을 느낄 수 있었다. 그는 공공장소에서도 항상 그녀를 팔로 감싸거나 손을 잡아주는 등 다정하게 대했다. 한동안 그녀는 기분이 좋았다. 마치 사회적으로 인정받은 것처럼 느껴졌다.

누군가를 좋아하는 설레는 감정이 소설, TV 드라마, 노래에 나오는 진정한 사랑에 대한 메시지와 결합하면 실제보다 더 대단한 관계라고 생각할 수 있다. 불확실한 감정을 사랑이라고 믿게 만들 수 있다. 상대방에게 없는 속성이 있다고 투영할 수 있다. '영화 같은 사랑'을 너무 원하다 보면 '그가 자신에게 별로 관심이 없다'는 사실을 깨닫지 못하고 대신 변명하게 된다.

로맨스에는 '극복해야 할 장애물'이 따른다. 연인이 전화하지 않을 때, 질투하거나 소유욕이 강하거나 심지어 공격적일 때 이것은 위대한 사랑의 서사를 완성하기 위해 필연적으로 거쳐야 하는 과정이 된다. 진정으로 사랑하는 사람들은 시련을 거쳐 서로의 마음을 확인한 후 마침내 하나가 될 수 있다.

우리는 진부한 로맨스 이야기에 너무 빠져 있어서 사실은 그가 내게 별로 관심이 없거나 그가 비열한 사람이라는 징후가 있어도, 그가 나를 사랑한다고 계속 자신을 속일 수 있다. 로맨스에 대한 장애물은 긴장감과 절박함을 더욱 고조시켜 성적 매력이나 사랑의 느낌을 강화한다. 그러면 우리는 현명한 마음, 이성적인 마음을 뒷전에 두고 자신의 연애 지도, 사랑에 대한 욕구를 그 사람에게 투사한다.

온/오프 친구를 기억하는가? 온/오프 남자친구는 훨씬 더 해로운 버전이다. 우리의 정신에는 해결되지 않은 것들을 반복하며 집착하는 성가신 습관이 있다. 성적 매력에 끌리는 호르몬이 합병증을 일으키고, 장애물을 극복해 사랑의 서사를 완성하려는 드라마가 추가되어 중독성이 더 강하다.

온/오프 남자친구의 드라마는 3막으로 구성된다. 1막은 강렬한 열정으로 가득 차 있다. 2막은 분노, 질투, 냉기가 지배하는 시간이다. 그는 내 잘못된 행동과 결점이 갈등의 원인이라고 한다. 3막은 화해로 이어진다. 나는 그가 사랑하고 신뢰하는 유일한 사람이며, 오직 나만이 그를 이해할 수 있다. 눈물과 사과, 꽃과 사랑의 맹세는 나를 감동적인 드라마의 주인공으로 만들어준다. 이것은 고통받는 남자를 치유하는 착한 여자의 아름다운 사랑 이야기다.

물론 이것은 전부 말도 안 되는 얘기다.

클로이와 남자친구 사이가 항상 완벽한 것은 아니었다. 가끔 남자친구는 그녀가 전화를 걸거나 걸지 않았다고, 그녀가 공부할 때나 조부모님과 저녁 식사를 할 때 전화를 받지 않았다고 그녀와 다투기도 했다. 또한 클로이는 원래 밤에는 침실에 스마트폰을 두지 않았지만, 그는 밤늦게 통화하는 것을 좋아했다. 그녀도 밤에 통화하는 것이 좋았고 그럴 때 그와 친밀감을 느꼈다. 그러나 규칙을 어기고 밤늦게까지 그와 대화를 나누어도 그녀가 어쩔 수 없이 끊어야 할 때 그는 종종 화를 내곤 했다.

그가 화를 내면 그녀는 걱정이 되어 잠이 오지 않았다. 성관계를 할 때도 그는 그녀가 원하지 않는 방식을 강요했다. 그는 그녀를 많이 칭찬하고 예쁘다고 했지만, "네 큰 엉덩이가 좋아"라든지 "우와, 상의가 깊이 파였네"처럼 빈정대는 느낌이었다.

온/오프 남자친구를 경고하는 신호로는 다음과 같은 것들이 있다. 그에게는 친구가 별로 없다. 나를 제외하고는 아무도 그를 이해하지 못한다. 그는 나를 사귈 때의 감정을 이전에는 느껴본 적이 없다. 그가 화가 난다면 그것은 내 탓이다.

달려라! 힘껏 달려서 그와 멀어져야 한다. 자신을 소중히 여긴다면 그렇게 해야 한다. 혼자가 되는 것을 두려워해서는 안 된다. 진정한 사랑을 나눌 사람을 찾는 유일한 방법은 혼자 있는 것뿐이다.

가족과의 시간, 학교생활은 평화롭지만 지루하다. 온/오프 남자친구는 지루한 삶에 드라마틱한 긴장과 흥분을 불러일으킨다. 중요한 것은 그들이 온/오프 전환의 '오프'에 있을 때, 나를 비난하며 불친절하게 대할 때, 그들의 거울에 비친 나, 자신을 의심하는 불안한 나를 내면화하지 않는 것이다. 그들과의 관계를 사랑과 혼동해서는 안 된다. 사랑은 그런 것이 아니다.

얻기 힘든 여자?[76]

20여 년 전 『원칙 The Rules』이라는 책과 『남자들은 왜 여우 같은 여자를 좋아할까? Why Men Love Bitches』라는 책이 출간되었다. 두 책 모두 여성이 남성을 낚으려면 튕겨야 한다고 조언했다. 남성들은 추격에 매력을 느끼는 사냥꾼 본성이 있으므로 얻기 어려운 여성에게 승부욕을 느낀다고 했다. 그러므로 남자를 사귀려는 여성은 그에게 관심 없는 척하거나 인위적으로 장애물을 만들어 그의 관심을 끌어야 한다는 것이었다.

#whymenlovebitches는 틱톡에서 인기 있는 해시태그가 되었다. 그리고 이런 관념은 지금도 데이트 문화에 많은 영향을 끼친다.

남성과 여성은 같은 성별과 경쟁하며, 강하고 조용한 자원 제공자 남성이 영리하고 약아빠진 여성을 쟁취한다는 성별 고정관념에 기반한 이야기다. '암캐'인 여성은 로맨스를 강화하기 위해 장애물 극복 서사를 활용하고, 남성은 그녀를 잘 알지 못한 채 자신의 이상형을 그녀에게 투사한다.

나는 이 서사를 싫어하지만, 여기에 일말의 진실이 있음을 안다. 여성들은 일반적으로 남성들보다 감정적으로 더 능숙하다. 자신의 감정을 이야기하는 것이 소녀들의 대화에서 중요한 부분이기 때문이다. 여성들은 종종 남성들에게도 호혜성을 추구하며, 그들이 항상 연락하고 생각과 감정을 공유하기를 바란다.

클로이가 중요한 시험을 앞둔 어느 주말, 그녀는 공부하느라 그와 함께 파티에 갈 수 없었다. 그는 정말 화가 났고 파티에서 다른 여자와 사귀었다. 모두가 보았으므로 그는 숨길 수 없었다. 그는 정말 미안해하며 울면서 그녀를 사랑한다고 말했다. 그녀는 가슴이 아팠고 정말 그와 함께 있고 싶었지만, 수치심을 느껴 헤어지기로 했다. 하지만 그녀는 그를 몹시 그리워하며 화해하기를 바랐다. 그녀는 그가 자신에게 매달릴 것으로 생각했다. 2

주 만에 그는 다른 여자친구가 생겼다. 클로이는 외출할 때마다 그가 새 여자친구를 팔로 감싸고 귀에 대고 속삭이는 모습, 함께 킥킥거리는 모습을 봐야 했다. 보기만 해도 극도로 고통스러웠다. 그녀는 굴욕감을 느꼈지만 동시에 그를 미친 듯이 그리워했다.

누군가와 특별한 감정이 싹트기 시작할 때 그 사람과 교환하는 신호, 메시지에서 얻는 작은 기대와 즐거움을 계속 원하게 된다. 이로 인해 지속해서 관심을 기울이며 너무 많은 메시지를 보내게 되면 그 사람에게 부담을 줄 수 있다. 이 부분은 성별의 차이가 있다. 특히 아직 자신의 감정이 뭔지 모르는 남자들에게 너무 많이 표현하면 그들은 부담스러워서 주저하고 뒤로 물러날 수 있다.

그들은 왜 주저할까? 완전히 감정적인 마음 상태인 누군가를 만난 적이 있는가? 감정적인 마음 상태인 사람은 나에게 반응하지 않고 자신의 감정적인 마음에 반응한다. 내가 내 문제를 가지고 그들에게 가면 그들이 그 문제를 자신에 관한 것으로 바꾸어 버릴 것이다. 그들은 온통 자신의 감정에만 빠져 있다. 그들은 현실과 좀 동떨어져 있으므로 상대방은 거슬리는 느낌을 받는다. 바로 그것이 자신의 애정의 대상이 된 사람이 느끼는 감정일지도 모른다.

누군가를 좋아할 때는 감정적인 마음뿐만 아니라 이성적인 마음도 사용해야 하므로 잠시 멈춰야 한다. 정욕, 유혹, 섹스의 감각은 매우 강하고 서로 얽혀 있다. 그런데 여성의 경우, 이러한 감정의 맥락은 항상 사랑, 즉 낭만적인 서사에 의해서만 촉발되는 것으로 가정되어 왔다.

이러한 가정은 생각이 감정의 도화선이 될 완벽한 조건을 만든다. 자신의 감정이 정욕이나 흥분 또는 온/오프 관계 중독이라는 것을 인식하기보다는 '진정한 사랑' 이야기로 설명하기 때문이다. 이로 인해 감정적인 마음에 완전히 갇히게 되고, 이성적인 마음이나 현명한 마음은 아예 머릿속에 떠오르기 어렵게 된다.

이게 왜 문제가 될까? 첫째, 오직 이성적인 마음을 통해서만 시간의 경과에 따라 누군가의 성격을 파악할 수 있고, 의도가 선한지 나에게 잘해줄 것인지를 판단해 그 사람을 믿을 수 있는지 결정할 수 있다. 선한 의도란 그 사람이 나와 결혼하고 싶어 한다는 뜻이 아니다. 지금은 결혼을 전제로 연애를 시작했던 '오만과 편견'의 시대가 아니다. 선한 의도란 그가 비열한 사람이 아니라는 뜻이다. 나를 때리거나 나와 가장 가까운 친구와 바람을 피우고 그 사실을 자기 패거리들에게 떠벌리고 다닐 사람이 아니라는 의미다. 상대방의 마음을 사로잡는 과정의 짜릿함과 실제로 그 사람이 사귈 만한 사람인가를 구분하기 위해 이성적인 마음을 활용해야 한다.

둘째, 내가 사귀고 싶은 사람이 선하고 친절하더라도, 그가 나에게 반하지 않을 수도 있다는 것을 받아들이기 위해 이성적인 마음이 필요하다. 반대로 그는 내 모든 측면이 마음에 들지만, 나는 그의 일부만 마음에 들 수도 있다. 사랑과 섹스는 상대방과 나의 감정적인 마음이 함께 모여야 가능하고 두 마음이 연결되어야만 관계가 발전할 수 있다. 그러나 앞서 살펴본 것처럼 감정적인 마음만 온통 실려 있을 때는 서로 정확하게 조율하는 것이 매우 어렵다.

관계는 두 사람에 관한 것이기 때문에 현명한 마음이 필요하다. 좋아하는 사람이 내게 균형 있게 반응하지 않는다면, 그것을 존중해 일방적인 열정을 다 쏟아붓지 말고 합리적으로 반응해야 한다. 합리적이라는 것은, 상대방이 내가 해주는 만큼 응답하지 않는 것은 진정한 사랑을 위해 극복해야 할 장애물 서사가 아니라 그냥 그가 나에게 반하지 않았다는 신호임을 알아차리라는 것이다. 그리고 실제로 이것은 #whymenlovebitches가 포착한 진실 중 하나다. 일부 여성은 연애 초기에 감정을 너무 많이 실어서 상대방에게 부담을 준다. 이런 방식은 득보다 실이 더 많다.

빙산 이야기로 다시 돌아가면, 이번에는 다른 사람에 대한 감정을 수면 아래에 감추는 대신 그대로 드러냈다. 이렇게 자신의 감정을 다 꺼내 놓으면 상대방은 부담스러워서 가버린다. '아, 잠깐만! 이렇게 빨리 이렇게 많이 주면 어떡하라고?'

이제 우리의 우정 부족을 살펴보자. 그들은 내가 매력을 느끼는 대상이 나를 좋아하지 않을 때 내게 진실을 알리지 않는다. 왜 그냥 내게 말하지 않을까? 우선은 그들이 나를 염려하고 내 감정을 상하게 하고 싶지 않아서다. 두 번째는 그들도 나와 똑같은 낭만적인 환상에 빠져 있고 나를 통해 대리 체험을 하고 있기 때문이다.

〈러브 아일랜드〉 같은 쇼는 이런 현상을 훌륭하게 보여준다. 사랑에 빠진 불쌍한 소녀 주위에 모인 여성들은 그녀의 파트너가 그녀를 정말로, 정말로 좋아한다고, 그녀가 믿음을 가져야 한다고 확신을 주려 애쓴다. 그런 다음 카메라는 문제의 남자가 분명히 다른 여자에게 매료되었음을 보여주는 장면으로 전환된다. 이것을 통해 교훈을 얻기 바란다. 자신에게 듣기 좋은 공허한 말 대신 진실을 말해줄 친구를 곁에 두어야 한다. 때때로 개구리는 그냥 개구리일 뿐이다. 때때로 그는 왕자다. 하지만 그는 다른 사람의 왕자다.

같은 우정 그룹에 속한 소녀들이 서로에게 반하거나 데이트를 시작하면 긴장이 생길 수 있다. 특히 신호를 잘못 읽어 상처받은 감정은 그룹 전체의 힘을 약화시킬 수 있다. 소녀들이 함께 침대에 눕고 서로 옷을 바꿔입고 포옹하고 사랑한다고 말하는 것은 이성애자 사이에서도 자연스러운 일이다. 때때로 우정과 성적인 접근을 구별하기 어려울 수 있다. 솔직하고 개방적인 태도가 혼란과 감정의 상처를 피하는 유일한 방법이다.

사랑과 자존감

다른 모든 일들이 그렇듯 연애도 항상 잘 풀리지는 않을 것이다. 자신과 같은 감정을 느끼지 않는 사람을 사랑하는 극심한 고통을 겪고 때로는 버림받는 경험도 하게 될 수 있다. 그렇지만 늘 새로운 기회를 맞이할 것이다. 모든 위대한 성공 사례에는 뒷걸음질 치는 시기가 있게 마련이다. 사랑도 마찬가지다.

몇 주 동안 전 남자친구와 그의 새 여자친구를 지켜본 클로이는 그의 소유욕이 그녀를 사랑했기 때문이 아니라 그가 과시하는 것을 좋아했기 때문이라는 것을 이해하기 시작했다. 그녀는 자신이 그를 사랑하지 않았음을 깨달았고, 그가 자신에게 맞는 사람이 아니었다는 것도 알 수 있었다. 그녀는 사랑받는 것이 좋았고, 친부모의 사랑을 받지 못했기 때문에 더욱 그랬다. 하지만 그녀는 영리했다. 조부모님이 서로 존중하는 모습을 보며 진정한 사랑이 무엇인지 알고 있었다. 그녀는 그가 아니라 자신이 친구 그룹의 중심이 되고 싶었다. 그녀는 그에게 화가 났고, 그에게 속아 넘어간 자신에게도 화가 났다.

그리고 이제 그녀는 극심한 고통을 느꼈다. 그녀는 분한 마음으로 집에서 조부모님과 함께 지루한 시간을 보낼 것인지, 아니면 친구 그룹과 함께 어울려 고개를 높이 들고 아무렇지 않은 척할 것인지 생각해 보았다. 그녀는 하루빨리 학교를 졸업하고 인생의 다음 단계로 탈출하고 싶었다.

커플로 지내는 데 익숙해지면 다시 혼자로 돌아가는 것이 매우 어렵게 느껴질 수 있다. 나를 매력적이라고 생각하는 사람과 함께 있을 때 느낀 자부심은 사라지고, 이제는 자신이 초라하게 느껴진다. 마음의 공허를 채워줄 새로운 관계로 곧바로 돌진하고 싶은 유혹을 느낀다. 하지만 이렇게 한다면 일반적으로 실수를 저지르는 것이다. 다시 누군가에게 사랑받는 것이 아니라, 자신을 소중히 여기고 자신과 다시 연결될 필요가 있다.

관계를 맺으며 타협하는 과정에서 내가 생각하는 방식, 느끼는 것, 좋아하는 것, 좋아하는 사람, 인생에서 원하는 것, 시간을 보내는 방법 등 나를 이루는 것 중에서 뭔가를 양보하는 것은 불가피하다. 물론, 관계를 통해 새로운 관심사나 새로운 친구를 얻을 수도 있고, 관계가 끝난 후에도 오랫동안 이러한 것들을 유지할 수도 있다.

관계를 정리하고 혼자가 되면 다음 단계를 위해 모든 것을 다시 함께 재조정할 좋은 기회가 된다. 자신이 누구인지 아는 것은 모든 연령대에서 중요하지만, 특히 넘치는 호르몬에 휩쓸리는 10대에게는 더욱 그렇다. 존중과 평등에 기초한 인간관계를 맺으려면 먼저 자신을 소중히 여겨야 한다. 그렇지 않으면 상대방에게 너무 많이 주거나 불충분하게 줄 위험이 있다.

우리는 관계에서 벗어날 수 있을 만큼 강인해야 하며, 그렇게 하는 유일한 방법은 혼자 있는 시간을 갖는 것이다.

자신의 성을 가꾸기

1960년대 이후로 소녀들의 섹슈얼리티는 사랑과 결혼 밖에서 점점 더 많이 논의되었고 LGBTQ+를 포함한 다양성이 부각되었다. 여성들은 낭만적인 이성애 결혼이 유일한 길이라는 고정관념에 도전하기 시작했다. 물론 여전히 사회에 만연해 있지만 말이다.

하지만 이러한 진전에도 불구하고 나는 치료실에서 여전히 슬픈 이야기를 많이 듣는다. 타락, 굴욕, 폭력, 강제에 관한 이야기. #metoo 및 #everyonesinvited(영국 학교 내 성폭력 제보 웹사이트를 딴 해시태그) 캠페인 이후로 우리는 이전에 당연하게 받아들였던 길거리 야유, 치마 속 몰카, 여성 비하, 성희롱, 모욕, 폭행이 소녀와 여성에게 어떤 영향을 미쳤는지 이해하기 시작했다.

이 캠페인이 시작된 이래 나는 이런 종류의 여성혐오가 어떻게 여성들의 정신 건강 문제를 유발하고 지속시키는지 소녀들과 함께 탐구했다. 온라인에 신체에 대한 언급이나 사진이 공유되는 것, 합의된 성관계로 시작했으나 여기저기 멍이 든 폭력적인 성관계, 약물을 탄 음료수를 마신 후 강간을 당한 일 등등. 과거에는 이런 일들에 대해 충분히 물어보지 않았던 것 같다.

이것은 포르노의 가용성 및 극단성과 관련이 있을까? 우리는 관계나 감정과 상관없이 생물학 수업에서 성을 배우던 몇 세대 전의 상황에서 벗어났다. 그것이 이상적인 교육은 아니었지만, 오늘날 수많은 소년들은 실제 관계를 실험해 볼 기회를 갖기도 전에 하드코어 포르노를 시청하고 있다. 그것은 그들에게 섹스에 대해 왜곡된 견해를 갖게 한다. 포르노에 중독된 젊은 남성들을 치료실에서 만나곤 했다. 나는 포르노가 여성을 바라보는 방식에 경악을 금치 못한다. 물론 치료실을 찾아오는 남성들은 중독에 대한 문제의식과 그 문제를 해결하려는 의지가 있어 문제가 가장 적은 사람들이라고 할 수 있다.

성교육이 생물학 수업이나 하드코어 포르노와 달라야 한다면, 우리가 섹스에 대해 알아야 할 것들은 무엇인가?

- 모든 사람의 성은 사람마다 성숙하는 시기가 조금씩 다르다. 또래들과 다르더라도 이상하거나 미성숙한 것이 아니다. 가령 아이들은 걷거나 말을 할 때 몇 달씩 차이가 나지만 나중에는 그런 차이가 전혀 문제가 되지 않는다. 어떤 사람들은 파트너가 자주 바뀌고 어떤 사람들은 단 한 명의 진짜 사랑을 추구한다. 그것은 개인차일 뿐 양쪽 다 정상적이다.
- 성은 누구에게 매력을 느끼는지 자신이 어떻게 느끼는지 무엇을 즐기는지 등 내면의 느낌에 관한 것이다. 다른 사람들이 자신을 섹시하다고 생각하는지 여부와 자신의 섹슈얼리티를 혼동하면 안 된다. 타인의 평가는 주로 나의 외모에 관한 것으로, 성적 대상화다.
- 성적 취향은 내가 원하고 느끼는 것에 관한 것이므로 다른 사람을 기쁘게 하는 것과 혼동해서는 안 된다. 섹스와 사랑은 파트너의 움직임에 반응하고 그가 원하는 것을 알아차리는 복잡한 춤이지만, 나의 성적 취향, 내가 하고 싶은 것, 나의 감정을 희생시키는 것은 아니다. 여성이 성관계에 주도적이면 행실이 나쁜 여자이고, 수동적이면 불감증이라거나 냉담하다는 이중 기준이 적용되어 어느 쪽이든 함정에 빠지기 쉽다. 이 함정에서 벗어나려면 자신이 원하는 것과 느끼는 것에 충실하고, 성적인 비방, 욕설은 현명한 마음으로 무시하거나 합당한 조

치를 한다. 또한 다른 여성에게 이런 이중 기준을 적용하지 않는다.

- 포르노나 다른 미디어에서 사람들이 섹스하는 것을 보는 것은 섹스를 제3자의 시선으로 바라보도록 함으로써, 실제 감정과 경험의 차원이 아닌 섹시한 이미지, 일종의 퍼포먼스로 보게 한다. 정기적으로 성생활을 하기 전에는 포르노 시청을 피해야 한다. 현실의 경험을 왜곡할 수 있기 때문이다. 당사자의 감정과 서로의 관계 등의 맥락을 제거한 인위적인 섹스는 자신의 섹슈얼리티를 탐색할 때 방해가 되는 선입견을 조장할 수 있다.
- 성적인 관계와 낭만적인 관계에서 신체에 대해 수치심을 느껴서는 안 된다. 가령 면도를 하지 않는다면 여성의 몸에도 털이 많다. 상대방의 신체를 이상하게 보거나 부정적인 반응을 보인다면 그것은 그 사람의 문제다.
- 섹스는 서로가 즐거워야 한다. 자신이 하고 싶은 것과 상대방이 하고 싶은 것이 겹치는 교집합을 실행하면 된다. 이것은 단지 동의에 관한 것이 아니다. 동의의 기준이 너무 낮기 때문이다. 섹스라는 복잡한 댄스에서 서로의 동작과 모든 망설임에 민감하게 반응하면서 서로의 호흡과 스텝을 맞춰야 한다.
- 누군가와 육체적인 관계를 맺기로 결정했다면 언제든지 사용할 수 있는 무료 카드가 있다는 점을 기억한다. 우리에게는 무엇이든 영원히 거절할 수 있는 권리가 있다. 유혹, 로맨스, 섹스, 결혼 중 어느 시점에서든 키스, 접촉, 성관계를 즉각 거부할 수 있다. 상상 속에서는 섹시하고 즐거울 것 같지만, 현실에서는 그렇지 않을 때도 많기 때문이다. 이전의 방식이나 관행도 언제든지 그만두어도 된다. 상대방의 손길이나

키스를 원하지 않는다면 그 사람의 자존심을 지켜주기 위해 참지 말고 친절하게 거부 의사를 밝히면 된다. 성관계를 하기로 결정했더라도 원하지 않는 방식을 강요한다면 거부하고 소리를 지르거나 다른 사람들에게 도움을 요청한다.

- 섹스는 믿을 수 없을 정도로 친밀감을 느끼게 하므로 위험하다. 자신을 육체적, 정서적으로 취약하게 만들기 때문이다. 실제보다 훨씬 더 가깝다고 느끼고 방심할 수 있다. 그러므로 늘 이성적인 마음을 동반해야 한다.
- 대부분의 성폭행은 낯선 사람이 아니라 이미 알고 있고 좋아할 수도 있는 사람이 저지른다. 그와 키스하는 것을 오랫동안 상상했을 수도 있고, 가족과 알고 지낼 수도 있다. 기꺼이 성관계를 할 수도 있다. 그러나 원치 않을 때 원치 않는 방식으로 상대를 강압해서 성폭행이 발생한다. 아직 신뢰할 수 있는지 알 수 없는데 단둘이 데이트한다면 위험을 감수하게 된다. 신호와 망설임을 무시하고 경계를 넘어설 때 성폭행이 된다. 때때로 소녀들은 섹스를 하고 나서 자신이 중간에 거부했었다고 기억한다. 동성애 관계에서도 성폭행이 발생한다.
- 감정적으로 취약한 이유는 무엇일까? 상대방은 나와 사랑에 빠졌을 수도 있고, 성관계를 하려고 그런 척할 수도 있지만 이를 구별하기란 쉽지 않다. 후자라면 그는 성관계 후 자신의 모든 친구들에게 자랑하고 즉각 차버릴 수도 있다.
- 섹스라는 강렬한 경험이 감정과 결합하면 복잡한 위험이 따른다. 알게 된 지 얼마 되지 않는 이 사람을 믿을 수 있는가? 키스를 하거나 성관계를 할 때 그만하라고 하면 멈출까? 원치 않는 일을 그가 강요하지

않을 것이라고 믿는가? 장기적으로, 정욕이 사라진 후에도 자신을 존중할 것이라고 믿는가?

- 성관계에서 어떤 식으로든 아프게 하거나 상처가 생겼다면, 일부러 그런 방식을 요구한 것이 아닌 한, 그것은 명백하게 잘못된 일이다. 성관계를 동의했더라도 아프게 하는 것도 동의한 것은 아니다. 섹스가 더 이상 즐겁지 않다면 그 순간 멈춰야 한다.
- 성관계에 대한 거부 의사는 언제나 존중되어야 하지만, 불행히도 아직 현실은 그렇지 못하다. 상황을 파악하기 위해 감정적인 마음과 이성적인 마음을 모두 활용해야 한다. '아니오'라는 말이 존중받을 수 있는지, 상대방이 강압적일 때 자신을 보호할 방법은 무엇인지 상황을 면밀하게 살핀다.
- 자신의 나체 사진을 찍거나 전송하면 위험한 밤거리에 서 있는 것처럼 심리적으로 취약한 상태가 된다.[77] 감정적인 마음이 원해서, 섹시하게 느껴져서 그렇게 할 수도 있다. 누군가를 행복하게 해주고 싶어, 그 사람을 믿는다는 것을 보여주고 싶어 그렇게 할 수도 있다. 하지만 다른 사람이 자신의 나체 사진을 갖고 있으면 우리는 통제력을 잃게 된다. 거의 모든 연애 관계는 지속되지 않고 끝나 버린다. 때로는 쓰라림과 비난으로 끝나는데 그때도 그가 나체 사진을 갖고 있기를 바라는가? 그가 결코 그 사진을 공유하지 않을 것이라고 믿는가? 더 나쁘게는 그가 내게 불리하게 그 사진을 이용할 가능성은 없는가?
- 술이나 약물에 취해서 동의할 수 없었다면 그것은 성폭행이다. 스스로 술을 마시거나 마약을 했더라도 성폭행을 당한 것은 자신의 잘못이 아니다. 약물을 음료수에 타서 주는 범죄를 조심해야 한다. 이런 범죄

는 어디에나 있다.

#everyonesinvited는 나와 함께 작업한 여성들이 그들의 과거 경험과 그것이 현재 삶에 미치는 영향을 이해하는 데 믿을 수 없을 만큼 강력한 도움이 되었다. 마침내 그들은 자신들이 잘못한 것이 아니라 성적 비방, 신체 조롱, 약물을 탄 음료수, 강제 신체 접촉이 잘못된 일이었음을 지적하게 되었다. 그들은 그 경험이 어떻게 자신을 뒤로 후퇴하게 하고 자신의 신체에 불편함을 느끼게 하고 일어나 공개적으로 얘기하는 것을 꺼리게 만들고 좋지 않은 관계를 받아들이게 했는지 풀어내기 시작했다.

그때 나는 유해하고 여성혐오적이며 여성을 성적 대상화하는 문화가 그들의 불안, 우울증, 섭식 장애 및 기타 정신 건강 문제에 얼마나 많은 영향을 미쳤는지 깨달았다. 이런 얘기들을 드러내서 얘기하기 시작한 여러분 세대가 자랑스럽다. 그래야만 바뀔 수 있다. 슬프게도 우리는 아직 갈 길이 멀다.

사랑에 대한 마지막 생각

궁극적으로 누군가와 키스, 애무, 섹스, 관계, 사랑을 나누는 것은 나와 그 사람이 서로에게 친절해야 한다는 것을 의미한다. 두 사람 사이의 공간에 좋은 것들을 놓아야 한다. 그는 내가 좋아하는 친구여야 하고, 나의 지지를 받으며, 그 역시 내가 훌륭하다고 생각해야 한다. 물론 서로 마음에 들지 않는 점이 있을 것이고 몇 가지 장애물이 있게 마련이지만 우리의 시간은 대부분 편안한 즐거움으로 채워져야 한다.

누군가의 사랑을 갈구하거나 별로 친절하지 않은 사람 주위를 맴돌면서 자신을 평가절하해서는 안 된다. 누군가가 나를 원하는지 아닌지를 통해 내 가치를 정의할 수는 없다. 최선의 삶을 살기 위해 지금 당장 누군가가 내 옆에 있을 필요는 없다. 오늘을 살면 된다.

참고문헌

서문

1. McManus, S. et al (2019), 'Prevalence of Non-suicide Self Harm and Service Contact in England 2000-14. Repeated Cross-Sectional Surveys of the General Population', *The Lancet*.
2. Puckering, C. (1996) On Knowing What You Don't Know. Clinical Child Psychology and Psychiatry, 1(1), 157-160.

제1장

3. Konrad Lorenz, e.g. www.youtube.com/watch?v=2UIU9XH-mUI or www.youtube.com/watch?v=JGyfcBfSj4M
4. Harry Harlow e.g. https://www.youtube.com/watch?v=znBa3lap5jQ
5. Rene Spitz, e.g. www.youtube.com/watch?v=iW3UHcYfCPI
6. https://www.youtube.com/watch?v=VCeWr8OFuEs
7. 위니콧의 원작을 읽어도 좋지만, 나는 이 책을 선호한다. Phillips, A. *Winnicott*, Penguin, 2007.
8. 무표정 실험 동영상을 독자 여러분 모두 시청하길 권한다. 인간 심리에 대해 많은 것을 알려준다. https://www.youtube.com/watch?v=YTTSXc6sARg

9. positivepsychology.com/attachment-theory/에서 애착 이론을 잘 요약한 자료를 볼 수 있다.

10. Cecil, C.A. et al (2017), 'Disentangling the mental health impact of childhood abuse and neglect'

11. Hohnen, B., Gilmore, J. and Murphy, T., *The Incredible Teenage Brain*, Jessica Kingsley Publishers, London, 2019

제2장

가족 심리학과 양육에 대해 더 깊이 알고 싶다면 낸시 달링의 연구가 좋은 출발점이 될 것이다. www.psychologytoday.com/gb/contributors/nancy-darling-phd

12. 이러한 사고는 '가족 치료' 또는 더 정확하게는 '가족 및 체계적 심리치료'라고 불리는 분야에서 비롯되었다. 이 분야에서 가장 중요한 자료로 이 책을 들 수 있다. Burnham, J. *Family Therapy*, Routledge, 1986

13. 나는 기본적으로 감각 처리 장애(sensory-processing difficulties)나 난산증(dyscalculia) 같은 진단의 타당성이나 그러한 장애로 인한 고통에 대해 의심하지 않는다. 그러나 일부 인구집단에서는 이러한 장애가 과잉 진단되고 있다. 영국에서는 학습 장애가 있는 학생들이 GCSE 및 A 레벨 시험에서 시간을 추가로 더 받는다. 공립학교에 비해 사립학교가 추가 시간을 받는 비율이 훨씬 더 높다. www.bbc.co.uk/news/education-38923034

14. Smetana, J.G. (2017), 'Current research on parenting styles, dimensions and beliefs, *Current Opinion in Psychology*, 15: 19-25

15. www.psychologytoday.com/us/blog/thinking-about-kids/201001/the-language-parenting-legitimacy-parental-authority

16. www.psychologytoday.com/gb/blog/thinking-about-kids/201703/why-do-teens-lie-part-1

17. 크리스틴 네프의 자기 연민에 관한 연구는 연민을 통해 얻을 수 있는 자존감 향상이 왜 바람직하지 않은지 알 수 있게 해주는 자료다. Neff, K and Garner, C., *The Mindful Self Compassion Workbook*, Guildford Press, 2018.

제3장

10대 우정에 관한 좋은 책으로 Lisa Damour의 책 *Untangled*(Atlantic Books,

2016)를 추천한다. Salind Wiseman의 *Queen Bees and Wannabees*(Hachette, 2002; 2009)도 추천한다. 이 책은 영화 〈퀸카로 살아남는 법〉의 원작이 된 책으로 알려져 있다.

18. Parkhurst, J.T. and Hopmeyer, A. (1998), 'Sociometric Popularity and Peerperceived Popularity: Two Distinct Dimensions of Peer Status', *The Journal of Early Adolescence*, 18 (2), 125-144

19. Harris, R., *The Confidence Gap: From Fear to Freedom*, Penguin Australia, 2013. russharris@actmindfully.com.au

20. 이 아이디어는 Lisa Damour의 *Untangled*(Atlantic Books, 2016)를 참고했다.

21. Holly Smale의 Geek Girl 시리즈는 이런 경험을 다룬다. 학술적인 책으로는 다음 책을 참조하라. Kim, C., *Nerdy, Shy and Socially Inappropriate*, Jessica Kingsley Publishers, 2014.

22. David Clark and Adrian Wells, *Social Phobia: Diagnosis, Assessment and Treatment*, Guildford Press, 1996. Psychology Tools는 자신을 이해하는 데 도움이 되는 자료를 제공한다. www.psychologytools.com/resource/social-anxiety-formulation/

제4장

Daniel Goleman의 *Emotional Intelligence*(1995)를 추천한다. www.themix.org.uk, www.verywellmind.com에서 정신 건강에 대한 조언을 얻을 수 있다. 공감에 대해서는 www.youtube.com/watch?v=1Evwgu369Jw, 취약성에 대해서는 www.ted.com/talks/brene_brown_the_power_of_vulnerability를 참조하라.

23. Butzlaff, R.L., Hooley, J.M. (June 1998), 'Expressed emotion and psychiatric relapse: a meta-analysis', *Arch. Gen. Psychiatry*. 55 (6): 547-52.

24. Ortony, A. (1990), 'What's Basic About Basic Emotions?' *Psychological Review* 97(3), 315-331.

25. Jack, R.E. et al, 'Dynamic Facial Expressions of Emotion Transmit an Evolving Hierarchy of Signals Over, *Current Biology* 24, 187-192.

26. 마샤 리네한의 연구에 기초한다. www.youtube.com/watch?v=X_BmPxd0Eiw

27. Goleman, D., *Emotional Intelligence: Why it Can Matter More than IQ*, Bloomsbury, 1996.

28. McManus, S. et al. (2019), 'Prevalence on non-suicidal self-harm and service contact in England, 2000-2014', *Lancet*, 6 and Lim, K-S. et al. (2019), 'Global Lifetime and 12-month prevalence of suicidal behaviour, deliberate self-harm and non-suicidal self-injury in children and adolescents between 1989 and 2018: A meta-analysis', *Int.J. Environ Res Public Health*, 16(22), 458.

29. Women in Sport and Sport England, 'Puberty and Sport: An Invisible Stage. The impact on girls' engagement in physical activity', August 2018.

30. Porter, T. 'The key to good mental health? Physical Activity', *Times Educational Supplement*, 6 June 2019.

31. Chekroud, S.R. et al. (2018), 'Association between physical exercise and mental health in 1·2 million individuals in the USA between 2011 and 2015: a crosssectional study', *The Lancet*, August 2018.

32. Walker, M., *Why We Sleep*, Penguin, 2018.

33. ggsc.berkeley.edu/images/uploads/GGSC-JTF_White_Paper-Gratitude-FINAL.pdf

34. 2장 주석에 있는 크리스틴 네프의 자기 연민에 관한 연구를 참조하라.

제5장

불안에 대해 일반적으로 살펴보려면 Jud Brewer를 참조하라. www.youtube.com/watch?v=-moW9jvvMr4&t=564s, podcasts.apple.com/gb/podcast/whats-essential-hosted-by-greg-mckeown/id1513285647?i=1000514396071. drjud.com/mapmyhabit/

35. www.ons.gov.uk/peoplepopulationandcommunity/wellbeing/bulletins/youngpeopleswellbeingintheuk/2020

36. www.childrenssociety.org.uk/good-childhood. 젊은이들이 걱정하는 일들은 이전 세대와 비슷하지만, 완전히 같지는 않다. 교육과 외모에 대한 걱정이 증가했는데, 그것이 이 책에서 교육과 체중 및 외형을 별도의 장으로 다루는 이유다.

37. 스트레스 반응에 대한 좋은 요약을 제공한다. www.health.harvard.edu/

staying-healthy/understanding-the-stress-response

38. 마음챙김 명상과 긴장 완화법을 전문가가 아닌 사람으로부터 수십 명의 다른 학생들과 함께 교실에서 배웠기 때문에 포기한 젊은이들을 많이 보았다. 다른 학생들이 뭘 하고 있는지 신경 쓰이고, 그들이 자신을 어떻게 판단할지 염려하는 상황에서는 명상에 집중하기 어렵다. 학교에서 마음챙김 명상과 긴장 완화법을 배웠다면 그 경험으로 판단하지 않기를 바란다. 그것은 형편없는 영화를 보고 나서 나는 영화를 좋아하지 않는다고 판단하는 것과 같다. 섣불리 판단하지 말고 다양한 시도를 하고 다양한 자료를 찾아보기 바란다. www.freemindfulness.org/download에서 다양한 유형의 마음챙김 방법 및 긴장 완화 운동을 찾아볼 수 있다. donothing.uk.도 참조하라. Calm, Headspace 앱은 훌륭하고 몇 가지 무료 운동법을 제공하지만, 대부분은 유료다.

39. Albert Ellis의 작업을 참조하라. iveronicawalsh.files.wordpress.com/2012/06/cbtafg_mustshouldought.pdf

40. William James를 참조하라. www.cbc.ca/radio/ideas/should-we-aim-for-mediocrity-1.5493778. William James뿐만 아니라 다른 흥미로운 내용도 많아서 계속 듣고 또 듣고 매번 새로운 정보를 얻는다. 위니콧은 '충분히 좋은 부모'라는 개념을 제시했는데, 여기서는 이를 '충분히 좋은 삶'이라는 개념으로 확장했다.

41. Aaron Beck의 작업에 기초한다. beckinstitute.org/resources-for-professionals/patient-pamphlets/

42. 내가 만든 개념이 아니라 20년 전쯤에 오래된 기사에서 본 내용이다. 출처를 찾으려고 노력했으나 찾지 못했다. 이 개념을 만든 이름 모를 심리학자에게 감사한다.

43. Jeffries, S., *Feel the Fear and Do It Anyway* (25th anniversary edition), Vermillion, 2012. www.youtube.com/watch?v=o8uIq0c7TNE에서 잘 요약한 내용을 볼 수 있다.

제6장

44. www.natcen.ac.uk/media/1813898/Final_AW_6635_AYPH_6PP_NatCen_SinglePages.pdf

45. www.ted.com/talks/sir_ken_robinson_do_schools_kill_creativity.

46. Bonell, C. Et al (2019), 'Role theory of school and adolescent health',

The Lancet. Published online 11 July 2019
47. The Children's Society, 'The Good Childhood Report', 2018
48. Howard, E. (2020), 'A review of the literature concerning anxiety for educational assessment', Ofqual.
49. 영국 정부의 대학원 노동 시장 통계(2018)에 따르면, 남자 졸업생들의 평균 연봉이 더 높다. www.gov.uk/government/statistics/graduate-labour-market-statistics-2018. 이런 현상의 원인 중 하나는 경제학, 경영학, STEM을 공부하고 육아 휴직을 하지 않는 남성과 인문학이나 돌봄 관련 학문을 공부하고 육아 휴직을 하는 여성의 차이로 보인다. 다시 말해, 유전적인 요인이나 사회적 압력 때문에 여성이 더 많이 진출하는 분야의 보수가 적기 때문에 연봉 차이가 나타나는 측면이 있다.
50. www.officeforstudents.org.uk/advice-and-guidance/teaching/about-the-tef/ www.theguardian.com/education/2017/jun/22/many-top-uk-universities-missout-on-top-award-in-controversial-new-test
51. Craig Barton, *How I Wish I'd taught Maths*, John Catt Educational Ltd, 2018. bjorklab.psych.ucla.edu/research/
52. www.ted.com/talks/tim_urban_inside_the_mind_of_a_master_procrastinator?language=en
53. science.ubc.ca/students/blog/how-to-increase-your-productivity-by-doing-less

제7장

이 주제에 관한 가장 좋은 책은 로라 토머스의 *Just Eat It*, 릭 카우스먼의 *If Not Dieting, Then What?*이다. 밥 슈워츠의 *Diets Don't Work*와 로이 바우마이스터와 존 티어니의 *Willpower*를 추천한다. 이 분야의 이론과 연구에 대한 입문서로는 *The Psychology of Eating: From Healthy to Disordered Behavior*(Jane Ogden 저)를 참고하라. 폴리비와 허먼, 마리카 티그먼의 연구도 추천한다. www.flinders.edu.au/people/marika.tiggemann. 러네이 엥겔른의 연구는 bodyandmedia.com/home.html에서 확인할 수 있다.

54. Hu, Y. et al., 'What We Instagram', Proceedings of the Eighth International AAAI Conference on Weblogs and Social Media
55. Chatard, A. (2017), 'The woman who wasn't there', *Journal of Experimental Social Psychology*, 73, 1-13

56. Engeln, R., *Beauty Sick*, Harper, 2017

57. Garner, D.M., Garfinkel, P.E. and Bonato, D.P. (1987), 'Body image measurement in Eating Disorders', *Adv. Psychosom Med.*, vol 17, 119-133.

58. www.youtube.com/watch?v=MFBrCM_WYXw. 착시 현상에 대해서는 여기를 참조하라. illusionoftheyear.com

59. www.bbc.com/future/bespoke/story/20150130-how-your-eyes-trick-your-mind/, smc.neuralcorrelate.com

60. Bertamini, M. (2010), 'Mirrors and the Mind', *The Psychologist*, 23, thepsychologist.bps.org.uk/volume-23/edition-2/mirrors-and-mind, www.bertamini.org/lab/Publications/BertaminiParks2005.pdf, www.isc.meiji.ac.jp/~kokichis/3Dillusionworld/3Dillusionworlde.html

61. Tiggemann, M. and Pickering, (1996), 'Role of Television in Adolescent Women's Body Dissatisfaction and Drive for Thinness', *International Journal of Eating Disorders*, Vol. 20, No. 2, 199-203 (1996)

62. Lowe, M.R. et al (2013), 'Dieting and restrained eating as prospective predictors as weight gain', *Frontiers in Psychology*; Patton, G.C. et al (1999), 'Onset of adolescent eating disorders: population based cohort study over 3 years', *BMJ*, 318(7186),765-768.

63. Mann et al (2007), 'Medicare's search for effective obesity treatments: diets are not the answer', Am Psychol., Apr;62(3):220-33, www.nhs.uk/news/food-and-diet/dukan-diet-tops-list-of-worst-celeb-diets/, www.independent.co.uk/news/people/profiles/pierredukan-yes-slimmer-teenagers-do-deserve-better-exam-grades-8229932.html

64. 2020년을 기준으로 초기 연구에서 고령의 비만인에게 건강상의 이점이 있는 것으로 나타난 유일한 다이어트는 간헐적 단식이다. 건강 상태와 신진대사 요구량이 매우 다른 젊은 층에 대해서는 이러한 효과가 입증되지 않았다. 노인은 신체가 성장하고 강화되고 재생되는 젊은이들보다 훨씬 적은 칼로리를 소모한다.

65. Keys, A., Brozek, J., Henschel, A., Mickelsen, O. & Taylor, H. L., *The Biology of Human Starvation*, Vols. I-II, University of Minnesota Press, Minneapolis, 1950.

66. Polivy, J. and Herman, C.P. (2020), 'Overeating in Restrained and

Unrestrained Eaters', *Front. Nutr.* 7:30.

67. Baumeister, R.F. and Tierney, J., *Willpower*, Penguin, 2011.

68. Brownell, K. et al (1986), 'The effects of repeated cycles of weight loss and regain in rats', *Physiology and Behavior*, 38, 459-464; Schwartz, B. *Diets don't work*, Breakthru Publishing, 1996; Hill, A. J. (2004), 'Does dieting make you fat?' *British Journal of Nutrition*, 92(1), S15-S18.

69. Ekbert, E.D. et al (1987), 'A 57-year follow-up investigation and review of the Minnesota study on human starvation and its relevance to eating disorders', *Archives of Psychology*, 2(3).

70. Penney, T.L. and Kirk, S.F.L. (2015), 'The Health at Every Size Paradigm and Obesity. Missing Empirical Evidence May Help Push the Reframing Obesity Debate Forward', *Am J Public Health*, 105(5). haescommunity.com, www.verywellmind.com/body-positive-influencers-4165953, #jiggleforjoy @kate_speer, www.healthyisthenewskinny.com, www.sonyareneetaylor.com

71. Thomas, L, *Just Eat It*; Kausman, R., *If Not Dieting, Then What?*

제8장

이 장에서는 완벽주의가 우정에 미치는 부정적인 영향을 이야기하지만, 완벽주의는 삶의 거의 모든 부분에 부정적인 영향을 미친다. 이를 이해하는 데 도움이 되는 동영상 두 개를 추천한다.

www.youtube.com/watch?v=gt-ToFPHCkI

www.ted.com/talks/brene_brown_the_power_of_vulnerability

스크린과 인터넷에 대한 연구자료는 이 책의 다른 장들에서 다룬 주제보다 훨씬 적다. 아직 이 분야 연구가 많이 이루어지지 않았기 때문이라고 생각한다. 새로운 분야이고 계속 변화하고 있으므로 학술 연구 조건에 맞추기 어려운 측면이 있다. 그래서 이 장의 내용은 연구보다는 임상 관찰에 기반하고 있다. 연구자와 임상의 사이에 몇 가지 논쟁이 있었다. 연구자들은 종종 해롭다는 증거가 없다고 보고하고, 임상의들은 기본적으로 현실은 그와는 다르다고 보고한다. 예를 들어 다음을 참조하라.

Palmer, S. et al (2016), 'Letter to Guardian, 25 December'와 Etchells, P. et al (2017) 'reply, 7 January'

Bell, V. Bishop, D.V. and Przybylski, A. (2015), 'The debate about digital

technology and young people', *BMJ*, 351.과 Greenfield, S. (2015), 'The Impact of Screen Technology', *BMJ*, 351.
흡연의 부정적인 영향처럼 연구자들이 확인하기 전에 임상의들이 먼저 알게 되는 경우가 있다.
72. Greenfield, S., *Mind Change: How Twenty-first Century Technology is leaving its mark on the brain*, Random House, 2014.
73. www.oii.ox.ac.uk/people/andrew-przybylski/?research
74. Ofcom, 2020, 'Children and parents. Media use and attitude report' 2019.

제9장

podcasts.apple.com/us/podcast/38-how-do-i-teach-my-kids-aboutconsent/id1525689066?i=1000520002212
Peggy Orenstein, *Girls and Sex: Navigating the Complicated New Landscape*, Harper, 2016
www.ted.com/talks/peggy_orenstein_what_young_women_believe_about_their_own_sexual_pleasure?language=en
sexologypodcast.com/2017/07/24/female-sexual-desire-with-dr-deborahtolman/
www.sparkmovement.org
www.sexgenlab.org
75. everydayfeminism.com/2016/08/transgender-101/
www.sexgenlab.org and also amysmartgirls.com
https://www.stonewall.org.uk/
https://mermaidsuk.org.uk/
https://genderedintelligence.co.uk
76. Fein, E. and Schneider, S. *The Rules*, Warner Books, 1995
Argov, S. *Why Men Love Bitches*, Adams Media, 2009
77. childlawadvice.org.uk/information-pages/sexting/

옮긴이 백지선
20년간 출판 편집자로 일했다. 그동안 편집한 책들 중 가장 좋아하는 책들로는 『에드거 스노 자서전』, 프란스 드 발의 『내 안의 유인원』, 에릭 바인하커의 『부의 기원』, 워런 버핏 공식 전기 『스노볼 1, 2』 등이 있다. 저서로 『비혼이고 아이를 키웁니다』 『경제경영책 만드는 법』이 있다.

21세기 젊은 여성을 위한 생존 심리학

소녀들의 감정 수업

1판 1쇄 발행 2024년 3월 5일
1판 2쇄 발행 2024년 12월 25일

지은이 타라 포터
옮긴이 백지선
마케팅 용상철
인쇄 도담프린팅

펴낸이 백지선
펴낸곳 또다른우주
등록 제2021-000141호(2021년 5월 17일)
전화 02-332-2837
팩스 0303-3444-0330
이메일 anotheruzu@naver.com
블로그 blog.naver.com/anotheruzu

ISBN 979-11-93281-06-2 03180